马克思主义中国化与统一战线丛书

制度自信

历史文化传承与中国特色社会主义

徐　锋　王江燕◎著

人民出版社

编 者 说 明

  中央社会主义学院是中国共产党领导的统一战线性质的高等政治学院，是民主党派和无党派人士的联合党校，是统一战线人才教育培养的主阵地，是开展党的统一战线工作的重要部门，是党和国家干部教育培训体系的重要组成部分。坚持社会主义办学方向，充分发挥统一战线人才培养基地、理论研究基地、方针政策宣传基地作用，是中央社会主义学院的神圣职责和光荣使命。

  近年来，为深入学习习近平新时代中国特色社会主义思想，贯彻落实习近平总书记致中央社院建院60周年贺信精神，中央社院坚持"社院姓社"，突出政治培训，相继开展了模块化教学、"十个讲清楚"教培项目、"共识教育"核心课程建设等一系列教学改革，持续探索建立教育培训新机制。2019年下半年，学院党组进一步组织实施"马克思主义中国化与统一战线"学科建设，策划了第一批项目30余个，并明确要求，这批项目要以习近平新时代中国特色社会主义思想为指导，贯彻落实习近平总书记关于加强和改进统一战线工作的重要思想，贯彻落实《中国共产党统一战线工作条例》《社会主义学院工作条例》精神，努力构建"四个自信"的学理体系，突出"以学术讲政治、以文化育共识"的教改思路与导向，体现鲜明的统战特色和社院特点。

  时任党组书记、第一副院长潘岳对这批项目高度重视，亲自参与项目策划、审定内容大纲，还多次关心、督促项目进展。院党组副书记、副院

1

长赵凡为项目建设倾注了大量心血，多次协调项目的审读和出版事宜。在项目建设的领导组织实施过程中，袁莎、朱沛丰、徐永全、徐绍刚等院领导班子其他成员给予了大力支持和全力保障，原院党组成员、教务长吴剑平也发挥了重要作用。在院党组的坚强领导下，在教务部、科研部、行管部、机关党委等有关部门的大力支持配合下，经过马克思主义理论教研部、统战理论教研部、中华文化教研部相关教师的艰苦努力，项目陆续完成研发，最终形成了这批文稿。在项目研发过程中，中央党校、中国社会科学院、清华大学、中国人民大学、浙江大学等多家单位的学界同仁给予了大力支持和帮助。"中央社院统一战线高端智库"为项目的前期研发提供了资金支持。值得指出的是，本批项目的出版单位人民出版社是中央社院的战略合作单位。在人民出版社领导的关心支持和多位编辑老师的辛勤付出下，项目才得以尽早地呈现给广大读者。

在项目即将出版之际，谨向所有为项目研发出版做出贡献的单位和同志表示衷心的感谢。同时，由于水平有限、经验不足，文稿中难免存在不够周全和妥当之处，还恳请读者朋友批评指正，以便再版时修订。

中央社会主义学院教材编审委员会办公室

2021 年 8 月 16 日

目　录 >>>>>>>>
CONTENTS

导　论

天下为公秩序理念
与中国特色社会主义的国家

关于人类社会的秩序及其基本精神，或曰核心的价值观念、核心的利益关系，整体而言大致有一切从共同体出发、一切从个体出发两种不同的构建方式。在不同的社会里，人们在思考和处理各种权利和利益问题时到底是更多地倾向于"我们"，还是更多地倾向于"我"，"我们"与"我"的关系究竟又协调、处理得怎么样，这些最终是由日常生活中点滴积累而来的经验的选择、习成的惯性，从根本上决定这些社会中不同的政治生活，特别是国家的建构以及制度的特质。在近代以来的西方世界，个体先于整体、社会先于国家，此种逐渐定型了的社会选择注定了公民个体及其财产、权利的同一性，决定了西方各国以权利及其保障为轴心的理性计算的政治，以及由此而来的相关法政体系、制度系统。而在中国，"我们"——家国至上的感性的政治始终都是社会生活的主流，也始终是中国社会与国家历史理性的选择。到了近现代的中国，基于此种千年一系而又有所损益的共同体本位的天下为公的传统、道统，以及与之紧密关联的社会主义的政治选择，逐渐形成了中国特色政治秩序的基本内核，亦即中国特色社会主义制度的灵魂。现当代中国政治生活以至社会生活的全部，也就是我们全身心投入其中的中国特色社会主义建设的各个领域，它们最终所指向的，也都是中华民族特有的天下为公的基本价值。

一、天下为公理念及其对中国社会生活各领域的根本要求

天下当然是一种共同体。天下为公承载了中国人对于天下内涵的理解、对于政治与社会发展的愿景，它是中国人的千年梦想，自然也是中国社会生活总的秩序要求。古往今来，在经济、政治、文化、社会和生态等中国社会生活各个领域，天下为公或曰共天下的理念均有所投射和贯彻，并且也已上升为一种神圣和至上的原则。20 世纪以来，这一深具民族性的价值传承与人类现代文明的精华——马克思主义相结合，发生了创造性转换，获得了新的、先进的和现实的体现形式——中国特色社会主义，成为现当代中国制度建构以及政治实践的正当性基础。

（一）中国天下为公思想的源流及基本内涵

天下到底是什么？天下究竟是谁人之天下？这是中国古代社会生活特别是政治生活中具有本根性的问题。对于它们的不同回答，形成了历史实践中两种根本不同的基本价值原则和政治实践路线。一方面，专制君王想当然地以天下为其私产，他们走了一条倾向于私天下的路线。另一方面，人民大众则始终百折不挠地谴责、敌视私天下，长期坚守了天下为公的路线。中国人民对于公天下的执着，以及由此而来的强大的道义力量，最终迫使专制君王们也得不时地打出公天下的旗号。

"天下"一词较早出现在《尚书》《易》等中华典籍当中。《尚书·大禹谟》："皇天眷命，奄有四海，为天下君。"古人在这里使用"天下"概念时，已经更多的是在指代某种多元一体的共在体、共同体了。彼时的"天下"，大概首先是指一种终极、唯一的存在，它在时间上最为长远，在空间上也最是广延——凡天之所覆、地之所载、海之所浮者，都要归诸天下。在中国古人心目中，天下起初是一种浑然天成的一体化系统：

"古者包牺氏之王天下也，仰则观象于天，俯则观法于地，观鸟兽之文，与地之宜，近取诸身，远取诸物，于是始作八卦，以通神明之德，以类万物之情。作结绳而为网罟，以佃以渔，盖取诸离。包牺氏没，神农氏作，斫木为耜，揉木为耒，耒耨之利，以教天下，盖取诸益。日中为市，

致天下之民，聚天下之货，交易而退，各得其所，盖取诸噬嗑。神农氏没，黄帝、尧、舜氏作，通其变，使民不倦，神而化之，使民宜之。易穷则变，变则通，通则久。是以自天佑之，吉无不利。黄帝、尧、舜，垂衣裳而天下治，盖取诸乾坤。"①

这个系统受到上天、神明眷顾，有万物的供养，有万民的生活，更有圣人的教化，以及文明的创造和传承。在这个系统中，自然与人伦是亲和不分的，而所谓王者、王道政治也都是"法自然"和"顺天命"的。那么这个天又是什么？它是自然之天，又是意志之天。人类走出蒙昧后，它又成为人所认知、所遵循的对象。天既如斯，那么这个天下就应当是"光天之下"，以及"光天之下"的自然法则。既然自然法则要求"天无私覆、地无私载"，那么这个"光天之下"的基本秩序当然就应是天下为公：

"大道之行也，天下为公，选贤与能，讲信修睦。故人不独亲其亲，不独子其子，使老有所终，壮有所用，幼有所长，鳏寡孤独废疾者皆有所养，男有分，女有归。货恶其弃于地也，不必藏于己；力恶其不出于身也，不必为己。是故谋闭而不兴，盗窃乱贼而不作，故外户而不闭。是谓大同。"②

此种自然秩序带有中华先祖氏族时代的深刻记忆，又与中华古代农业文明的底蕴无比亲和，故能深入人心、行之久远。由此，古代中国才会一直有尧、舜"让天下"的千年传说——它意味着天下乃是公器、权力本质上并非可以世袭且亦不可私相授受。这就开创和昭示出一种强大、坚韧的意志和精神，亦即古人反复讲过的"天下者非一人之天下，乃天下之天下也"③。

在由"光天之下"转进为"文明天下"之后，天下即离不了政治。在中国，关乎政治的天下始终是一个不断建构的政治共同体，一个包括了

---

① 《易·系辞下传》。

② 《礼记·礼运》。

③ 见《六韬·武韬·发启》，又见于《吕氏春秋·孟春纪第一·贵公》等。

家国及以上更广泛主体的共同体。天下由多种地理元素、民族构成、文化品类和治理体制构成，是异质性共在的最大化聚合体。这个聚合体常与"九族""百姓""兆民""万邦""四方""四海"等相通，呈现为一种不具确定边界的大规模、多民族的共在形态。作为华夏的治理体制，"天下"秩序经过夏、商、周三代部落联盟"共主"制的形塑和改进，初步落定为周代的"封建天下"；及至秦、汉，它又再次形变、落定为"郡县天下"。相对于黄帝、尧、舜时代，三代以降无论是"封建天下"还是"郡县天下"，其实都已是在趋向于私天下了。这在古代中国就有个说法，叫作三代以上公天下、三代以下家天下。三代以上的公天下于今而言已是难以考证，但文明与国家内在关联、国家与私有制密不可分，这一点倒是可以明确的。那么封建的、郡县的家天下或私天下又是怎样的呢？其最为理想的状态即所谓的"小康"："今大道既隐，天下为家，各亲其亲，各子其子，货力为己，大人世及以为礼，域郭沟池以为固，礼义以为纪，以正君臣，以笃父子，以睦兄弟，以和夫妇，以设制度，以立田里，以贤勇知，以功为己。故谋用是作，而兵由此起。禹、汤、文、武、成王、周公由此其选也。此六君子者，未有不谨于礼者也。以着其义，以考其信，着有过，刑仁讲让，示民有常，如有不由此者，在埶者去，众以为殃。"①即便是那些以"天下为家"的君王，也还是一再地被要求遵天命、行仁义——这就是周代至上的政治教条"敬德保民"，也是后世儒家政治思想的主旨。周人认为"皇天无亲，惟德是辅"②，又深信"民之所欲，天必从之""天视自我民视，天听自我民听"③，所以将敬德保民作为谨遵天命的体现，这在实质上也还是要回到天下为公。到了孔子，他讲，（礼之于）夏商周三代是"损益可知"的，他并且也同时申明，自己是"从周"的。故而即便是奉行小共同体主义的早期儒家，其基本主张的另一个重要方面，也还是青睐公天下的。也恰恰是儒家思想的历史地位和影响，使得

---

① 《礼记·礼运》。
② 《尚书·蔡仲之命》。
③ 《孟子·万章》所引《泰誓》之句。

天下为公在思想界、在基本价值领域得以不断绵延。这还只是统治阶级的某种自觉。人民群众更是珍重和推重天下为公。自公元前841年西周的国人暴动开始，反对私天下、倡导公天下，始终就是人民起义的动员令、集结号。由此，无论所谓"君子"与"小人"、"劳心者"与"劳力者"、统治者与被统治者，天下为公都是一面不可轻易地、公开地来挑战的旗帜，它在中国有着一以贯之的正当性、正统性。

在中华文明的系统及其演进中，"天下观"仁和中正、厚德刚健，同时又兼具开放包容、多元并蓄的胸怀。从思想上看，中国自古以来的主流就是"诸教并存"、相互调和，其典型莫过于儒释道的"三教合一"，中国史上也少有因为宗教或直接以宗教名义发动、进行的战争。从政治上看，"天下观"秉承王道理想，主张仁政、礼制，以战争攻伐为下，以赢得民心、宇内一统为上。当然，它或者也会诉诸某种"霸道"来尊王攘夷，确保诸侯履行义务，恪守誓约，赢得盟友及其支持，譬如春秋五霸。整体来看，"天下观"从根本上反对残民害义、穷兵黩武，并且更多地崇尚道义担当、协和万邦。因为在构造上超越了时间、空间的局限，且要守住道义的底线，所以"天下观"也自然地倾向于公天下，事实上也不得不以天下为公。表面上看，中国人所谓的天下似乎具备"诸夏—夷狄"式的"中心—外围"结构——就仿佛西方人所谓朝贡体系所体现的那般，但其实则不然。中华文明并非全以血缘亲疏、地域远近作为等级差序的基准。春秋大义中称"诸夏用夷礼则夷之，夷狄用诸夏礼则诸夏之"——即便原本为荒服的夷狄，只要服膺中华精神、接受王道礼制，那么它完全也可以化成为中国甚至成为中华主流的或核心的部分。然而也要强调指出的是：王朝的私，以及天下的公，这始终是一对难以破解的矛盾。在东方专制体制中，天下为公的充分实践也总是缺乏足够的现实支撑。及至中国近代，随着全球和世界体系的挤压，随着民族主义和民族国家理念在中国的兴起，传统的天下观逐渐隐退，取而代之的是中国人、中华民族之中国的现代国家观。在此基础上，中国人再次出发，在学习先进、融会文明的基础上找到了自己的道路，在完成民族、民主革命任务的基础上全面建设中国特色社会主义，实现了传统价值的创造性转换，赋予天下、天下为公以全新的内涵，同时也为它们真正全面的实践夯实了现实的基础。

尽管已经接受了现代国家范畴，但现代中国并不满意于狭隘的民族主义以及基于丛林法则的世界体系。中国人致力于构建和实现全新的"大公天下"：在国内政治中，我们要始终不渝在中国共产党的领导下走中国特色社会主义道路，不断强化中国人民、中华民族生命共同体，努力促进民生幸福、实现中华民族的伟大复兴；在国际政治中，我们要牢牢把握当今世界和平与发展的时代主题，坚持对外开放的基本国策，坚定奉行独立自主和平外交政策，积极发展全球伙伴关系，扩大同各国的利益交汇点，秉持共商共建共享的全球治理观，发挥负责任大国的积极作用，努力构建人类命运共同体。

（二）天下为公思想对中国社会生活的要求

天下为公是基本的秩序、宏大的主题，它被复写、被具体化和贯穿于中国人的基本生产和生活方式当中，成为提挈中华文化各方面的纲领、统率中华制度各领域的灵魂。

第一，天下为公贯穿于中国人传统的经济生活当中，形成了中国人独有的义利观以及它所指导的中国经济思想和实践。此种思想和实践非常厚重农业生产、重视货殖厚生，同时也尤其强调平衡义利、待利以义甚至必要时的舍利取义——即所谓"正其谊而不谋其利，明其道而不计其功"。这些都是基于共同体安全福祉至上的考虑，以及基于中国传统分配正义——"不患寡而患不均"的考虑，也都一向深刻地影响到了中国的所有制度和分配格局。

第二，天下为公贯穿于中国人传统的政治生活当中，体现为中国社会对于大一统政治格局的长期坚守，以及对于共和政治的热切想望。秦废封建以后，中国即不再有一般（西方）意义上的封建社会。中国传统中央集权得以不断强化，一方面固然是要归因于东方社会、专制主义的成长，以及其消极因素的不断积累，另一方面则是由于中华民族的不断向心融合，以及人民安全福祉的日渐提升。而且，伴随大一统的历史演进，公天下一私天下矛盾运动的结果，也体现为民贵君轻思想和实践力量的不断强化，而民本主义也逐渐获得了通向民主共和的潜在动力。大一统、民本与共和，这是中华政治文明最可宝贵的历史遗产。

第三，天下为公贯穿于中国人传统的精神文化生活中，就是德治教化、明德新民的历史实践与传承。中国人传统的精神生活突出和强调道德实践，尊天道、重人伦，贵心性、尚权威，一贯尊重君亲师，努力沟通天地人，圆融无碍儒释道，或有君子与小人之辨，或讲人皆可为尧舜，但总归是要以正心诚意、格物致知以及修齐治平为纲要。这就使得中国人的内心世界感性而纯粹、厚重且充实。

第四，天下为公贯穿于中国人传统的社会构造和社会治理中，呈现为一种冀图超越等级与差序格局、促进五伦敦睦和构建社会团结的能动导向。尽管也会有某种行业或身份藩篱的存在，但传统中国社会内部的流动性还是相对活跃的。这当中，士为四民之首，士大夫阶层的存在及其自觉实践，起到了沟通官民上下、维护公序良俗的关键作用，他们实在是中国传统社会治理中一支积极可靠的力量。

第五，天下为公贯穿于中国人传统的人与自然关系领域中，则是体现为天人相合相亲，既要尊重自然规律、生态平衡，又要制天命而用之、改造自然以增进人类自由福祉的理念和实践。

从主体追求、主观意旨上讲，这五方面的传统价值已经比较贴近现代社会生活的基本要求，也可谓是某种穿越了时空、初步"预演"过了的现代价值。现代社会生活各领域都追求些什么呢？经济上当然是首推效率，要以最少的资源创造出最大的价值，当然也还不要忘了兼顾公平；政治上当然是推重秩序，总要以制度化形式来呈现、总要兼顾人的自由与平等；文化上当然是要崇尚超越和创新、助益心灵的自由和解放；社会结构与治理中当然是要致力于共同体内部的和合与团结；在自然生态方面则是要实现人与自然的和谐、永续发展。有了天下为公的基本秩序，它就能引导中华文明、中国社会自然而然地更加趋近于这些现代性的东西，为中国的现代社会实践和现代制度建构准备更好的条件、打下更好的基础。然而，它却并未直接达成这样的目的。为什么？它毕竟还存在着一个根本性的局限：缺乏科学的指导、现实的道路，也没有革命性的领导力量、群众性的依靠力量来切实践行。老祖宗传下来的天下为公理想真则真矣、美则美矣、善则善矣，但需要创造性的理论发展和实践力行——它还是有待于实现跨越历史与现实的飞跃、实现从理想到现实的飞跃，才能最终变现为现当代中国社会生活以及制度建构、实践的现实。

二、跨越时代与文明的思想共振：马克思主义与中华道统

人类生产、生活方式的基质和根本总是相通的，人对于美好生活的想望也是颇为相近的，这也就是人们彼此间可以跨越时空界限发生交流、交往的根本所在。当然，相通、相近并不意味着完全相同。大千世界、人类生活自然要遵循共同的规律，但千篇一律却并非这个世界的法则——恰恰相反，丰富性、多样性的存在和发展才是它的选择，在丰富性、多样性中体现一般性的东西才是它的真谛。在自然存在的基础上，人类展开改造主客观世界的实践活动，并以不同的生产、生活方式积淀成不同的文化与文明。古人与今人、今人的不同族群间或会有不小的差异，但总要小于物种间的差异。相应的，人类不同共同体之间的文化与文明也存在差异，但却未必就差异到了无法交流和沟通、不能互鉴和融会的地步。文明的本质落定于人类的自由、解放，人类依托自己不断强大起来的本质力量赢得更广泛的自由、更彻底的解放。文明缘起于人们的想望，文明进步则总是要趋向于至善、纯真和尽美。那些内蕴、弘扬了它们的事物，总能够最终穿越一切自然、人为的藩篱，在人类内心的深处引发情感的共鸣、思想的共振。天下为公与世界大同，理想国度与共产主义，它们都归属于这样的事物，它们在其内里、本质上也都是相近相通的。

（一）马克思主义：人类现代文明的精髓

在现当代中国人看来，马克思主义理论犹如壮丽的日出，照亮了人类探索历史规律和寻求自身解放的道路。马克思的思想理论源于那个时代又超越了那个时代，既是那个时代精神的精华又是整个人类精神的精华。马

克思主义是科学的理论，创造性地揭示了人类社会发展规律。马克思主义是人民的理论，第一次创立了人民实现自身解放的思想体系。马克思主义是实践的理论，指引着人民改造世界的行动。马克思主义是不断发展的开放的理论，始终站在时代前沿。一部马克思主义发展史就是马克思、恩格斯以及他们的后继者们不断根据时代、实践、认识发展而发展的历史，是不断吸收人类历史上一切优秀思想文化成果丰富自己的历史。因此，马克思主义能够永葆青春，不断探索时代发展提出的新课题、回应人类社会面临的新挑战。

马克思主义是文艺复兴以来人类文明现代发展的最优秀成果，它立足于此前人类社会改造自然、改造自我伟大成就的基础之上，在世界观与方法论以及社会科学诸多领域中都有深刻的洞见、空前的创新。马克思主义理论奠基的时代，是现代化、全球化和人类文明突飞猛进的时代，也是资本主义迅速发展和无产阶级开始登上政治舞台的时代。19 世纪上半叶，人类对自然界的科学探索取得巨大进步，能量守恒和转化律、细胞学说，以及生物进化论这三大发现极大地拓展了人类认识领域、经济社会实践领域，同时也奠基了"唯物辩证法的自然观"。正是在这样的社会、历史与人文条件下，欧洲先是诞生了德国的古典哲学、英国的古典政治经济学，以及英法两国的空想社会主义。它们都较早批判或反映、指导了当时仅存在于西方世界的最新的现代化社会生产与生活实践，但又都存在自身无可克服的内在矛盾、重大局限。作为马克思主义的创始人的马克思、恩格斯不仅是思想家也是政治家，不仅是科学家还是革命家。在学习当时人类最先进国家最先进思潮的同时，他们积极投身无产阶级革命实践活动；在指导革命、诉诸"武器的批判"同时，他们又高度重视在优秀文明成果的基础上创立无产阶级的革命理论、给世界无产阶级装备"批判的武器"。

德国古典哲学的最大成就，是从世界观的高度用辩证法代替了形而上学。德国古典哲学家们反对把世界看作固定不变、没有矛盾的东西，而是把它理解为具有矛盾发展的不断变化的运动过程，这就从根本上推翻了长期以来统治人们头脑的形而上学世界观，形成了伟大的历史性突破。但是，唯心主义的世界观和历史观却使得极具革命创新精神的辩证法"头足倒置"、深受窒息。对此，古典哲学中的机械唯物主义却也无法予以彻底的匡正和根本的补救。马克思主义哲学批判性吸收了黑格尔"合理内核"——辩证法思想，批判性吸收了费尔巴哈"基本内核"——唯物主义思想，创立了集科学性、阶级性、实践性和（创新）革命性于一体的辩证唯物主义和历史唯物主义。它既是科学的世界观，又是科学的方法论；既是认识世界的工具，又是改造世界的工具。

英国古典政治经济学的杰出贡献，是较早把理论考察的眼光从流通领域转向生产领域，对资本主义生产方式进行了系统深入的分析——它奠定了劳动价值论的基础，分析了剩余价值的各种形式，并且考察了社会资本的再生产和流通。然而它的缺陷则在于无法超越资产阶级立场，错误地将政治经济学研究对象视作财富而非社会生产关系，不能区分劳动和劳动力、价值和价格，无法洞悉劳动与价值、剩余价值的来源和本质，未能对社会资本的再生产和流通做出正确的分析和判断。马克思主义政治经济学对资产阶级古典政治经济学进行了透彻的分析，吸收、继承了其中的科学因素，对其资产阶级庸俗经济学的成分则给予深刻、彻底的批判。马克思恩格斯从无产阶级的立场出发，以生产关系即经济关系为研究对象，剖析了资本主义的经济关系，创立了剩余价值学说，揭示了资本主义生产和剥削的秘密，揭露了阶级斗争的经济根源，论证了资本主义必然灭亡、社会主义必然胜利的客观规律，指明了无产阶级的使命就是推翻资本主义制度、建立社会主义制度，最终实现共产主义。

空想社会主义坚决主张建立一个没有阶级压迫和剥削等资本主义弊端的理想社会。空想社会主义者主张废除私有制，消灭阶级差别，共同劳动，平均分配产品，以及建立社会平等，他们当中有些代表人物主张暴力革命，也有人提出、论证了渐进过渡的思路。总体来看，由于对待基本问题上的错误，幻想资产阶级自动退出历史舞台，或是幻想不根本改变社会制度就能实现无产阶级的自由、平等和解放，空想社会主义只是勾画了一张人类美好社会的蓝图，但却根本无法解决怎样将其转变为现实的问题。

马克思主义经典作家批判地继承了空想社会主义的优秀成果，对其加以革命的改造和科学的论证，将其置于现实性的基础上，使其发生质的飞跃、实现了从空想到科学的伟大变革。基于人类文明进步的最新成果，他们以科学的哲学、经济学理论为基础，揭示了生产的社会性和生产资料私人占有形式之间的基本矛盾必然导致社会主义取代资本主义、以生产资料的公有制取代生产资料私有制，以及资本主义必然灭亡、社会主义必然胜利的客观规律；作出了无产阶级和资产阶级之间的阶级斗争是现代社会变革的根本动力，以及无产阶级是资产阶级掘墓人的科学论断；指明了经由无产阶级革命和无产阶级专政来完成社会改造、发展生产力和推进社会主义建设，逐步实现共产主义的现实道路。作为关于无产阶级解放条件的学说，科学社会主义全面深刻地阐述了社会主义的本质、性质、特征和发展规律，特别是无产阶级及其革命政党在社会主义革命和建设中的关键地位和作用，因而具有鲜明的现实性、实践性，有着强大的生命活力。

马克思主义最基本的理论品质，就是实事求是、与时俱进。马克思主义不是终极的真理、无所不包的预言，更不是一成不变的教条。它是行动的指南，它贡献给人类文明价值的最精髓之处，在于其基本的立场、观点和方法，而非关于一时一事的具体论断。作为关于人类社会生活的最革命、最科学的先进思想理论体系，它总是要因实践需要而创新、因历史前行而发展，总是要在指导实践的过程中接受实践的检验，总是要与各国人民的革命和建设实践相结合并因而不断扩展、不断深化、不断丰富、不断完善。中国特色社会主义理论体系，就是马克思主义在当代中国的最新发展。

（二）共同价值：人类文明与进步的精神

大道至简，道（要）在人心。马克思主义千条万条归结为一条，就是让人民群众过上好日子。何为人民群众？马克思主义认为人是一切社会关系的总和，人民群众则是推动生产力发展、推动历史进步与人类文明发展的一切进步力量的总和。何为人民群众的好日子？就是人民群众真正当家做主人，就是人民群众真正得自由、得解放并能得以全面发展。由此，一切理论创新与实践发展是否真正以人民为中心，是否真正有利于人民群众的安全、自由与福祉，这既是检验真理的基本标准，也是判定真假马克思主义的试金石。马克思主义何以是科学的、进步的？为何是人类现代文明的精髓？就在于其出发点和终极目标都是人民本位、共同体本位的，它超越了近代西方最深沉的人文关怀，不是要为特定的人、特定的阶层或集团谋利益，而是要为一切劳苦大众、为全人类谋利益。马克思主义为什么深入人心？为什么能有如此广泛的影响、如此长久的生命活力？在于人民群众的认同与接受，在于其一切所思所想正是人民群众的所思所想，在于科学社会主义、共产主义契合了人民群众内心深沉持久的热切想望。真理必须掌握人民群众，人民群众也会明辨和接受真理。真理和人民群众一旦结合，就会迸发出革命与建设、创新与发展的无比强大的力量。

人同此心，心同此理。马克思主义所揭示的真理及其价值（特别是其关于真正自由、平等与解放的愿景）穿越了历史、时空的界限，它不仅揭示了不同时代、国家和地区经济社会发展的一般规律，也代表了世界各民族劳动人民的共同心声，因而具有普遍性，成为人类共同价值。关于人类社会发展，关于它的阶段性及其对应的社会形态，马克思区分了基于"人的依赖关系"的古代自然共同体、基于"物的依赖关系"的资产阶级虚假共同体，以及基于"人的自由个性"的"自由人联合体"这么三个阶段、三类共同体。① 这一学说指明了人类社会发展的总趋势、总规律，也深刻阐明了人类自由的真谛。在马克思主义看来，真正的自由离不开全人类的解放以及人的全面发展。正是基于这样共同体至上的立场，马克思主义彻底批判、扬弃了近代以来资产阶级虚伪的自由和虚假的共同体，提出了在砸碎旧的资产阶级国家机器基础上批判继承和改造民主体制，建立

---

① 马克思在《政治经济学批判（1857—1858 年草稿）》中指出："人的依赖关系（起初完全是自然发生的），是最初的社会形态，在这种形态下，人的生产能力只是在狭窄的范围内和孤立的地点上发展着。以物的依赖性为基础的人的独立性，是第二大形态，在这种形态下，才形成普遍的社会物质交换，全面的关系，多方面的需求以及全面的能力的体系。建立在个人全面发展和他们共同的社会生产能力成为他们的社会财富这一基础上的自由个性，是第三个阶段。第二个阶段为第三个阶段创造条件。"

无产阶级专政、实现无产阶级民主，达到最终消灭剥削和压迫、促成国家消亡的政治主张。马克思主义指明国家的终极前途就在于回归社会、融入真正自由且平等的自由人联合体。仅仅改造上层建筑是不行的，此种改造本身也不成其为目的。最深刻的变革还在于经济基础和社会关系。社会主义革命和建设的目的，在于改造所有制和分配格局，逐步消灭异化劳动，使劳动成为人类个体及社会共同体的第一需要，使全部社会资源和所有生产过程都从属于、服从于以劳动群众为主体的最广泛的人民群众共同体。马克思主义追求的普遍价值（特别是它所主张的真正的自由、平等与解放）不是凭空而来的，它是西方文明发展中从古希腊的正义论到基督教的平等观、从古代的理想国到近代的乌托邦千年传承的结果。最美好的愿景总是最为相近的。不仅在西方、在东方、在中国，人们内心的想望、文明核心的价值也是相通的。马克思主义最成功、最伟大之处，在于它为这一普遍的愿景/想望的实现论证了现实的基础、找到了现实的道路。所以，当马克思主义来到中国时，中国人民很快就接受了它。

理一分殊，殊途同归。共同理想、共同价值并不意味着不同民族发展道路与模式的千篇一律，更不意味着人类文明多样性的减损和失落。中国古人讲过一个"月印万川"的道理——所有江河湖泊平静的水面上都能完整地映射月亮的影子，万事万物当然也似这般地完整地分有、反映和体现普遍的规律与共同的价值，但这并不就意味着江河湖泊/万事万物自身的特殊性就不存在了、就没有存在的价值了。恰恰相反，道理、价值是有共性的，但其体现方式却总是多样性的，这个就是"理一分殊"。它意味着，普遍的价值只有系于个别、特殊的存在，只有通过它们的千差万别的发展变化体现出来，方才具有、方能成其为真正的普遍性。实现共同价值的实践过程、人类社会发展的历史演进也是一样。马克思主义经典作家在阐明无产阶级革命一般规律的同时，也不排除发达资本主义条件下议会民主"和平长入社会主义"的可能、也展望了相对落后国家"跨越卡夫丁峡谷"过渡到社会主义的前景。条条大路通罗马，不同发展阶段、不同文明传承的不同国家和民族实现真正自由平等和解放的路径定然是不一样的。早先俄国人以其"一国革命先胜"的创新和实践率先实现无产阶级专政、步入社会主义，但苏联道路、苏联模式并未因此就成了什么可以定于一尊的东西。中国革命就没有照抄照搬，而是走出了自己的道路、开创了中国模式。推而广之，世界各国各民族应当、也必定都会有自己相对独特的发展道路和发展模式。科学社会主义是现代性系统当中最可宝贵的价值，包括它在内全部的现代性、现代价值也都只有同千差万别的民族性相结合，才能具备现实性。在中国，正因为我们传承了天下为公的基本价值，同时又引入了无产阶级及其政党领导和主导革命、建设的先进理论和创新实践，所以才会有今天中国特色社会主义建设的伟大成就、旷世奇迹。我们有坚定的理论、道路、制度和文化自信，一方面集中体现在我们坚信马克思主义，也是珍重现代性、珍视人类现代文明的精髓、坚信人类文明终将走向大同世界；另一方面，则是坚守中华文明的历史和文化根性，努力在理念、行为和制度等诸多文化和文明层面上实现古老中华文明的创造性转换和创新性发展。

三、民族复兴、现代化以及马克思主义中国化的问题

20世纪晚期，美国政治学家、汉学家白鲁恂（Lucian Pye）在其著作《中国政治的精神》中提到：中国与其说是一个国家，毋宁说它是一种文化，或一个伪装成民族国家的文明国家。① 这在西方似乎也已是一个普遍的共识。政治学家亨廷顿也有过类似的看法。近30年来，这一判断已为西方政学界人士所广泛接受，且也已成为他们看待中国、理解中国政治的一条基本线索。基于这一认知，基辛格在其《论中国》一书中曾提出这样一种看法，即中国人的历史观是强调衰落与复兴的周期：自古以来，西方国家的建立，总有一个开端，但中国似乎没有这个概念，在他们漫长的历史进程中，他们随时都是一个起点，每当他们建立起大一统盛世的时候，总是不认为这是创造，而是复兴，是回到巅峰——似乎那个巅峰的中

---

① ［美］白鲁恂：《中国政治的精神》，哈佛大学出版社1992年版，第235页。

国，早在黄帝之前就存在一样。中国人有一种自信，总觉得自己本就应该在那个位置，目前的情况只是因为一些意外，当意外过去，他们慢慢积累，终究会回到那个位置。西方人敏锐地觉察到了中国与西方国家的差异。这种差异的直接体现在于政治层面，而其根本则在于历史和文化。中华民族在政治上、文化上都还是有别于西方世界各民族的。文明的根性和历史的记忆，使得民族的、文化的复兴自然成为现当代中国国家与社会生活中的基本目标、主题。当然，不同于此前中国历次民族复兴的历史，这一次的民族复兴的努力有着更坚实的现实基础，有着更科学的道路选择、更合理的制度保障。

（一）民族复兴：中国近现代的重要主题

我们中国人自己应怎样看待复兴？一方面，古代中国政治与社会生活中的复兴，主要是指要回到"先王之道"，回到三代或三代之前的王道之治，它的基本内核还是天下为公。当然，围绕或拱卫这一内核而来的一系列典章制度、文治武功等，也不免会成为复兴理想所憧憬的重要组成部分。需要指出的是，天下为公与典章制度、文治武功之间的关系实际上是一种体用关系：天下为公是体，是基本秩序；典章制度、文治武功是用，是实现和体现基本秩序的政治和文化系统。从形式上看，中国古典的复兴范畴似乎是倡导了一种复古的、逆历史发展方向的路线，或至少是保守了一种停滞的、静止的状态，但其实却并非如此。"周邦虽旧，其命维新"①，历朝历代的中国人其实都在更多地以新的实践、新的创造或创制，来诠释和丰富中华文明及中国秩序的基本精神。相形之下，真正想完全"复古"的事体反倒极为罕见——譬如古人普遍推崇三代之制，然而在实践中大张旗鼓、按部就班套用《周礼》的，似乎也仅有王莽一人而已。中国古典的复兴概念更加重视精神和价值层面的坚守和丰富、充实，因而在社会实践和制度建构方面也总会采取因时、因地制宜的实用态度。这也正是中国文明史上会有所谓的托古改制、返本开新，而"法先王""法后

---

① 《诗经·大雅·文王》。

王"这么两种价值和两条路线彼此相争而又能折中、并行的关键所在。

另一方面，由于近现代以来中国的国家和社会生活也发生了根本性的变化，中国古典的复兴范畴不可能不与之发生关系、不受其影响。特别是在晚清、民初，随着现代民族概念从西方引入，中国人不再专以文化作为区分族群的标尺，而是尝试融会西方民族主义、融入世界体系，并且开始建构自己的现代国家以及自己的现代国族——中华民族。自此，中国传统的文明国家形态开始发生深刻变化，中国文化与文明意义上的共同体开始走向现代转型。从辛亥革命、民国肇造，中国初步取得现代共和的民族国家形态以来，中华民族的形成、巩固和发展，以及中国国家与社会的现代化进程始终是内在一致的。这当中，无论是早期救亡图存的改良或革命，还是后来的社会主义建设以及改革开放，中华文明的精神必须全面拥抱现代化才可能薪火相传，中华文明共同体必须依托强大的现代国家才能维护自身的团结和统一、独立与安全，这是近代以来中国历史的逻辑、中国社会的共识。当然，现代化、现代国家建设有一个根本性的方向或前途的问题。我们接受现代化、建构现代民族国家，是为了中华文明、中华民族永续的存在和发展，并非是要接受西方化，并非是要将自身演化为西方民族、西方国家。

这就透过形式触及了更深层次的现代化内容的问题。中华民族、中华文明怎样来实现复兴？它的基本目标、基本内容是怎样的？它的基本路径又是怎样的？这些问题既关系到中国人、中华民族如何认识自己，又关涉到其怎样看待和处理自己同西方、同整个现代世界体系关系的问题。概言之，是如何从中国看世界和如何从世界看中国的问题，是一个怎样处理民族性与现代性关系的问题。

（二）重建秩序：文明的融会与理念的创新

近代以来中华民族的复兴不同于中国历史上其他任何一次的复兴。此次复兴之前，中国社会与国家的衰朽已到了无以复加的地步，中华文明所面对外部挑战的严峻性也已到了史无前例的程度。在早期，面对"三千年未有之大变局"，中国人、中华民族的自我认知也来得越发深刻和严苟。在睁眼看世界、了解西方的同时，人们也在深刻地反思和批判自身文化，从感觉器物层面上坚船利炮不如人，到发现制度上落后于人，最后终于深入到陈独秀所讲的"伦理觉悟"的层面，以致矫枉过正、一时间更多地对本国文化采取了比较极端的态度。我们并不否认近代中国人痛彻文化反思的丰富价值、积极作用，它毕竟是在传统衰落—复兴、治乱循环的单一维度之外，开启或强化了中西互鉴、文明融汇的新的横向维度。但也要看到，尽管人类能动地选择能够直接影响或改变特定的历史条件、具体的历史情境，但从根本上讲，文化、历史的演进却并不以人的主观意志为转移。人类的激情可以宣告要去重估、去否定一切价值，但人类的身体、理性却始终都得诚实地面对那些一以贯之或千篇一律的现实问题。

　　文化本质上就是人的活法、就是共同体的生活方式。纵向来看，不同历史时期人与共同体的活法、生活方式是有差异的，但它们彼此间却是有接续性的、是有共同性和规律性的。横向来看，文化在根本上又都具有一定的开放性，它并不排斥异质因素的进入。相反，从人类文明史角度来看，异质恰恰又可能是诱发碰撞、激发文化创新活力的关键所在。若非如此，则文化互鉴、文明融汇也就失去了固有的意义。必须强调的是，文化的跨时空交流总是要有一个逐步展开、循序渐进的过程，那种像"飞来峰"一般突如其来、横空而至的观念或文化更新的事件几乎就是不可能的。即便偶或有之，也总会令人极度不适、手足无措，甚至会造成混乱和动荡。由此，时间和空间上的缓冲是必要的，人们也需要透过它们来改变/改进自己的活法——看事物的看法、想问题的想法，以及做事情的做法。说到底，此种必要性就在于：文化/文明是累积、层叠而来的，它的前行有着历史的惯性。马克思指出，人们并非能够随心所欲地创造历史，并不是在他们自己选定的条件下创造，而是在直接碰到的、既定的、从过去承继下来的条件下创造的。① 从文化生态、制度环境角度来看也是如此：人们总是依托现有的条件，在相对有限的生态环境中展开交往并因而

---

① 《马克思恩格斯全集》第8卷，人民出版社1961年版，第121页。

形成新的制约、限制自己的生态环境。在特定的时空条件下，任何文明、任何社会生活都是亦新亦旧的，人们自觉或不自觉地遵循传统理念去展开新生活、去适应新环境。同时，人们也总在新的生活、新的环境中反思现实和批判传统，去创造新的理念、去建构新的秩序。经验与建构，这是文明演进和秩序建构的基本途径；在经验中建构、在建构中经验，这是此种演进、建构的基本过程。

在近代以来的中国，尽管传统的活法同现代的经验之间存在张力、矛盾甚至有过冲突，但双方都无力完全排除另一方，彼此适应、相互融会是它们注定了的"命运"。当然，不能彼此排除只是构成了两者关系的下限——此种关系也并非全然就是消极、被动的。尽管也曾伴随着强烈的震荡，但其主流却始终是积极、主动和进步的。中华文明及其演进的内在逻辑、基本路径固然是锁定了中国现代化的诸多具体选择，但也为这些选择、为新秩序的建构提供了丰厚的资源，特别是卓异的智力支持。中华民族、中国社会走向现代化的新鲜经验虽然相对轻浅，而且也确实要不断地批判和剔除那些传统文化中不再具有合理性、现实性的部分，但它也为一种古老文明的延续提供了新鲜血液、动力源泉，并且也确定了它的未来走向。完全抛弃传统、背离中华文明根性，中华民族将沦为行尸走肉，现代化亦将失去其价值；相反，拒绝现代变革、拒斥人类现代文明的共同价值，传统文化也终将走向末路。

具体到新社会、新秩序的形成，在时代与条件的约束下，要实现前述民族性与现代性的有机统一，中国人只能也必须从如下两方面入手：一是要实现原生于西方的现代价值、现代文明的本土化转化和适用；二是要返本开新、实现中华本土文化/文明的创造性转换。这既是中国近代以来思想史演进的基本主题，也是中国革命和建设实践各领域创新发展的基本路径。同时，它也形成了中国新秩序建构、新制度探索的基本线索。

（三）马克思主义到中国之后

由于传统小共同体本位的社会生活同天下为公基本理想有着内在矛盾，也由于传统农业文明心理同现代精神的明显反差，中国社会秩序重建的历史过程是漫长、复杂和艰辛的，其中不乏挫折与反复。鸦片战争后，中国社会各阶级纷纷登台亮相，从较早借来洋上帝的农民起义，到其后所谓"中体西用"的地主阶级改良维新，再到后来的民族主义（本位）革命、新文化运动和新民主主义革命，终于落定为今天的中国特色社会主义。从实践层面、从社会发展总体来看，它体现为通过依次启动政治的、经济的、社会的和文化的变革或发展来建构新的政治民族、民族国家与实现现代化。而从文明与文化的核心——理念或观念层面来看，最要紧的则是确立怎样的基本价值的问题——它根本涉及个体、小共同体与大共同体的关系问题，这些问题在观念领域特别是意识形态领域则外化体现为如何处理"中西"或所谓"马中西"关系的问题。当然，首先有一个以谁为主导的问题。我们当然是要以人类现代文明中最为精华的部分——马克思主义为指导，当然是要以导向"自由人联合体"的科学社会主义为本位来组织、融会自己所掌握的一切文化资源，当然是要在这一努力/进程中建构新秩序、创制新制度。

马克思指出："理论在一个国家实现的程度，总是取决于理论满足这个国家的需要的程度。"① 由于一贯推重天下为公的缘故，中国人似乎是天然的社会主义者。起初，马克思主义是伴随各种西方思潮特别是纷乱、杂驳的社会主义思潮进入中国的，而中国人也本能地感受到中国适合搞社会主义。新文化运动前后，社会主义已是人们普遍热衷的话题。俄国十月革命以后，马克思主义、科学社会主义才算是真正扎根于中国，中国的先进知识分子、先进阶级也才由此而真正开始运用马克思主义的立场、观点和方法来看待中国，来求解现代化条件下中国的生存和发展问题、规划中国现代化的道路和前途。马克思主义让中国人看到了不一样的世界与中国，看到了不一样的历史与现实，使之在古今中西纵横交会的文化/文明演进的旅程中更加眼明心亮。尽管如此，还是有一个怎样对待这个主义的问题。它是不变的天条，还是开放的体系？在中国实践、坚持马克思主义

---

① 《马克思恩格斯文集》第 1 卷，人民出版社 2009 年版，第 12 页。

是要固守它的具体结论，还是要将其活的灵魂运用于中国社会生活的实际？中国人怎样对待马克思主义的另一面，也就是马克思主义如何适应中国、如何中国化的问题。

中国人接受了马克思主义，是因为它能够满足中国民族复兴以及重建秩序的需要。具体如何运用这一科学理论来实现这一需要，中国人又创建了中国共产党——只有它才能真正将科学理论与中国现实国情相结合，真正在中国领导、完成彻底的社会革命，从而最终满足上述需要。中国共产党领导革命，在成功改造中国的同时也成功改造了自身，将自己彻底打造成了中国工人阶级、中国人民和中华民族先锋队。中国共产党在改造自身的同时也丰富、发展了马克思主义，推动实现了马克思主义的中国化和与时俱化，从而一以贯之地成功领导、推进了中国的革命、建设和改革事业，并不断取得中国社会进步、中华民族复兴的伟大成就。

四、中华文明的现代选择：中国特色社会主义

1840 年鸦片战争之后，中华民族经历了长期和深重的苦难，一度到了瓜分豆剖、亡国灭种的边缘。中国人民前赴后继，进行了不屈不挠的抗争；中华文明百折不回，顽强延续着自己的生命意志。中华民族需要新的复兴，也必须实现伟大复兴。较之以往，这一次的复兴内容更加丰富、领域更加广泛、使命更加艰巨、意义更为深远，本质上讲应当是中华文明的重建和再造，或曰是现当代中华文明的开创和确立。要实现这一次的民族复兴，一是要革命，以赢得民族的独立自主和人民的自由解放；二是要建设，以实现国家的繁荣富强和人民的共同富裕。换言之，中国人民要展开、完成两场伟大的革命：一场是政治的、社会的革命，另一场则是生产力革命。这其中，第一场革命是为现代化廓清道路、准备条件，第二场革命则是要在此基础上建设现代化强国。就两场革命的实质而言，只有在现代化时代背景下实现马克思主义同中华文明的有机融会，或曰只有真正处理好中华优秀传统文化、革命文化、社会主义先进文化的关系，中华民族的伟大复兴才可能是现实的。这就决定了两场革命都必须要在中国共产党

的领导下，不断地实现马克思主义的中国化、时代化和大众化，不断取得理论与实践相结合的新突破、新飞跃，并在此基础上取得革命、建设、改革和发展事业的新成就。

（一）伟大的"飞跃"，以及卓异的成就

1921年中国共产党成立后，即迅速投入领导中国反帝反封建革命的伟大历史实践中。在基本上是以革命战争为主题的这一段历史上，中国共产党深刻把握中国社会、中国国情，坚持将马克思主义基本原理和中国革命具体实际相结合，努力探索中国革命的规律和道路，逐渐形成具有中国特色特别是中国共产党人特色的立场、观点和方法，不断形成、发展和丰富了自己独特的建党、建军和建政的革命理论和实践，成功领导中国人民取得新民主主义革命的胜利，建立了人民民主专政的新政权。革命战争推翻了"三座大山"，中国人民站起来了，也形成了引领中国人民站起来的指导思想——毛泽东思想。毛泽东思想的精髓是实事求是，它和群众路线、独立自主一起构成毛泽东思想活的灵魂。毛泽东思想是全党在指导革命建设过程中集体智慧的结晶。没有毛泽东思想的指导，中国革命不可能取得最后胜利。毛泽东思想是为实践所反复验证过的、行之有效的思想理论武器，它的产生意味着马克思主义中国化实现了第一次伟大的历史性飞跃。

中国共产党开始了中国社会主义建设理论和实践的初步探索。在错综复杂的内外环境中，探索取得了巨大的成就，但也一度遭遇了严重的挫折。"文化大革命"后，中国共产党召开十一届三中全会，拨乱反正，果断结束"以阶级斗争为纲"的政治路线，恢复了"实事求是"的正确路线。在此基础上，中国共产党人根据马克思主义原则、立场和方法，全面启动和推进改革开放、发展社会主义市场经济，制定和坚持了党在社会主义初级阶段的基本路线，提出"三个有利于"的衡量一切工作得失的判断标准，形成了包括邓小平理论、"三个代表"重要思想和科学发展观在内的中国特色社会主义理论体系，实现了马克思主义中国化的第二次飞跃，且又进一步与时俱进地巩固、深化和丰富了它的理论成果。21世纪第二个十年之际，中国社会和中国特色社会主义建设既面临前所未有的机遇，也面对前所未有的挑战。面对新时代新形势新变化，特别是面对当代中国社会基本矛盾的深刻变化，党的十八大以来，以习近平同志为核心的党中央坚定不移地深入推动伟大斗争、伟大工程、伟大事业和伟大梦想系统展开，形成了新时代中国特色社会主义的基本理论、基本方略。这些理论、方略可以归结、概括为"八个明确""十四个坚持"①。作为理论与实践有机结合而形成的最新成果，它擘画了新时代中国特色社会主义建设的最新蓝图，形成习近平新时代中国特色社会主义思想，将马克思主义中国化的伟大进程全面推向了新的飞跃。

中国特色社会主义不断全面和深入发展并取得伟大历史成就的过程，是理论转变为现实、秩序外化为行为和制度的过程，更是中国人天下为公大同理想逐步接近实现、中华民族伟大复兴百年梦想逐渐成为现实的过程。根据马克思主义的基本原理，以及中国社会彻底变革的现实要求，这一过程首先是从政治领域、政治制度中开启的。经过伟大的民主革命、社会革命，中国实现了、捍卫了民族与国家的独立自主，彻底摆脱了半封建半殖民地的艰难境况；建构了现代中华民族、中国现代国家，从根本上结束了旧的王朝政治及其治乱循环的历史。由此，中国政体实现了从传统的东方君主专制向现代民主共和的根本性转换。上层建筑变化的动力来自于经济基础。中国共产党领导革命和建设、改革事业，长期致力于解放生产力、发展生产力，以及消灭阶级剥削、消除两极分化，首先确立了社会主义基本经济关系（经济格局），从而推动了中国社会的工业化、现代化，使中国迅速从传统且落后的农业国家全面地转变为现代、强大的工业国家，使中国经济从保守的自然经济、僵化的计划经济逐渐有序地转变为富于活力的现代市场经济、混合经济②。在社会领域，由于政治、经济生活

---

① 参见习近平：《决胜全面建成小康社会　夺取新时代中国特色社会主义伟大胜利——在中国共产党第十九次全国代表大会上的报告》，人民出版社 2017 年版。

② 本章内容以及本书其他章节所提及的混合经济包括但不限于混合所有制。除了公与私的"混合"外，它起码也还意味着既有市场调节，又有政府干预的"混合"。——作者注

的深刻变化，传统东方社会中的臣民—依附结构逐渐被解构、被打破，作为政治联盟和利益共同体的人民的主体地位根本确立。由于中国宪制以及民法等相关法律既保护公有财产神圣不可侵犯，也保护私人合法的财产，所以中国传统的共同体至上、整体主义的总体结构和组织原则仍然适用，但其具体内容也已发生深刻变化：旧的基于血亲、地缘的"群体本位"整体主义形态被扬弃，它要根本导向一种基于真正利益共同体的"中华民族共同体本位"，同时也得适度和有效兼容现代市场经济不可或缺的、必要且有益的某些出于"个体本位"的合理元素。① 此外，在文化和社会心理层面上，长期为专制政治所窒息的日趋保守的传统文化也得到了充分的释放，逐渐转换为一种现代、开放的社会主义大众新文化。在生态文明领域，"天人合一""道法自然"等传统自在、朴素且略显消极的理论和实践形态，也逐渐转换为着力保护生态、建设美丽中国的自觉，以及理性和积极进取的社会主义生态文明的理论实践。

这些转换，同时也就是中华民族传统生活方式——中华文化的创造性转换。这些转换，是在社会行动中总结和思考、在理念建构中经验和改进的复合实践中不断推进前行和最终实现的。经此转换，中国传统天下为公理念获得了现实的基础、实践的形态。这些基础、形态都是中国特色社会主义社会生活中创制、发展和完善的结果。具体体现在经济领域，就是社会主义的公有制为主体、多种经济成分共同发展，以及按劳分配为主体、多种生产要素参与分配；体现在政治上，就是中国共产党领导、人民当家作主的社会主义民主政治；体现在社会领域，就是保障和促进社会政策和社会治理实践的不断创新发展；体现在文化上，就是在新时代、新社会里继续明德新民，坚守和实践推进实现人民群众自由、解放和全面发展的社会主义核心价值；体现在生态领域，就是实现和增进人与自然和谐发展的环保和生态文明。

---

① 马克思将人类社会发展的历史划分为（人的依赖性社会、物的依赖性社会以及个人全面发展的社会）三阶段的依据，分别是古代的"群体本位"、近代的"个体本位"，以及未来的"人类本位"。参见马克思：《政治经济学批判（1857—1858 年草稿）》。

（二）历史的选择、人民的选择

马克思主义传到中国以后，中华民族的伟大复兴、中国的现代化进程就同马克思主义发生了直接的关系。由中国共产党来领导中华民族、中国社会，坚定不移走中国特色社会主义道路，这是历史的选择、人民的选择，也是中华文明现代化的选择。中国人以自己独特的理论和实践探索，在中国创造了长期经济快速发展和社会长期稳定的人间奇迹。这都得益于正确的选择，都来自于独立自主的探索。历史和实践充分表明：中国的伟大社会变革，不是简单延续我国历史文化的母版，不是简单套用马克思主义经典作家设想的模板，不是其他国家社会主义实践的再版，也不是国外现代化发展的翻版。① 社会主义并没有千篇一律、一成不变的模式或套路，只有把科学社会主义基本原则同本国具体实际、历史文化传统、时代要求紧密结合起来，在实践中不断探索总结，才能把美丽蓝图变为美好现实。

近代以来，中华民族走过了跌宕起伏、波澜壮阔、沧海桑田的历史。到今天，中国选择、中国理论和实践探索的伟大成就，是形成了当代中国特色社会主义的道路、理论、制度和文化。

中国道路，就是中国特色社会主义道路，就是由中国共产党领导和团结全国各族人民，以经济建设为中心，坚持四项基本原则，坚持改革开放，自力更生，艰苦创业，把我国建设成为富强民主文明和谐美丽的社会主义现代化强国。

中国理论，就是马克思主义的中国化、时代化和大众化，亦即科学社会主义基本逻辑同中国社会发展历史逻辑辩证统一的理论成果，是毛泽东思想、邓小平理论、"三个代表"重要思想、科学发展观和习近平新时代中国特色社会主义思想一脉相承而来的思想理论，是来自实践、用于实践、接受实践检验、在实践中创新和发展的理论，是维护人民利益、反映人民心声、增进人民幸福、赢得人民拥护和支持的理论，是中国的马克思主义。

---

① 《习近平谈治国理政》第二卷，外文出版社 2017 年版，第 386 页。

　　中国制度，就是中国共产党团结带领人民在探索实践、改革创新基础上所建立和完善社会主义制度体系，包括保障科学执政、民主执政、依法执政的关于中国共产党领导的制度体系，发展社会主义民主政治、保障人民当家作主的制度体系，实现依法治国、依法执政的中国特色社会主义法治体系，构建职责明确、依法行政政府治理体系的中国特色社会主义行政体制，推动经济高质量发展的社会主义基本经济制度，坚持和完善繁荣发展社会主义先进文化的制度，满足人民日益增长的美好生活需要的城乡民生保障制度，保持社会稳定、维护国家安全的共建共治共享的社会治理制度，促进人与自然和谐共生的生态文明制度体系，确保人民军队忠实履行新时代使命任务的党对人民军队绝对领导制度，推进祖国和平统一的"一国两制"制度体系，强化对权力运行、制约和监督党和国家监督体系，以及推动构建人类命运共同体、奉行独立自主和平外交政策的外交外事体制机制等，总体上可以归结为中国特色社会主义的政治、经济、社会、文化和生态制度体系，它们形成当代中国的国家治理体系。

　　中国文化，就是立足中国实践、传承优秀传统文化、借鉴人类优秀文明成果，反映人民主体地位和现实生活和满足人民群众精神生活需要的文化，就是以中国马克思主义为指导，将中华优秀传统文化、革命文化和社会主义先进文化有机融为一体的人民大众的新文化。

　　中国选择与中国探索所得来的道路的、理论的、制度的和文化的成就，集中体现了、有力拱卫了当代中国社会生活的基本秩序：1. 核心的价值理念——富强、民主、文明、和谐，自由、平等、公正、法治，爱国、敬业、诚信、友善。2. 核心的利益关系——社会主义的所有制和分配制度。从当代中国社会制度的基本形态和整体属性来看，这一基本秩序构成了它的观念基础以及经济基础，从根本上决定了中国社会生活各方面规范的形成和发展，也从根本上决定了社会生活各领域中的制度究竟是怎样来规范人们的思维、行为，以及所有社会生活的具体过程。

　　在基本秩序的塑造和引领下，中国特色社会主义制度体系，或曰现当代中国国家治理体系，从根本上确定了中国社会发展的前进方向，也从根本上保障了中国人民整体的安全与福祉。中国特色社会主义制度体系具备以下双重特质：一方面，它是在彻底的社会革命和政治革命之后确立起来的，当然具有历史的开创性和鲜明的建构性。此种开创性和建构性为中国的发展和实践提供了广阔的空间和无限的可能。另一方面，它又是在接续、传承中国优秀文化传统的基础上逐步展开和推进而来的，自然又有其丰富的经验性和鲜活的实践性，此种经验性和实践性为现当代中国制度的坚持、发展和完善提供了坚实的历史文化基础，以及充分的现实性基础。双重的特质决定了当代中国制度体系的发展内在遵循了这样一种历史的和现实的逻辑：在经验实践中理性建构，同时在理性建构中不断丰富和创新实践。这是一种马克思主义实践论的逻辑，也是中国千年传承的复合行动的逻辑。正是因为有这样一种内在发展逻辑、有这样一种制度演进的历史，新中国各领域的社会实践及其制度积累才能真正实现民族性与现代性的有机统一，才能在立足本国、本民族现实需要的基础上，汲取人类文明发展的一切有益成果并进而有所突破、有所创造。概言之，新中国令人瞩目的发展成就早已表明，是马克思主义选择了中华民族和中国人民，也是中华民族、中华文明拥抱了现代文明和选择了科学社会主义。此种双向选择的结果，就是今天让我们深感自豪和自信的中国特色社会主义。

第 一 章

交相利、均贫富
与中国特色社会主义经济制度

人类存续的基础、社会生活的起点，在于生产、在于经济。马克思深刻指出："人们之所以有历史，是因为他们必须生产自己的生活，而且必须用一定的方式来进行：这是受他们的肉体组织制约的，人们的意识也是这样受制约的"。① 生产和经济，这是将人类主观世界、主体能动性同客观世界及自然可塑性彼此作用和融会的关键，也是将人的动物属性、社会属性内在关联和贯通起来的关键，还是将人类个体同群体、社会以致整个人类系统组织和统合起来的关键。马克思说："人们奋斗所争取的一切，都同他们的利益有关。"② 最新一代系统论的研究成果也表明：简单性生成复杂性，任何复杂的行为及结构都因为或都是从最简单的适应性活动演进而来的。同理，人类个体的要适应环境、要生存和发展下去的简单目的，最终演绎生成了极其复杂而丰富的社会系统，以及高度精致且多样化的人类文化和文明体系。"思想、观念、意识的生产最初是直接与人们的物质活动，与人们的物质交往，与现实生活的语言交织在一起的。人们的想象、思维、精神交往在这里还是人们物质行动的直接产物。表现在某一

---

① 《马克思恩格斯选集》第 1 卷，人民出版社 2012 年版，第 160 页注①。
② 《马克思恩格斯全集》第 1 卷，人民出版社 1956 年版，第 82 页。

民族的政治、法律、道德、宗教、形而上学等的语言中的精神生产也是这样。"① 在满足自身需要、争取自己利益的交往过程中，人们结成不同领域、层次和性质的社会关系，这些关系又因人的需要和利益的不断变化而发生持续的解构和重构。就这样，唯物史观讲生产力决定生产关系、经济基础决定上层建筑，因而能够直截了当地把人类的精神世界还原为生产实践活动，继而还原为人们对利益的追求。那么，就秩序、制度及二者关系而言，我们能够从中得到的启示是：在特定时空、自然生态条件下，人们会有自己特定的生存和发展需要、特定的利益和价值诉求，以及特定的实现这些诉求的手段、方式。人们会以这些手段、方式来维系自己的生存和发展，从而演绎生成特定的社会生活及其基本秩序、基本制度。这当中，秩序或价值原则虽然直接决定制度的设计与建构，并使之呈现出浓郁的主观能动气息，但制度的根本由来却在于生产实践、在于那些在有限的（自然和社会）条件下被客观决定了的人们的利益。换言之，一方面，一切变革的开始和进行根本上都将是为了利益而非为了原则，只有利益才能够决定原则并且发展成为原则；另一方面，这些原则一旦生成，又会具有相对独立性或保守自我的属性，又会直接、深度地影响到利益格局——我们可以把它视作自然资源和社会资源的配置、组织和运（使）用。中国社会里面基本秩序和基本制度的生成和演进同样遵循了经济决定论的规律、道理。只不过，中国社会很早就形成并且长期传承了自己独有的一套利益原则或价值观念，它们对古代中国以至现当代中国经济生活的影响也更加明显。

第一节 传统经济思想与中国政治经济思维的原则

"经"字本义（与"纬"相对应）是纺织中纵向的丝线，即所谓"织从丝也"。后来《尚书》有曰"经德秉哲"②，《诗》云"经之营

---

① 《马克思恩格斯选集》第1卷，人民出版社2012年版，第151—152页。
② 《尚书·酒诰》。

之"①，《礼记》曰"毋失经纪"②，《周礼》曰"以经邦国"③。由此，
"经"字引申后获得了常道、纲纪等基本含义。至于"济"，《说文》指
其本义为"济水"（一条河流），此后《诗》云"济有深涉""既不我嘉，
不能旋济"④，《易》曰"臼杵之利，万民以济""知周乎万物，而道济天
下"⑤。"济"字逐渐被赋予涉水渡人以及利用、帮助和赒救等意思。
"经""济"开始同见并用，约是在公元 3 世纪。《晋书·殷浩传》有
"足下沉识淹长，思综通练，起而明之，足以经济"一句，其中"经济"
二字就有了经世济民、经国济用之义。然而，这个意思起初却是用"经
理"来表达的。《荀子》曰"道也者，治之经理也。"⑥《史记·秦始皇本
纪》讲"皇帝明德，经理宇内，视听不怠。"《后汉书·光武帝纪》也说
刘秀"讲论经理，夜分乃寐。"晋代以降，"经济"出现得比较多了，如
隋王通《中说·礼乐篇》中载薛道衡提及王通时说："是其家传七世矣，
皆有经济之道，而位不逢"。又如唐袁郊《甘泽谣·陶岘》也讲"岘之文
学，可以经济"。再如《宋史·王安石传》中，也有"尤以道德经济为己
任"的语句。显然，经世济民外延上要比西文的"economy"广泛得多。
作为现代汉语词汇，"经济"也是近代日本人在译介西学时辗转借用、重
组古汉语语词作为 economy 译名的结果。economy 语源上可追溯至古希腊
οικονομα——治理家财的家政之术。其中，οικο 为家庭之义，νομα 则是
方法或习惯。近代以后，economy 地位逐渐抬升并触及国家层面，称作政
治经济学（Political Economy）。西方人认为经济即谋生术，即取得生活所
必要的、于家于国有用的使用价值（物品）；或用较少的人、财、物力以
及时间和空间去获取较大的成果或收益。由此，经济学被归结为一门探索
如何构建特定经济体系，以在资源稀缺条件下实现资源优化配置和有效利

---

① 《诗经·大雅》。
② 《礼记·月令》。
③ 《周礼·天官·大宰》。
④ "济有深涉"，见《诗经·邶风》；"既不我嘉，不能旋济"，见《诗经·墉风》。
⑤ 见《易·系辞》。
⑥ 《荀子·正名》。

用的学问，它涉及生产、流通、分配、消费，涉及个人、企业、政府以及其他组织的选择，涉及宏观和微观的经济理论、经济问题、经济政策等诸多方面。这些都是近代以后逐渐纳入中国人视野的东西。中国人起初曾经从"福国策""富国养民学""生计学""理财学""平准学"和"资生学"等，最终还是普遍接受了"经济""经济学"的译法。综上，"经济"语词语意的演变起码可以表明：对于这样一个领域以及与之相关的学问，中国人向来就有自己相对独特的视角、看法，尤其是惯于结合政治生活来看待、对待经济生活。似乎也可以这样说，在中国人看来，经济本身就是经国济用、经世济民，因而经济问题同时也大都是政治问题——历朝历代的中国政府、士人都被要求结合政治与经济来思考家国问题，也都被要求将"天下为公"的基本秩序理念体现、落实到经济生活中去。

一、农商之别：以农为本，抑商而不废

中国传统的经济政策、经济思想基本上是以农为本和重农抑商的。这当然与传统中国农业社会的基本属性有关。地理环境、气候生态的特点，先天决定了：自上古时代起，种植农业就已是中国先民们最主要的生产和生活方式。的确，农业生产孕育了早期中华文化以及早期中国国家。然而任何经济生活都必然有分工和交换存在，农业显然一开始就并非中国经济生活中唯一的产业形态。《尚书·大禹谟》中有"正德，利用，厚生，惟和"一句，宋代学者蔡沈给出的注解是："利用者，工作什器，商通货财之类，所以利民之用也。厚生者，衣帛食肉，不饥不寒之类，所以厚民之生也。"[1]《周书》将"食"与"货"分列为"八政"中第一位、第二位重要的事情。[2] 古人认为"食"是指农业生产；"货"则是指农副业特别是布帛等的生产，以及货币的流通。[3] 西周及以前，由于存在大规模奴隶

---

[1] 《尚书·大禹谟》（宋蔡沈注）。

[2] 《周书·洪范》。

[3] "食，谓农殖嘉谷可食之物；货，谓布帛可衣，及金、刀、鱼、贝，所以分财布利通有无者也。"见《汉书·食货志》。

集体劳动，工商业也早就是社会经济的重要部分。《周礼》就载有"司市"之官，我们从此书中也还看不到什么贬抑工商的倾向。《周书》也讲，"农不出则乏其食，工不出则乏其事，商不出则三宝绝，虞不出则财匮少，财匮少而山泽不辟矣"，《史记》引用了这一说法，认为农、工、商、虞（采集）四者皆为人民衣食之源、生活根本。①

春秋战国时期，"农、工、商、虞""四业"之说，逐渐被"士、农、工、商""四民"之说所取代——《管子》就讲"士农工商四民者，国之石民（柱石）也。"② 不只《管子》，《春秋穀梁传》也提及"四民"："古者有四民：有士民，有商民，有农民，有工民。"③ 《荀子》中也出现过"农农、士士、工工、商商"的提法。④ 概言之，无论"四业"还是"四民"，"农"的地位都比较靠前，"商"的排序都在尾末——尽管靠后，但还是没有（也不能）去掉。自战国时期列国纷纷变法、推重耕战开始，重农抑商逐渐成为专制王朝的国策。原因很简单，打仗就要养士（军士），军士自然要耗费粮食，而粮多则意味着兵强马壮。所以，商鞅曾阐述变法的目的之一，就在于使"民之欲利者非耕不得，避害者非战不免。境内之民，莫不先务耕战，而后得其所乐。"⑤ 重农抑商、农本商末的理念在秦汉时基本确立起来。此后，在两千多年的中国政治和经济生活中长期居于主导地位，并因而具备了某种意识形态教条、律法誓条的性质。考察秦汉以降中国经济变迁的历史，我们可以明确地感受到，古代东方专制主义对于商业发展、商品经济的防范几乎就是出于一种本能：历朝历代，越是王权政治不够稳固的时候，对于"工商末技"的抵触心理和打压措施也就越是趋于严厉。譬如魏晋南北朝时期，官方的立场就强化成了"贵农贱商"，视商人为"商贩丑竖，市肆小人"⑥，政府甚至出台侮

① 《史记·货殖列传》。
② 《管子·小匡》。
③ 《春秋穀梁传·成公元年》。
④ 《荀子·王制》。
⑤ 《商君书·慎法》。
⑥ 《晋书·苻坚载记》。

辱性的规定，令商人必须书姓名于头顶，且其穿鞋也得一只脚着白、另一只脚着黑。① 及至东方专制主义后期的明、清两代，面对资本主义萌发以及市民力量的一度兴起，专制王朝更是惶恐不安，在劫掠、侵夺工商业者之余，也频频打压、阻碍工商业发展，其中消极影响最深远的，就莫过于禁海令、闭关锁国政策的推行了。

相形之下，一个王朝越是开放、繁荣和自信的时候，也就是它越发倾向于虚置"重农抑商"教条的时候。似乎也可以说，此种开放、繁荣和自信，是因为社会上有活跃或发达的工商活动。教条的一个特点，就在于它常态化地被选择性适用。春秋时管仲曾讲"欲杀（抑制）商贾之民以益四郊之民（即农民）"，他算是"重农抑商"理念的鼻祖了，但其相齐时却不遗余力地发展工商贸易、为国家收取鱼盐之利。即便是在秦汉，"重农抑商"也都没有被绝对化——秦实际上工商并重②，汉则曾与民休息、无为而治，它们也都有过工商业繁荣的时期。据《盐铁论》记载，汉武重臣桑弘羊力推遏制富商大贾、强化经济中央集权的政策，他自然是代表官方立场的，却也强烈质疑单靠农业即能富国足民的论调。他明确讲："富国非一道""富国何必用本农，足民何必井田也?"③ 司马迁的立场则更是倾向于工商贸易自由。他讲："天下熙熙，皆为利来；天下攘攘，皆为利往"，既然逐利致富、生活得更好些是"人之情性"，而且"礼生于有而废于无"，那么除非是为盗贼、从奸恶，否则通过农工商贾来致富就都是正当的。除了充分肯定货殖致富的正当性，司马迁还初步探讨了相关经济规律，研究了怎样致富的问题。他的视野和胸襟都是非常开阔的。④ 古代工商政策相对宽松的时段较多地分布在唐、宋。唐人也讲"利末"，但却更反对废商贾，有曰"万商废业则民不聊生"者，如崔融的《谏税关市疏》；有道"官府不得夺其（商贾）业"者，如韩愈《论

---

① 《太平御览·卷八百二十八》。
② 钱穆：《中国经济史》，北京联合出版公司 2019 年版。
③ 《盐铁论·力耕》。
④ 《史记·货殖列传》。

变盐法事宜状》。及至宋，太宗、真宗及仁宗朝都多次减免商税，士大夫也多主张政府应与商贾共利，认为四民犹四体、异业而同道，"诱商通货为上，制商痛裁为下"①。宋人大概是最亲近工商的了，所以它一度生长出了当时世界上体量最大也最为繁荣的商品经济。概言之，多数情况下，古代官府的重农抑商不是要取消商业，而是希望能够控制住它。出于财税的考虑，较贤明的皇帝、士大夫往往也会选择通商宽农，要"省征发以厚农而资商，轻关市以厚商而利农"②，甚至认为"工商皆本"——"夫工固圣王欲求，商人使其原出于途者，盖皆本也"③。

二、义利之辨：利属正当，但义高于利

中国传统的经济政策、经济思想的基本倾向是要兼容义、利的，但却是倾向于义高于利、以义统利。中国史上当然也有将义利尖锐对立起来的极端看法，但毕竟不是主流。其所以是极端的，或系出于对先贤思想的曲解，或是基于激烈党争的需要，又或者两者兼有。正因为有不同的理解，这些理解在不同的情境中对于政府当局以及人们对经济问题的判断和选择都会产生深刻影响，所以所谓"义利之辨"一直都是贯穿了中国经济、政治生活的一条关键线索。而且值得注意的是，每逢中国社会面临深重矛盾或发生深刻变革、要进行重大改革时，"义利之辨"的力度，以及它在思想领域和政策领域中的相关地位、影响往往就会急剧抬升。由此，"义利之辨"同时也成为传统中国意识形态特别是政治伦理领域极重要的命题、范畴。

关于利，《说文》讲，"利，铦也"，其甲骨文字形为"𥝢"，本义盖是刀刃锋锐、能割稼禾。因为字面上意味着收割、收获，所以它自然也就被引申为快捷（方便）、财货、好处等广泛的意蕴，这些大都可以归结为我们今天所讲的"利益"。关于义，《说文》讲"义，己之威仪也"，亦

---

① 欧阳修：《通进司上书》。
② 张居正：《张太岳集卷八·赠水部周汉浦榷竣还朝序》。
③ 黄宗羲：《明夷待访录·财计三》。

即礼容各得其宜的意思。① 这其实已经是引申义了。义的甲骨文字形为
"![义]" 或 "![義]"，本指用兵器（即"我"，"我"字后来被假借意为自己）
来宰羊用以祭祀，有某种神圣的意味。义又从羊，又有善、美之意，故
《诗》云"宣昭义问"②。由于本就与祭祀、仪礼关联密切，故"义"也
就被引申为礼制规范特别是道德伦理规范。《易》也讲"立人之道，曰仁
与义"③，又讲"利物，足以和义""利者，义之和也"。④ 义、利在此携
手出现，人们已是普遍、明确将"义"理解为做应做之事了——此即
《中庸》所谓的"义者宜也"。先秦时期论及义利给人留下深刻印象的，
当推儒、法、墨三家，而尤以儒为最。墨家义利思想有较强功利主义的色
彩，其基本主张是兼相爱、交相利，为此就要"尚利""贵义"，就要统
一义和利，而不是割裂它们。墨家所谓"利"就是他人之利、天下之利，
而"义者，利也"⑤，"利人""利天下"就是义。"天下有义则生，无义
则死，有义则富，无义则贫，有义则治，无义则乱。""义者，正也"⑥，
谋天下之大利即为"义政"。法家、儒家对于义的看法有不少相通之处。
譬如韩非就讲"义者，仁之事也""礼者，义之文也"。他又说，"义者，
君臣上下之事，父子贵贱之差也，知交朋友之接也，亲疏内外之分也……
义者，谓其宜也。宜而为之，故曰，上义为之而有以为也。"⑦ 法、儒之
于义理解的差异根本在于大共同体、小共同体立场的不同，而这就涉及利
了：法家忠君至上，所谓义是无条件服务于专制君王、国家的大利；儒家
孝悌为先，讲义时强调更多的则是宗法小共同体的利益，甚至因而可以
"为父绝君"。儒家也在更广的范围内讲利，但这个利应当是合无数小共
同体的共利（天下）而不仅是君王的私利。

---

① 许慎：《说文解字》，段玉裁注。
② 《诗经·大雅·文王》。
③ 《易传·说卦》。
④ 《周易·乾·文言》。
⑤ 《墨子·经上》。
⑥ 《墨子·天志上》。
⑦ 《韩非子·解老》。

儒家义利观最为后世所推重和发展。儒家的基本理念是见利思义、义高于利，特别是当两者间发生冲突时，就是要舍利而取义。这样的态度自然是比较温和且理性的。诚然，孔子是"罕言利"的，他说过"君子喻于义，小人喻于利"的话；孟子也有"王何必言利"的语录，且也曾极力抨击主张墨家的功利主张；后来的董仲舒则讲过要"正其义不谋其利，明其道不计其功"……儒家经典思想家们似乎总给人一种欲将义利分开且排除功利、利益的印象。但若就此形成定论，那就是只知其一、不知其二。孔子也讲过"富而可求也，虽执鞭之士，吾亦为之"。可见，他是不排斥君子获利的，他只是反对不义而得利且富贵。此外，他又提醒君子也还要当心自己正当获利的社会后果会是怎样的。《淮南子·齐俗训》载："子路撜溺而受牛谢，孔子曰：'鲁国必好救人于患。'子赣（即子贡）赎人而不受金于府，孔子曰：'鲁国不复赎人矣。'"此即"子路受而劝德，子赣让而止善"的故事，子路救人收受酬谢、子贡赎人却不要还赎金，两件事都有示范效应，一是好人得好报就能鼓励人们行善，一是做好事有代价就令人难免虑及成本而放弃行善。孔子在这里显然是赞同子路行善而获利的——《淮南子》于此当是正解。至于孟子，他劝梁惠王不要张口就谈利，本意其实也是不要因小利而害大义。大义为何？行仁政。仁政对于国家、民众而言才是真正的长远的利。董仲舒的义利观也是理性的，他也讲过"义者，心之养也；利者，体之养也。"① 秦汉以后，随着统治者儒法并举以及儒法合流，人们对利欲的看法渐趋严厉，历朝历代总有人企图将义利之辨推向极致化，以至于要割裂义利、完全排斥功利和利益，然而这不过是竖儒腐陋之见，是不合乎儒家理念原本、中国政经思想主旨的。

三、公私之分：私固难免，然公重于私

关于公私之分的问题，它与前面的义利之辨关联密切，甚至也可以说

---

① 《春秋繁露·身之养重于义》。

它就是义利关系问题所涉及的一个重要方面。譬如为什么有人视谋利为不义？就是因为利往往关联着作为所有者的私，而私又往往会损及公——公义公义，只有为公，才合乎经济的伦理、政治的义理。这样循环往复就容易扯不清了。所以公与私之间是否有界分，有的话又是怎样的一种界分，这正是经济思想的一个重要领域。中国古代经济思想对于公私的分际是有深入探讨的，但由于其理论形态相对粗疏，基本上是将其归入了伦理义理的范畴，也只是做了一些原则性的宣示。考虑到现代政经思想要求逻辑严密和理论系统，以及它尤其关注所有制和产权问题的关系，所以我们在这里也还有必要再把它抽出来做专门的讨论。

《说文》讲："私，禾也。从禾厶声。"考究字形变化，它最初的写法其实是"厶"。段玉裁注解道："仓颉作字。自营为厶。背厶为公。然则古只作厶。不作私。"自营为私，背私为公——这表明：在文明初始之际，中华先民们就已清醒地意识到公与私的不同。在古代中国，公与私大致都有三个方面的含义。公，或为公共之公，或为公利之公，抑或为公义之公。相对应地，私或为私人之私，又或是私利之私、私偏之私。私人之私，也就是指个人事务，它属正常、必要且可以接受的范围，如"大夫私行，反必有献"[1]，又如"退而省其私"[2]。公共之公则是家国之公，如"公事不私议"[3]。关于私利之私，如"臣敢以私利废人之道，君何以训矣"[4]，以及"其政散，其民流，诬上行私而不可止也"[5]。公利之公当然得要相反，《左传·昭公二十六年》载："在礼，家施不及国，民不迁，农不移，工贾不变，士不滥，官不滔，大夫不收公利"；《商君书·壹言》主张："上开公利而塞私门，以致民力"。私偏之私，如《尚书·咸有一德》有曰："非天私我有商，惟天佑于一德。"[6] 天无私覆、地无私载，

---

① 《礼记·曲礼下》。
② 《论语·为政》。
③ 《礼记·曲礼下》。
④ 《国语·晋语一》。
⑤ 《礼记·乐记》。
⑥ 《尚书·咸有一德》。

自有一个昭著的公义在那里，所以人要法则天地的话当然就要恪守公义，讲求公平、公正，它的极高境界当然就是"大道之行也，天下为公"①。

一方面，中国先贤们对公的推重程度以及对于私的贬抑态度都是比较鲜明的。《尚书·周官》有曰："以公灭私，民其允怀"；《诗经·小雅·大田》有云："雨我公田，遂及我私"；《国语·晋语》中讲："行权隐于私则政不行"；《管子·任法》曰："任公而不任私"；《墨子》曰："举公义，辟私怨"；《孟子·滕文公章句上》讲："公事毕然后敢治私事，所以别野人也"；《韩非子·饰邪》曰："私义行则乱，公义行则治"……这些论述，都是在以自己的立场和视角阐释什么叫天下为公，都倾向于先公后私以至于大公无私、无我。不仅是先秦，在很长的历史时期里，中国思想界的主流基本上都是弘扬公和不屑于（歧视）私的。此种态度至于宋代或是到了极致，宋儒无分心学理学，多是更加痛陈私字之害，意欲去私而后快。二程将私视为非礼、非仁的德性障碍，朱熹讲"克去私意，便是天理"②。陆九渊也讲："不曾过得私意一关，终难入德"。同前述古者对待农商、义利问题尚属兼容的态度相比，这就有明显的不同。个别例外也是有的，譬如让孟子不满的所谓"圣王不作，诸侯放恣，处士横议，杨朱墨翟之言盈天下，天下之言，不归杨则归墨"③的短暂时期。但历史自有它自己的态度——杨朱著作、思想很早就失传了。杨朱学与道家思想渊源颇厚，后世人们看到的相关论述，也是《列子·杨朱》中转述的一些真伪莫辨的东西，它载杨朱讲"损一毫利天下，不与也"，但接着又讲"悉天下奉一身，不取也"。这固然是个人主义、利己主义的主张，但似乎也还想要明确区分一下公、私，并进而搞搞折中，探讨怎样才能既不以公废私、又不因私废公。然而其"贵己""任性"且消极的论述确有歧义也颇有令人诟病之处，所以难怪在后世会冷遇、断流。

---

① 《礼记·礼用》。
② 《朱子语类（卷四一）·论语二十三》。
③ 对此，孟子抨击道"杨氏为我，是无君也；墨氏兼爱，是无父也。无父无君，是禽兽也。"见《孟子·滕文公》。

　　另一方面，虽然大都明确反对营私害公，但在对公、私内涵及外延的把握上，各家各派、历朝历代论者却又都有其相对性，因而事实上并没有完全解决好公私边界的问题。首先，由于封建等级的关系，先秦社会中公、私本就是相对的，于士大夫而言是公的东西，于诸侯天子而言则可能是私。更何况三代以下天下为家，道德理想固然可以提倡大公无私，但世俗的经济社会生活整体上也就只能限于"人各亲其亲，各子其子"① 的层次。其次，不同思想流派、政治主体对待公私问题的原则立场也并不是统一的。杨朱与墨翟算是两个极端，一个是个体本位的，一个是超国家本位的，而两者其实又都是立足于平民立场的。所以他们又都遭到基于贵族立场的孟子和韩非的严厉批判。然而孟子所本的儒家立场是小共同体主义的宗亲孝悌，这又与韩非彻底排斥个体和小共同体、完全取向忠君的大共同体立场相左。正是由于个体、小共同体、大共同体立场和视角的差异，古代中国政经思维中主观上虽欲严明公私之分，但客观上却始终存在着公私转换的现实的可能。而且，私、私利也因此始终处于尴尬境地：它是受贬抑、受谴责的，但谁也不可能没有自己的私利。这个问题到了明清资本主义萌动时得以凸显出来，思想家们已经开始反思存公去私的教条，转而承认甚至鼓吹天生自然的私欲、私利的合理性了。譬如李贽就讲："夫私者，人之心也。"② 顾炎武也讲："人之有私，固情之所以不能免矣。"③ 王夫之、黄宗羲则是直接抓住了问题的根本。王讲："一姓之兴亡，私也；而生民之生死，公也"④；黄说君主实乃天下之大害，君王们使天下之人皆不敢公开追求私人的利益，却独独要引自己之大私以为天下之大公。概言之，中国古代专制社会中的天下为家、天下为私其实相距不远，

---

① "今大道既隐，天下为家，各亲其亲，各子其子，货力为己，大人世及以为礼。城郭沟池以为固，礼义以为纪；以正君臣，以笃父子，以睦兄弟，以和夫妇，以设制度，以立田里，以贤勇知，以功为己。"这是紧接天下为公的一段论述，大公才能大同，既然大同在宗法社会中求而不可得，那就只能退而求其次——小康。参见《礼记·礼运》。

② 李贽：《藏书·德业儒臣后论》。

③ 顾炎武：《日知录·言私其豵》。

④ 王夫之：《读通鉴论·卷三一》。

这正是传统政经制度与思维根本的局限所在。相关反思以及改造是从清末民初开始的，人们在深刻质疑私为恶德、根本转向承认私的正当性的同时，也引入了现代权利意识，开始尝试建构能将私利与公利有机统一起来的现代政治经济学思维。

四、寡均之际：均为天道，均平而不齐

均的金文字形是"𤔲"，《说文》讲"均，平徧也。从土从匀。"段玉裁注为："平徧者、平而帀（即匝，周围之意）也。言无所不平也。"平均思想大概是人类与生俱来的意识，也是中国官府和民众千百年来一直都有共识的理念。由于条件恶劣，原始社会生活中不得不平均。及至私有制出现、文明发端，人们也难免会对原始平均的故事有所怀想，并进而将其内化为一种政经、社会理想。《尚书·益稷》中出现"懋迁有无"字样，意为平均有无、"调有余补不足"①，这大约是古代典籍中较早言及平均思想之处。均首先是均土，这也向来是古代所谓平均的关键内容。周代礼制即设官员，职司井田土均之法及赋税，此种政府职能也就是后世所谓的"均四海""均万民"②。

从上古时期到春秋齐国的"井田均畴""相地而衰征"，早期均土的理念和实践维持了很长时期的主导地位，平均理念也因而被提升到了政道原则以致自然法则的层次。《老子》讲"天之道损有余以补不足"。《说卦》讲"坤为地……为均"。《易传》也阐发"益""损"二卦中的"损益之道"，它讲"损下益上，其道上行""损上益下，民说无疆"——前者是逆天道而行，后者则是顺应了天理人心。周人深信天意、民心的一致性，故也认同或起码不否认政经生活中损上益下、惠及百姓的道理。管子曰："布政有均，民足于产，则国家丰矣""天行其所行而万物被其利，圣人亦行其所行而百姓被其利。是故万物均，既夸众百姓平矣"③。除透

---

① 《史记·夏本纪》。
② 见《尚书·周官》，以及《周礼·天官冢宰·大宰》。
③ 见《管子·君臣上》，以及《管子·白心》。

过整理典籍暗里表达其政经偏好而外，孔子也明确讲："丘也闻有国有家者，不患寡而患不均，不患贫而患不安。盖均无贫，和无寡，安无倾。"① 孟子慨然曰："如欲平治天下，当今之世，舍我其谁也？"② 孟子所不满意的墨子也讲"为政均分"，讲古者圣王"听狱不敢不中，分财不敢不均"③。荀子认为："出若入若，天下莫不平均，莫不治辨，是百王之所同也，而礼法之大分也。"④ 他的弟子韩非也鼓吹王者之政应当"适其时事以致财物，论其税赋以均贫富。"⑤ 概言之，虽然在政经立场、立论角度上或有很大不同，然而万物均、贫富均，则百姓平，这大概是为先秦各家学派所公认的道理。那么，既有尚能追溯到的上古时代蛛丝马迹的平均主义的依存，又有主流意识形态的加持，均贫富也就顺理成章，成了后世理想社会构建中的重要一环。特别是后世官方统治思想儒家学说，它所谓的大同之世更是流露出浓郁的平均主义味道，而阐发了"三世说"的《公羊春秋》也将大同理想实现后的世道称作"太平之世"。太平者，极均平也，也就是古代朴素的共产主义了。平均、太平经过理论升华后也获得了相对于民众的道义的感召力。于是，中国人向来想望太平，历朝历代的农民起义也大多以均贫富和等贵贱为旗号。

然而等贵贱是很难的，特别是在私有制和剥削阶级居统治地位时，即便前述所谓的平均显然也不过是一种奢望。必须承认，基于人类的本质属性，人们可欲的平均只能是一种不断地更加接近于均等的趋势、过程或状态，平均在任何情况下恐怕都不是绝对的、也不能绝对化。当然，主张"兼爱无差等"的墨家等少数思想流派似应除外。与墨家相反，儒家基于宗法小共同体主义强调爱有差等，譬如《礼记·中庸》就讲："亲亲之杀，尊贤之等，礼所生也。"依托亲亲尊尊的三代思想和制度资源，儒家

---

① 《论语·季氏将伐颛臾》。
② 《孟子·公孙丑下》。
③ 见《墨子·兼爱下》《墨子·尚同中》。
④ 《荀子·王霸》。
⑤ 《韩非子·六反》。

政经思想反映、建构了一个对后世有深远影响的差序化经社格局。此种格局恐怕更切于人情，也更具可操作性。对于它的现实性、合理性，集儒家思想之大成的荀子有着深邃的识见，他讲："分均则不偏，势齐则不一，众齐则不使。有天有地而上下有差，明王始立而处国有制。夫两贵之不能相事，两贱之不能相使，是天数也。势位齐而欲恶同，物不能澹则必争，争则必乱，乱则穷矣。先王恶其乱也，故制礼义以分之，使有贫富贵贱之等，足以相兼临者，是养天下之本也。书曰：'维齐非齐。'此之谓也。"① 这就是"礼以别异""均而不齐"的道理：必须辩证地看待平均，"维齐非齐"——不搞绝对的平均恰恰是为了或者是能更充分合理地实现公平。当然，与我们今人更多地出于效率考虑而得来的结论相比，这些认知还是有相当大差距的。原因恐怕就在于"不患寡"。古人似是默认了"资源稀缺"的前提，接受了总量既定条件下每每走向零和竞争的命运，总是较少地抑或是无从去思考提高生产力和做大可供分配的蛋糕总量的问题。那么，人们最终也还是只能诉诸道德伦理或理想建构，这就是"富与贵，是人之所欲也，不以其道得之，不处也；贫与贱，是人之所恶也，不以其道得之，不去也"②，以及"强不执弱，众不劫寡，富不侮贫，贵不敖贱"③，或者"强不暴弱，贵不凌贱，富不傲贫；百姓并进，有司不侵，民和政平"④。

第二节　公天下价值取向与社会主义公有制为主体

马克思在《资本论》第一卷中指出，在文明的初期，"不同的公社在各自的自然环境中，找到不同的生产资料和不同的生活资料。因此，它们

---

① 《荀子·王制》。
② 《论语·里仁》。
③ 《墨子·兼爱中》。
④ 《晏子春秋·内篇·问下》。

的生产方式、生活方式和产品，也就各不相同。"① 中华文明早期主要是从事农业活动。钱穆考证说，华夏先民是居处于山上、种植黍和稷等高地作物的。② 由此可推知，史前农业活动似与大洪水以及较高组织化程度的治水密不可分；而中国的经济生活也一开始就深受来自国家政权的组织、干预和统制，因而先天就具备了更多政治的属性。鉴于社会生活特别是社会意识的共同体本位色彩始终浓郁，中国政治的外延要相对广泛得多，但却不像西方那样很早就深刻触及了政治国家与私人领域分界的问题。中国人不喜欢私天下，中国社会也本能地、执着地趋向于公天下。体现在经济上就是，一方面，是黎民百姓始终希望经济生活有更多公共性，能由一个作为天理、公义化身的政府出面来实现和维持社会和谐、天下太平。譬如墨子所讲，"顺天意者，兼相爱、交相利，必得赏；反天意者，别相恶、交相贼，必得罚"③，这样政府、政治，当然就要一切以"国家百姓之利"为基本的价值尺度。另一方面，是政府也希望富国和强兵，显然是将经世济民视作自己固有的事业。中国文明之初，无论是三代封建的共主天下，还是春秋战国的逐鹿天下，支撑王者与国君军政活动的人财物力资源都离不开经济生活，离不开官府对于经济的"经济"。及至秦汉以后，早熟的、具有某些现代特质的官僚政府则更是需要深入经济活动来获取自身所必需的赋税。所以，它当然也不会放弃统制经济、经济天下的地位和权力，它也愿意推重天下为公，而且一定意义上也有克制天下为私念想的动机。至于这其中的关窍，早期儒家就看得很清楚、讲得很明白："有德此有人，有人此有土，有土此有财，有财此有用。德者本也，财者末也，外本内末，争民施夺。故财聚则民散，财散则民聚。是故言悖而出者，亦悖而入；货悖而入者，亦悖而出。"④ 这大概是儒家以至古代中国统治者最重要的政治经济学教条了。它深刻地指出，中国经济生活的关键是要在

---

① 《马克思恩格斯全集》第23卷，人民出版社1972年版，第390页。
② 参见钱穆：《中国社会经济史讲稿》，北京联合出版公司2016年版，第5—14页。
③ 《墨子·天志上》。
④ 《大学章句》。

公、私之间形成和维持一个适度的张力和平衡，并继而以此为基础在政府、民众之间形成和维持一个适度的政治均衡。

此种政治经济学原则相关实践的第一个重要方面，就是所有制领域中某种混合性构造的存在和维系。

一、中国古代土地所有制度的沿革

古代中国社会的一切生产生活的根基都在于农业特别是种植业，它的一切秩序理念、制度规范也都反映这一根本特质。农业社会中最基本的生产资料是土地，山泽、森林、矿产、畜力等相关生产要素或手段也基本上都直接归属或附着于土地之上。土地当中最重要的是耕地，也就是田地，它自然是土地所有制度所重点规范的对象。

中国古代文明之初，出现了私有制、走出了原始的氏族公社公有制之后，包括田地在内的所有土地就基本上都是归国家或归王者所有的。所谓"溥天之下，莫非王土；率土之滨，莫非王臣"[1]，王者所以是王者，因其掌握了并且有合法（不一定有效）的权力来分封土地；王臣所以是王臣，因其土地是王者赐予的，至少名义上还是属于王者的。周代的分封建制实际上是一种武装垦殖的模式。[2] 周王将宗亲嫡系分封到各地做诸侯，诸侯又可以在自己的封地上继续分封。受封者领率自己的宗亲嫡系至封地筑城建国，并以此为据点统治、剥削城外的原住民。于是就有了"都""鄙"之别，有了国人、野人之分。国人、野人都接受国家授田，但分别承担不同的义务。国家授田的早期形式，或是后世文献中所谓的井田制。井田制下国家周期化授田或重新调整田地分配。田字在古代有很多字形，其中"囲"最切合井田之义，它的中间是公田、周边是私田，耕种私田的人们都可以方便地进入公田劳作服役。《诗》曰："雨我公田，遂及我私"[3]，说的就是这个情形。

---

[1] 《诗经·小雅·北山》。

[2] 钱穆：《中国社会经济史讲稿》，北京联合出版公司2016年版，第19页。

[3] 《诗经·小雅·大田》。

春秋时期，井田制逐渐遭到破坏，各诸侯国纷纷"采邑归公"，取消"公田""私田"之别，逐渐转向"编户齐民"，在强化国家对土地和人民直接控制的同时，也认可土地的买卖。自公元前594年鲁国"初税亩"起，到战国的开阡陌、秦的废封建，封建的土地所有逐渐转向了地主的土地所有。这当中，土地流转和私有化程度不断提升，但国家直接控制土地的授田制却一直得以维持。秦统一后始皇帝虽"使黔首自实田"且也以法令的形式允许土地买卖，但土地制度基本延续了先前秦国的旧制，国家控制土地的力度显然是比周代封建的时期强化了许多。此种制度至汉代亦无较大变化。但自秦始，土地兼并就始终都是一个很严重的问题。《汉书·食货志》讲："至秦则不然，用商鞅之法，改帝王之制，除井田，民得买卖，富者田连阡陌，贫者无立锥之地。"秦汉以后，魏晋南北朝时期出现屯田制、占田制，后来演化为隋唐的均田制，国家实际支配大量田地可供授田，但此种支配并不排斥土地交易和地主占有。按唐制，国家授予的土地无论永业田还是口分田，都可以买卖。唐中后期以降，土地兼并和地主所有制强大到了令国家明显退让的地步，均田以至授田制遂彻底毁坏。宋以后至明清，国家不再授田，也减少或较少直接控制田地，土地所有制的内容和形式更趋多样化。

二、中国古代土地所有制度一体多元

关于古代中国土地制度到底是国有还是私有抑或是二元兼有，目前学界并无一致意见。整体看来，它恐怕向来就不是单一性质、单一结构的。究其原因，其一，公私本就是相对的、可转换的。在分封建的时代，名义上溥天之下皆王土，周王是希望封地上的诸侯奉公的，但诸侯们却是要以封地为私。土地是周王直接分封出去的，但到头来他自己能直接控制和处置的也只不过是王畿之地，有时甚至于连这点儿权利也要受侵害。譬如周郑交恶，郑国军队就进入王畿，先"取温之麦"，又"收成周之禾"①。

---

① 《左传·隐公三年》。

执斧伐柯，其则不远。诸侯以下，大夫、家臣也会如法炮制。废封建后，国家仍维持授田，固是可以视为土地国有，但国家又在相当程度上默认或保障私人对土地的占有、使用和处置，以及从中获益的权力。在这里，国家是拥有直接控制、处置土地的权力，但此种权力是有限度的，显然它不能、没必要且实际上也没有去处处行使这种权力，反而只是在自己觉得需要直接控制的时候就去加以控制。后来国家不再授田，但它还是会通过屯垦、整理和官没等形式收入一部分土地，也往往以赏赐、卖出等形式将这部分官田再转化为民田。由此，土地由私人控制的色彩也就越发得浓。但是否就可以说是土地私有了呢？很难讲，因为国家仍保留着固有的直接予夺任何地块的权力。

其二，公私又是复合、共生的。围绕土地所有权，因为共同体至上，象征共同体的王权亦不容挑战，古代中国的君臣、官民关系较少有西方式权利义务的对等和契约责任的明确。中国的地主们不会像西方封建地主那样，因为从自己的领地向国王缴税（被视作捐输）而要求国王必须承担相应的义务。他们实际上也很少能因为不满意皇帝就起而对抗朝廷。同样掌握土地，地主更多地关心地租，朝廷也更多地关心赋税，所以只要不挑战统治者或直接危及政权存亡，它们在大多数情况下都是可以相容、也确实是相辅相成的。当然，土地严重兼并也会带来它们之间的矛盾，因为它导致皇帝赋税收入的减少，也会诱发社会的动荡。所以，即便是被视为放任土地兼并的宋，当它面对这种情况时，也还是要频频通过"限田令""均赋役"来加以平抑。

其三，公私之间又有一些过渡形式的存在。大致有如下两大部类：一个部类，田产本是官府控制的官田，但却租佃给民营，譬如宋代的许多官庄、屯田，以及政府划拨的学田、职田等，虽然它们最终的流向大多是转为民田，但在此前确是以租佃的形式交由私人占有、使用和经营的。宋的租佃关系已经比较复杂，承租人还可以继续将土地租出去、租给"二地主"，再由后者来经营。这样一来，官田的所有制构成、性质就不那么纯粹了。另一个部类，田产本是民田，但却是家庭、家族共有的。这个起初

45

与中国传统财产继承的方式有关系。不同于西方封建的长子继承制，中国是诸子均分制，在家产析分之前，土地等财产实际上是家长与诸子（共同体）共有的。家长去世后，诸子即面临选择：分不分家。不分的话仍然是家产共有。这是小家庭。还有那些有共同祖先的大家族。有的家族内部是累世不分家的，有的则是代代分家析产的。此外，出于尊祖、敬宗以及收族（特别是救助相对贫困的族人）之目的，家族内部往往就会置一部分田产作为族田、祭田或义庄，以其收入供家族内部共同使用。自宋以降，在政府鼓励和法令保护下，此种财产所有的形式绵延不绝、不断壮大。它固然是民产（也有太多最后被侵吞为私产的事例），但却又有明显的公共属性。如此"官有民营""民有共享"，这就有些"四不像"了：似乎可以说是"亦公亦私""亦官亦民"；也可以说它是"非公非私""非官非民"。

综上，中国传统土地所有制以及围绕它而织就的经济结构、经济体系，在基本上呈现为一种多主体、多层次叠加的混合形态，但另一方面此种多样性、多元性又并非可以完全自立，它们还是被置于大共同体——国家的最终控制之下，因而整体上即是一体多元的。这样一种"混合经济"的模式，恐怕并不是本根上基于西方视角的"东方社会"或"亚细亚生产方式"理论所能解释清楚的。

三、社会主义所有制在中国的确立

鸦片战争结束了中国的古代史。在百多年来的近代史上，在列强坚船利炮的威逼下、在官民富国强兵的驱动下，中国经济社会的现代化开始起步并逐渐加速，但却根本未改其农业社会的本来面貌、基本格局。体现在所有制结构上，也还是一如既往，只是增加了官僚买办和民族资本的新成分。中华人民共和国成立，社会主义革命展开，为根本确立新的经济格局、彻底改变旧的经济社会面貌打下了坚实基础，也使中国现代化的节奏、速度大大加快。关于社会主义，马克思主义经典作家指出，它的根本经济特征或曰其经济制度的基础，应是生产资料的公有制；而其最终的发展前景，则应是共产主义的全社会所有制。包括苏联模式在内的传统社会主义经济制度曾教条化地来理解这一论断。在中国社会主义经济建设的早期，也曾经为此而片面强调所有制的"一大二公""纯而又纯"，走了一段弯路。

在所有制问题上尤其不能搞教条主义。马克思恩格斯指出，没有蒸汽机和珍妮走锭精纺机就不能消灭奴隶制；没有改良的农业就不能消灭农奴制；人们还不能使自己的吃喝住穿在质和量方面得到充分保证的时候，也就根本不能获得解放。① 他们又讲，一定的生产方式或一定的工业阶段始终是与一定的共同活动方式或一定的社会阶段联系着的，而这种共同活动方式本身就是生产力，因而，始终必须把"人类的历史"同工业和交换的历史联系起来研究和探讨。② 这两段话的意思是说：不能够超越而是必须结合特定的历史文化，特别是结合生产力发展的实际水平，来构建包括生产资料所有制在内的生产方式。保持所有制领域中的多样性、混合性，以及一体多元、生产资料所有制上浓郁的社会所有/占有倾向，这是我国经济生活中重要的历史传承。20 世纪后期改革开放以来，我们解放思想、实事求是，在经济建设特别是所有制改革领域取得了突破性进展，为四十多年来的经济快速发展极大地注入了生机、活力。改革自然是从土地所有制领域开始的。家庭联产承包责任制在保持了社会主义土地公有制的基础上，将集体所有的土地承包给农户自主使用和经营，这一做法使得长期停滞的农业生产得以迅速恢复和快速增长，同时也在更广泛的领域中揭开了更深层次所有制改革的序幕。及至今日，我们在所有制这一关乎根本的重大理论和实践中已取得重大的创新成就，我们将长期坚持、完善和发展以公有制为主体、多种所有制经济共同发展的中国特色社会主义所有制。这是我们面对现实的结果，也是全部社会主义制度的重要支柱、我们开拓未来的前提和基础。

---

① 《马克思恩格斯全集》第 42 卷，人民出版社 1979 年版，第 368 页。
② 《马克思恩格斯选集》第 3 卷，人民出版社 1960 年版，第 33 页。

在当代中国，公有制包括国有经济、集体经济、混合经济中的国有成分和集体成分，非公有制则主要包括个体经济、私营经济、外资经济等。公有制经济和非公有制经济都是我国经济社会发展的重要基础，二者取长补短、相互促进、互利共赢、共同发展，既是中国传统一体多元经济格局的历史接续，也是马克思主义中国化的创新发展，更是我们全面建成小康社会、全面推进现代化强国建设和最终实现中华民族伟大复兴的重要保障。在当代中国，制度自信关键是要夯实制度的经济基础，是要始终坚持、完善和发展中国特色社会主义的所有制，就像党的十九届四中全会决定中所指出的那样：毫不动摇巩固和发展公有制经济，毫不动摇鼓励、支持、引导非公有制经济发展。探索公有制多种实现形式，推进国有经济布局优化和结构调整，发展混合所有制经济，增强国有经济竞争力、创新力、控制力、影响力、抗风险能力，做强做优做大国有资本。深化国有企业改革，完善中国特色现代企业制度。形成以管资本为主的国有资产监管体制，有效发挥国有资本投资、运营公司功能作用。健全支持民营经济、外商投资企业发展的法治环境，完善构建亲清政商关系的政策体系，健全支持中小企业发展制度，促进非公有制经济健康发展和非公有制经济人士健康成长。营造各种所有制主体依法平等使用资源要素、公开公平公正参与竞争、同等受到法律保护的市场环境。深化农村集体产权制度改革，发展农村集体经济，完善农村基本经营制度。

第三节 "均贫富"向往与当代中国的分配制度

分配的正义是最起码也是最根本的正义，它首先意味着对劳动、智慧等贡献于社会存在和发展的要素及其价值的承认和尊重，它更是关乎一个政府、一个社会能否及是否给予自己每个社会成员适当的以至优渥的生存发展条件。能否在分配正义上站稳脚跟，深刻影响着政权的人心向背，决定着它可否历久弥坚、传之久远。平均作为传统中国社会公义与政治正义的理想、原则，向来深受政府和民间的推重。老百姓当然是一贯地期盼轻徭薄赋、天下太平。皇帝们及其政府出于长治久安的考虑，也往往愿意控制贫富悬殊、通过种种赋税财政政策来实现和维持分配领域中相对的平均。其中许多做法无疑是具有穿越时空的普遍价值、意义的东西，有不少政策、举措对于现当代政府的财经管理也还富于启发借鉴意义。然而在古代专制的东方社会中，政府要想达到我们今天这样的管理贫富差距的效果和层次，显然是不可能的。譬如它就做不到从根本上取消农业税——这恰恰就是古代中国财政的命根子。即便是退一步的"均而不齐"的政策考量、成功实践，那也往往得要在盛世、明君的条件下才偶有可能。所谓"兴，百姓苦；亡，百姓苦"①，人民长期挣扎在、苟活于死亡线上，这恐怕是中国古代史上治乱循环的一个直接原因。人们经常看到的是，甚至很多本来是要用以减轻民负、增进平均的政策，在具体实践中也还是被操纵成了侵民、害民的政策；甚至在所谓太平盛世的年景，百姓也都难免于饥寒冻馁，于是终至于斩木为兵、揭竿而起。数千年来，在追求公平正义的道路上，中国人民、中华民族可谓是屡败屡战、愈挫愈奋，最后终于找到了一条可以跳脱出此种兴亡周期、千年困境的现实道路，终于确立了一种真正能够兼顾效率与公平的中国特色社会主义分配制度。

一、中国古代赋税财政等制度的演变

在文明世界中，税收至今都是不可避免的，有政府就有税收。理论上讲政府可以就人民的任何行为征税，但不同的政府还是会有不同的考虑。税收直接是为了财政，财税的目的则是为了维持统治或治理，但又总会衍生出各种深度影响到经济社会生活的后果。在这些方面，古代中国官府的相关政策和制度有一些是自觉的，有一些则是毫无自觉的。我们先来看相关制度的发展、演变。

中国很早就有了国家税收制度，它在周以前盖难详考，但此后演变的线索还是比较明确。中国古代税收的名目有很多，《周礼·大宰》载有

---

① 张养浩：《山坡羊·潼关怀古》。

"九赋"："以九赋敛财贿。一曰邦中之赋，二曰四郊之赋，三曰邦甸之赋，四曰家削（稍）之赋，五曰邦县之赋，六曰邦都之赋，七曰关市之赋，八曰山泽之赋，九曰币余之赋"。这当中已包括了田赋、人头税，以及货税、商税和关税。先秦国家主要是征收租、税、赋，它们的区别也比较模糊，《说文》讲"租，田赋也""税，租也"，又讲："赋，敛也"，地租、税收捆绑在一起，因为周王及封臣们既是土地所有者、又是统治者，所以也就没必要分那么清楚。早期税赋征收的基本上是以田亩计的实物税，以及力役—劳役税，无论周早期及以前的贡赋制，还是春秋战国的"相地而衰征""初税亩"，约略都是如此。秦汉时课征税赋基本确定为按田亩的田租，按人口的口赋、算赋和户赋，以及徭役和更赋。至此古代税收的格局算是基本明确了。魏晋南北朝税制形式转向了田租加人头税的租调制：租则计亩而税、调则以计户而征。自北朝的北魏至于隋唐，伴随均田授田，税制也演化成租庸调制："有田则有租，有家则有调，有身则有庸"，这是一种新的税收格局——以丁为主、以人为本的土地、财产和人口税的新组合，钱穆认为这是体现了为民制产的精神。[1] 然而好景不长，安史之乱后百姓土地多被殷富之家、官吏吞并，唐中后期不得已而转向了依财产课税的两税法，此后宋元明清基本上都是课征财产税，无论宋的方田均税和募役法，还是明的一条鞭法、清的摊丁入亩等，大约皆按田亩多少来征收。但自一条鞭法征税后，实物税即为货币税所取代了。以上是基本税赋。此外政府的收入还包括早期就有的工商税、矿税、盐铁等专门收入，以及随着生产力逐渐发展、商品经济成分逐渐增加，宋以后逐渐规模扩大了的市舶课（贸易税）、契税、牙税（营业税）。再就是政府屯垦或放贷、卖官或鬻爵以及为应对内外危机而应急征收的收入等。尽管后期课税的范围越来越大、工商税等所占比重也不小，但全部税赋中最全面、最本质地反映我国古代分配关系的部分，也是其中最主要、最关键的部分，还是与土地、人口等农业生活有关的税。这也就是我们在这里何以要重点

① 钱穆：《中国经济史》，北京联合出版公司2019年版，第233—235页。

提及它们的缘故。整体来看，古代税制基本上是随着所有制的变化而变化的，也显现出一个按人丁收税到按财产收税，从收劳役、实物税到收货币税演变的基本趋势。

政府有了钱就要花钱。钱往哪里花和钱从哪里来一样，对民众都会有所损或有所益，因而都能起到影响行业、群体和个体经济境况乃至社会地位的作用。当然这里还有一个货币金融的问题，货币、资金本身的变化与财税直接关联后，又会引发更加复杂的反应。中国国家形成以后，财政也就是"制国用"的重点，所谓"国之大事，在祀与戎"，主要还是为了维护政权以及开疆拓土、安邦定国。在此基础上，与前述"九赋"相对应，也有财政支出上的"九式"，这就已经有了收支对口、专款专用和收支平衡的意味。一般来说，春秋战国以降古代中国政权的财政开支主要流向包括：皇室、行政、军费、工程，以及民生赈济等。秦汉以后中国政府的皇室收支就已经和其他收支有了明确的区分，并且分由不同的政府部门来管理。此种公私分开是西方早期历史上所没有的，显示古代中国财政的公共性也还是较强的。的确，像秦长城与驰道、隋大运河，以及历朝历代的整饬军备、治理黄河、赈济灾民和兴办官学寺观等，虽最终是为皇帝的统治服务，但的确也都直接关乎民生。当然也有根本不理睬这些公共事业的少数穷奢极欲、荒唐淫佚的帝王，但这毕竟不是主流。历朝历代因为所处时代及各自所政权面对具体问题的不同，所以财政支出的具体结构以及头寸宽紧程度都有不同。然而在先秦即以形成的"强本节用""用之有止"理念的基础上，特别是在儒家反对苛政的仁政思想深度影响下，中国古代财政还是长期遵循了一个基本的原则：量入为出。这是一个刚性的原则，一般来说很少受到挑战。即便唐两税法有所谓量出为入的说法，但其实也还是要视民间承受能力确定一个合适的可征收的额度而已。具体实践中大致也会有两方面的极端：有的是财政支出急功近利、好大喜功且不计后果，结果导致政权败亡，譬如秦和隋，它们都做了该做的事，也都在很短的时期内给后世中国留下了丰厚的、公共属性很强的政经—安全以至文明遗产，但毕竟是失之于横征暴敛、使民太急。也有的倒是想着要藏富于民，譬如宋、明，但其结果却是导致政府汲取能力和施政能力走弱，甚至因此而倾覆亡国。

顺便提两句币制和货币政策的问题。要保持币制和币值的稳定性，否则就会给财政和民生带来严重的困扰、伤害，这是古代财政实践活动留给我们的一个重要启示。中国古代早期货币种类杂乱、铸币权不统一，特别是币制反复无常，结果往往导致民财被掠、经济混乱和加剧政局动荡，此种情形以两汉为最。及至后世改而货币白银化以后，又常常遇到银贵钱贱的问题，以至于老百姓叫苦不迭，这就是明清两朝的惨痛教训。

二、休养生息、贫富分化与治乱循环

中国有所谓"富不过三代"的传统说法，转换成现代话语就是：人的社会流动以及财富的流转相对活跃。此种社会现象的存在有其深刻的政经、社会原因。尽管同西方封建社会相似都是等级社会，但中国古代社会在制度层面上还是存在着某些相对开放、不那么森严的地方，譬如继承权上并不大注重保持财产完整性、一贯性传承的长子继承制，而是采行很容易导致财产分散的诸子均分制，而且有时候女子也有资格能够继承或参与析产；又譬如一定意义上可以凭借勇武或智慧或财富穿越身份界限的军功爵制度、科举制度和捐官买爵制度，以及与此关联甚密的"一人得道、鸡犬升天"的荫蔽制度等，都会直接生发出体量可观的向上流动。当然，这个过程也是可逆的，后世子孙若是不肖且愚蠢，那么向下流动也就在所难免。但这并不必然意味着就会有令人期待的总体且稳定的社会公平。在专制体制的严厉管控下，社会生活主流的方向不是创新发展和做大价值产出的蛋糕，故而社会资源特别是财富总量差不多可以被视为既定的。而且，出于统治阶级自己的立场，适度开放流动的目的也是为了保持等级制的弹性，是要更好地维护它而非消解它。这就自然诱发了一个长期和反复展开的零和游戏：一部分人向上的流动自然是要以另一部分人的向下流动为代价；一部分人财富的增加自然是要以另一部分人的财产损失为代价。不仅如此，此种流动和得失又是非对称的，少数得到富贵的阶层更是以大多数人的贫贱为前提的。

　　历朝历代零和游戏的展开基本上都循着相同或相似的流程。开国之初，皇帝和新贵们基本上都是身经创业之难、深谙守成和治理之道的精英分子，同时由他们所组成的早期统治集团规模也相对较小，直接占有的资源、财富起初也是相对有限，他们又往往是有较强意愿、有较大能力来轻徭薄赋和与民休息的，并且也会积极、有成效地限制那些可能伤农害民的利益集团及其侵占行为。于是，经济社会就会有一段比较稳定的恢复和发展时期。此后，随着权贵的世代轮替、子孙的世袭、分封和荫蔽，特别是官僚政府循着"帕金森定律"而不断裂变和膨胀，统治集团势必得不断扩张自己规模，以及其所要渗透和管控的领域。只有这样，才能更大限度以至最大限度地汲取资源和财富，来维系自己的利益特别是统治地位。此时的专制皇权及其官僚政府通过财税、管制经济，还是可以有效地达成自己的目的。但也正是在这个阶段上，资源和财富的兼并开始走向失控。通过吸纳政治特别是给予财经特权，统治阶级固然是团结了地主和官僚、士大夫，也暂时巩固了政权基础，但却同时也走到了通向社会分化、贫富悬殊的路径上。政府当然还可以运用财税经济政策，来鼓励或抑制特定的经济活动及其相关活动主体，或是在一定程度上稍稍牵制和平抑土地兼并、财富过分集中。譬如通过减免田赋、加重商税，就能起到重农抑商的作用；又譬如通过官营买卖和平准、均疏，以及核实田亩、按地征税等，也可以起到有限地减轻农民负担的作用。但这又会得罪既得利益集团、招致官僚和商人集团消极或积极的抵制。原因很简单，土地兼并呈现为难以停下来的马太效应：官僚地主、商人财主都倾向于置地产，控制了大量土地也就可以诱使、迫使农民依附。这些人是有更多权力、办法来为自己及其荫蔽者免税的，于是官府、农民收入就会同步萎缩甚至急剧下降。继之而来的，则是官府敛财更重、催缴更急，而皇帝与农民、官僚和地主的矛盾也越来越紧张。

　　此种治乱循环是无法避免的，零和竞争直接导致政策空间紧缩、政治弹性丧失，最终通向王朝的倾覆、社会的动荡、人道的灾难以及历史的停滞和倒退，在这样的历史循环中，均贫富虽有道义上的正当性，但终究是梦想。

三、社会主义分配制度在中国的确立与发展

在党的十九届四中全会决定中，对于我国分配制度和分配政策有了最新、最权威的阐述：坚持按劳分配为主体、多种分配方式并存。坚持多劳多得，着重保护劳动所得，增加劳动者特别是一线劳动者劳动报酬，提高劳动报酬在初次分配中的比重。健全劳动、资本、土地、知识、技术、管理、数据等生产要素由市场评价贡献、按贡献决定报酬的机制。健全以税收、社会保障、转移支付等为主要手段的再分配调节机制，强化税收调节，完善直接税制度并逐步提高其比重。完善相关制度和政策，合理调节城乡、区域、不同群体间分配关系。重视发挥第三次分配作用，发展慈善等社会公益事业。鼓励勤劳致富，保护合法收入，增加低收入者收入，扩大中等收入群体，调节过高收入，清理规范隐性收入，取缔非法收入。《中共中央关于坚持和完善中国特色社会主义制度　推进国家治理体系和治理能力现代化若干重大问题的决定》所概括的中国特色社会主义的新型分配制度，是中国共产党、中国人民从长期的社会主义经济探索中得来的重大的理论和制度成果，也是马克思主义中国化的一个具体领域，它既体现了社会主义制度优越性，又同我国社会主义初级阶段社会生产力发展水平相适应，是党和人民的伟大创造，也是改革开放以来中国经济长期繁荣和快速发展的力量源泉之一。

中国共产党领导人民赢得全国政权、完成社会主义改造后，曾热切地要尽快消灭私有制，从而尽快将中国人民等贵贱、均贫富的千年梦想变为现实。然而今天回顾这段历史，我们却不得不承认在理解分配问题、构建分配制度方面也还是走过了一大段的弯路。马克思从未认为共产主义是一蹴而就的事情，他将社会主义区分作两个阶段，同时也认为低级阶段上还不能够适用按需分配的制度。他当然是不满于私有制及其分配制度的，在《1844 年经济学哲学手稿》中他就揭露了它的非人道的属性，他也明确提出理想的分配制度是按需分配。在批判蒲鲁东脱离了物质基础的所谓"永恒

公正"时，他首次提出了按劳分配思想。在《哥达纲领批判》中，他又重申了这一低级阶段社会主义的分配原则。此前，他还深刻指出："一定的分配形式是以生产条件的一定的社会性质和生产当事人之间的一定的社会关系为前提的。因此，一定的分配关系只是历史规定了的生产关系的表现。"① 在社会主义尚不发达的阶段上，传统生产关系的延续或其影响是处处可见的，社会分工和人的差异也是不容抹杀的。那么，在它们的现实基础以及它们所能容纳的创新发展能量充分释放前，忽视历史规律、跨越历史阶段、超前适用高级阶段上方才可能的分配关系，仍不免于空想。

伴随思想路线上的拨乱反正，改革开放后中国共产党和中国人民对于中国社会主义经济建设的规律把握得更加深刻、透彻。在此基础上，社会主义初级阶段理论的创立和丰富发展，也为我们解放思想、实事求是，反思各方面政策、调整生产关系，特别是为改革和完善所有制和分配制度，提供了重要的理论基础和思想保证。初级阶段的历史定位，首先反映了我国现代化起点和发展水平相对不高、生产力水平尚不够发达的现状，也意味着我们还不具备在发达社会主义条件下才能适用的按需分配原则。在生产力有待优先发展和大幅度提升、生产关系也有待不断调整和优化的这个初级阶段中，社会分工、人与人之间基于异化的差别总是客观的存在，人还远未臻于全面发展和真正自由的层次、劳动也还远未成为"人的第一需要"，所以商品生产、市场特别是资本对于各方面生产要素的组织和协调还不到要退场的时候。由此，在人民民主政权的政治保证和制度规范下，继续发挥它们的作用、最充分地释放它们所蕴含的生产和创新活力，既"让一部分人先富起来"，又要促进"先富带后富""大家共同富裕"，这是唯一理性的、现实可行且富于效率的选择。为此，在按劳分配当然是社会主义国家最基本分配原则的情况下，在相当长历史时期内我们还是要坚持、发展、保证和巩固以按劳分配为主体、多种生产要素按照各自的贡献参与分配的制度；要本着效率优先、兼顾公平原则，在积极发展生产

① 马克思：《资本论》第三卷，人民出版社 1979 年版，第 997 页。

力、做大（可供分配的）蛋糕基础上，坚持按劳分配和社会保障、注重民生有机结合，以及初次分配和再分配相辅相成的分配政策和分配格局，努力促进分配领域中"程序、过程的公平"以及"结果的公平"的有机统一。总之，在实现共产主义之前，既坚持按劳分配为主体、多种分配方式共同发展，又通过国家控制经济命脉、通过来自国家及公共领域的努力来遏制两极分化，一如既往地秉持优秀进步的传统价值理念、充分汲取本民族相关历史实践中无比宝贵的经验教训，这是我们在新世纪新时代继续回应和践行千年梦想的要求，在经济领域不断迈向"天下为公"的返本开新之举，同时也形成支撑我们经济制度自信的一块重要基石。

第四节 "货殖厚生利天下"与中国特色社会主义市场经济

传统农业文明的特点之一，在于容易产生均质化的共同体及其经济社会生活。这也就意味着：农业文明往往不存在或者不鼓励活跃、发达的商品生产和交换行为。但还是要看到，农业文明本身就是生产力发展特别是社会分工的产物，而分工的社会生活是不可能没有交换活动的。马克思指出："在文化的初期，以独立资格互相接触的不是个人，而是家庭、氏族等等。不同的共同体在各自的自然环境中，找到不同的生产资料和不同的生活资料。因此，它们的生产方式、生活方式和产品，也就各不相同。这种自然的差别，在共同体互相接触时引起了产品的互相交换，从而使这些产品逐渐转化为商品。"① 从文明缘起的角度来看，一个共同体及其早期文明的底色可能是农业性质的，也可能是工商业性质的，如果说这或许还带有因自然禀赋而来的随机性的话，那么，当我们今天回望历史时就会清楚地看到：商品经济及其现代市场经济的形态就仿佛雨后春草的怒发，是无法阻遏的。交换，以及以交换为直接目的的生产，它们既能满足人们多

---

① 《马克思恩格斯全集》第 42 卷，人民出版社 2016 年版，第 36 页。

样化的需求，也能降低成本、优化资源配置，因而本就是迄今为止文明社会中人类个体和共同体不断赢得更广泛、更深层次自由的重要支撑和保障。对此，中国古代先贤们是有所感悟的。但就传统文化的主流而言，还是有一个理性认知不断强化、商业文化不断被"正名"的过程。这个过程本身也形成了一种传承、传统，那就是货殖厚生利天下。

一、中国古代商品经济及商业文化的发展

现有的考古和文献资料表明，早在史前时期，中国先民们的生活中就已存在着交换行为，出现了原始的、商品经济的萌芽。譬如北京周口店的山顶洞人所使用过的海蚶壳、赤铁矿粉等就皆非本地所产，而应是交换来的；又譬如文献记载早期东夷部落的虞舜就曾作陶、贩卖，而后世殷人部落也因善营商而被称作"商人"等。[1] 相比较而言，尽管文明初始时经济社会的基础都是小农自然经济，但中国社会共同体对于商品交换的依赖度还是没有古希腊、罗马等城邦国家那么高。受制于自然条件，西方城邦社会的种植、生产结构根本不能实现粮食自给自足，故而严重仰赖于工商贸易和交通的繁荣发展。古代中国则不然，同样很早就有了城市，但其最初还只是城——纯粹武装垦殖的军政据点，后来才有了商品交易的"市"、才发展成"工商食官"[2] 的早期城市，但它们作为政治中心的作用总还是更强于商业经济中心。概言之，尽管历史久远，但我国古代商品经济的形态却一直较为简单、落后，并不像古希腊、古罗马那样因攸关生存而不得不尽其所能、精益求精，也因而始终未发育出发达的社会分工、商品生产、资本运作以至市民社会。

先秦时期我国商业经济主要以易货贸易为主，规模、领域相对有限，

---

[1]　转引自冷鹏飞：《论中国史前时代的原始商品经济形态》，《湖南师范大学社会科学学报》1997 年第 2 期。

[2]　或曰"工商食于官"，即为工、为商者实际上都是官府所养的为其服务的人员，职业世袭无自由，且其生产产品的种类数量也有限。参见钱穆：《中国经济史》，北京联合出版公司 2019 年版，第 24 页。

但也出现不少长袖善舞的巨商大贾，譬如春秋时的弦高、子贡（端木赐）以及陶朱（范蠡），战国时的白圭、吕不韦等（他们的身份似乎多少都有某些政治色彩或"官商"的背景），于是"陶朱事业，端木生涯"从此遂成为古代商人自持、自重的光环。战国商业空前发展，政治中心城市出现了"连衽成帷""挥汗如雨"的景象，其中齐国临淄就成了有 30 万—50 万人口的大型商业中心。自战国起，因应商贸的兴起，货币开始有了越来越广泛的使用。秦汉时期商品生产和贸易一度继续繁荣。秦帝国虽然国策上有所谓"上农除末，黔首是富"，但始皇帝在经济上还是农工商并重的，他尊重乌氏倮发展畜牧业的成就，以及巴郡寡妇清开采丹砂致富的业绩（即司马迁所谓"倮参朝请，女筑怀清"），他所推行的货币、度量衡统一，以及大修路渠和水利工程等客观上也都有利于百业发展。汉代出现了关于农商地位的严重争论，但自秦以后手工业、采矿冶金和商贸整体上繁荣的局面还是维持了相当长时期。西汉城镇林立，已有 1500 之数①；内外贸易活跃，"富商大贾，周流天下"，通于世界尽头的罗马。由丝绸之路辗转运来的丝绸成为罗马贵族炫富的物件。但汉代大商人囤积居奇、兼并土地严重，且"不佐国家之急"，因而引发朝廷以"告缗"等手段严厉打压。唐宋时经济极繁荣，商品经济水涨船高。一是水陆交通特别是海运极其发达便利，内外贸易特别是远洋贸易空前活跃。城市规模大、规划严整，且其经济也非常繁荣，出现很多诸如长安、登州、汴梁等国际性的大都市，城市中"坊""市"严格分开的界限被打破，"日中为市"的传统也被打破，宋大城市的"夜生活"更是丰富多彩。在解除了商业活动时空限制的同时，货币统一、货币为媒介的交易更是拓展和深化了商业经济所能触及的规模、领域和深度。商品经济发达给民生、国家都带来好处。唐宋百姓生活水准都比较高，官府收入也很丰厚——据《文献通考》载，宋神宗时工商税金一度占到官府财政收入的 70% 以上。在商业经济、

---

① 章开沅：《中国经济史》，高等教育出版社 2002 年版，第 63 页。

城市生活的滋养下，"华夏民族之文化，历数千载之演进，造极于赵宋之世。"① 宋代中国一度攀上了人类文明的顶峰。在接续了宋元比较发达的货币经济，特别是在元代世界性贸易大格局的基础上，明清也曾有过一段时期的繁荣的商业经济，但终于开始暴露出严重的短板和疲态，并继而走上了下坡路。尽管从总量、规模和结构上看也还是一如既往，而且工场手工业、货币经济发展也一度出现雇工生产等资本主义的萌芽，有宋以来的、某种似有若无的"市民社会"也在无形中反复孕育、成长，但工商业活动整体上所面对的内外生态环境却在逐渐地被压缩、收紧：专制王朝政治后期，官府对国内工商业的压抑和盘剥到了极点，对于外部交往和海外贸易的忧虑也到了极点。不仅如此，自有宋以来的官、商、地主的政经合流也愈发地不可收拾了。从此以后，近代化、现代商品生产和市场经济的兴起和发展，也就只能等待一场深刻社会革命的到来了。

二、明清本土原始资本主义市场经济未能发展起来的原因

为什么中国、西方都是早在史前时期就有了商品经济，而中国的商品经济却长期不如同时代的西方那样发达，最终也没能在明清时期顺风顺水地自然转向资本主义？人们曾经长期将原因归结于中国的封建制度，以及近代一些西方列强入侵带来的扰乱、中断。我们可否换个视角来看呢？首先是从文明源头上来看：一方面，是封闭的大陆环境自然短缺繁荣、频密的远程商贸活动的条件。我国史前时代商品经济发育就相对缓慢、商品经济形态也比较原始，这就造成进入文明时代时商品经济的起点就不高、基础也较弱。另一方面，早期农业经济的单一性事实上也长期制约了商品经济形态的发育成熟。由于此种先天不足，中国古代商品经济的后天发展就逐渐生成了如下基本特质：第一，它始终是不可或缺的，却也始终没有完全背离古代中国的"民生"与"经济"，整体而言基本上还是要有益于共同体的。第二，它始终未能从农业和农村自然经济当中彻底地剥离出来，

---

① 《陈寅恪先生文集》第2卷，上海古籍出版社1980年版，第245页。

也始终都未脱离简单和片面的商品流通活动、未能最终通向由货币资本主导的更深层次和更广泛领域的商品生产——它一直是不完全、不完整的商品经济。第三，它的生产和交换始终处于专制权力有效牵制的范围内，始终处于驯服或屈从于专制权力压迫和盘剥之下，因而始终都是被动的和从属性的。相对于古代西方主流的工商主导经济、权力主导政治的模式，此种东方式商品经济的形态力量柔弱、根基薄弱，即便表面上再耀眼的繁荣也难以助其发展、壮大和成熟，它也无法实现资本化、产业化生产，这就是原始资本主义市场经济不可能在古代中国自然发生发展的根本原因。

在根本原因之外，也还有一些直接、具体的原因。首先就是政策上的重农抑商，这一点很不同于西欧主要封建国家出于增强国力考虑而奉行的（客观上有益于资本主义萌发的）重商主义、海外贸易和殖民垦拓。从市场角度来看，相对单一的农业经济所能形成的有效需求（购买能力）有限，周而复始的土地和财富的集中与悬殊更是常态化地抑制了购买力的提升，国内市场也本就是狭窄的。再加之政府不仅不像西欧国家那样帮助工商业者开拓海内外市场，反而时时打压、到最后甚至闭关锁国，结果商品经济的空间必然不断萎缩。从资本角度来看，身处小农经济汪洋大海里的中国官僚、商人本能地倾向于将资金投向土地房产，此外则更多地习惯于储藏货币，结果使得资本源头不浚、流动不畅，不能像西方人那样继续投资扩大再生产、较早完成资本的原始积累。从劳动力角度来看，古代中国后期也不像同时期的西欧国家那样，最终选择将农民从土地上剥离或改造成农业工人、"制造出"一大批"自由的一无所有"的雇佣产业工人，反而一如既往地"重农""劝农"，一直都在坚持、不时地强化农民同土地的联系。即便大多数从事工商业的手工业者，他们获取货币回报的直接目的，往往也还是因为要缴税而不是出于资本的本能——收取最大化的利润。从科学技术上看，古代中国社会生活存在着不鼓励自由创新的短板，很难产生系统的自然科学体系，也很难在技术层面上为资本主义大规模、专业化生产提供有力的支撑。

归根结底，在于古代中国独特的政治—经济关系，在于中华传统文化中独特的秩序塑造和制度显现，它们共同导致了西方式自由资本主义无法在中国落地生根。回顾历史，中西方政治—经济关系的内在逻辑基本上是泾渭分明的：在西方是财富生成权利，市场经济很早、很健康和全面地发展了起来，它不仅产出了财富，更是孕生了权利和权利诉求，从而诱使本来就无从乾纲独断的王权同自己合作，或是迫使它趋近有利于自己的方向。在中国则是权力主宰财富，强大的中央集权很早就确立起来，共同体安全与福祉导向的古代大一统文化与政治并不能兼容西方基于个体本位、原子主义的自由市场经济。一方面，这是正常的、历史理性选择的结果。另一方面，与东方专制主义固有的权力任性，也始终窒息着古代中国自由创新和发展的活力。但是，对于共同体安全与秩序的强调和追求，本就会伴之以某种程度上自由与创新的牺牲，而古代专制主义又进一步强化了这一点。

三、中国特色市场经济：混合经济与社会主义的根本属性

中国共产党领导人民建立新政权以后，中国经济社会的发展转向了新民主主义、社会主义。在探索社会主义建设道路的初期，我们在理论上、实践上都曾深受苏联模式影响。同时，天下为公的千年理想也一直在塑造着中国人自己对于社会主义理论与实践问题的认识和理解，一直在驱动着我们走自己的路。同时，中华文明独立、自主、自觉、自强的固有秉性也一直在引领我们一切从实际出发，解放思想、实事求是。依托政权力量改造和消灭私有制、消灭剥削阶级，这是从根本上变革社会生活、重塑经济和社会基础的壮举。由此，现代中国从根本上奠定、筑牢了社会主义经济的物质基础和制度基础——中国改革开放后经济社会所以能突飞猛进也正是因为有了这样一个基础。但是，这一变革中形成的问题却在于：不切实际地、过分地追求了"去商品化""割资本主义尾巴"，以一种长期来看缺乏活力、较低效率而又居主宰地位的传统计划经济形态替换了此前居于主导地位的传统自然经济形态（它同样缺乏活力、难能创新且没有效

率）。就当时而言，此种替换也算有其一定的合理性，但苏联模式的传统计划经济所带来的僵化集权、停滞甚至倒退却也是不争的事实。然而，结合生产生活的实际来看，即便在最教条化的年代里，中国人民还是不愿意背离经济规律，还是坚持要保留商品生产和市场行为。

到计划经济后期，特别是改革开放初期，计划多一点还是市场多一点成了一个带有根本性的大问题。其实，结合经济史来看，这个问题也还意味着经济自由多一点，还是权力统制多一点的问题；结合文化演进史来看，它更是意味着国家、大共同体多一点，还是个体、小共同体多一点的问题。两千多年前，《盐铁论》第一次为我们深刻揭示了中国历史与文化中长期存在的这一构造性问题，也充分展示了它的深层次影响，以及围绕它的伦理的、政治的尖锐分歧和对立。盐铁国营、均疏平准，这当然可以国家为后盾大规模集结、调度和组织利用资源。但权力有其固有的刚性，自然倾向于强调一致性而更易于轻忽差异性。特别是专制权力，它更是本能地敌视多样性、抹杀创造性，而且还必然会带来高昂的交易成本、制度成本，譬如古代中国就始终无法有效地遏制寻租滥权、官商勾结对于经济肌体的极大侵害。《盐铁论》辩论中不遗余力反对"与民争利"的贤良文学们，以及这场争论之外在另一个方向上主张民众可自由谋利的司马迁，他们希望政府放松、减少管制，但自由经济又确实会带来豪强垄断、野蛮剥削、无政府主义和不论国计民生等弊病。概言之，中国并非是到了改革开放前后才第一次遭遇前述这一根本性的大问题。尽管具体的政策、制度规则可能具有很强的排他性，但中国人传统的政治经济学理念却从来都不是非此即彼的。先贤们在面对农商、义利、公私和均寡等重大问题时，主流的回答也从来都不是绝对化的。这就是亦此亦彼、一体多元、中庸之道的中华智慧。在人民当家作主的政权确立起来以后，此种理性的大智慧终于能够战胜专制权力的任性，从而主导了我们对于这个根本性大问题的思考。在早期艰难探索及其经验教训的基础上，在全党、全国人民智慧创造和结晶的基础上，邓小平理论深刻指出：计划与市场都不是目的而是手段，资本主义可以有计划，社会主义当然也可以有市场。

关于当代社会主义市场经济的地位和作用，我们党和人民的认识一直都在不断地深化：从起初的"计划为主体、市场为补充"，到后来要发挥"市场在资源配置的基础性作用"，直至今天要确保"市场在资源配置中的决定性作用"。社会主义市场经济具有一般市场经济的共同特点，承认并确保市场机制这只"看不见的手"充分发挥作用，同时又批判和超越了自由市场经济、赋予政府这只"看得见的手"以必要的经济职能。所以，中国市场经济是一种社会主义的混合经济，是党和人民的伟大创造，它既体现了社会主义优越性，又同社会主义初级阶段生产力发展的水平相适应。正因为它是市场经济，所以我们当然要尊重市场经济的基本原则、基本规律，尤其是要确保它在资源配置中的决定性作用。为此，我们就要推进要素市场制度建设，实现要素价格市场决定、流动自主有序、配置高效公平；要推进建设高标准的市场体系，特别是加强资本、金融、生产资料和劳动力等关键要素和领域的市场建设，强化市场竞争的基础地位和导向作用；要自觉按市场规律办事，取消非必要的政府干预，在一切有必要引入市场体制的经社和文化领域消除壁垒、引入竞争、鼓励和推动创新，不断提升社会生活效率和活力。正因为它是社会主义的市场经济，某种程度上接续了传统经济生活亦此亦彼、多元一体的精神，特别是反对极端悬殊以及推重交相利、均贫富的价值，所以我们也还要充分发挥政府的积极作用。要不断构建和完善公平竞争的制度，确保我国市场经济始终是基于充分现代理性的"法治经济"，要严格遵守宪法、民法，积极有效地保护产权，在更广范围内、更深层次上平等地向经济生活中各方面主体开放制度性权利。要充分关注市场机制本身所不能、所不及的经济社会领域，在尊重市场规律的基础上积极克服市场经济固有的弊端：一是加强调控和监管，有效防止或应对市场失灵、维护宏观经济稳定运行，保持经济长期、平稳、协调发展。二是主动搞好相关社会保障、社会建设，不断实现、增进和维护公平正义。要始终坚持改革开放基本国策，强化交流合作、营造国际国内良好生态，坚定为我国经济创新发展、融合发展、跨越式发展和永续发展保驾护航。

第五节　巩固社会主义国家的经济基础

我们当下所以会有坚定的中国特色社会主义经济制度自信，主要在于如下两个方面：一是因为对应着当代经济生活各方面的相关制度，我们都能在自己的历史文化宝库中找到非常充分的历史依据、历史合理性，它们都是始于古、统于今的，于我们而言都有着必须接续传承、转换创造的穿越了时空的价值；二是因为我们在现代科学世界观和方法论的基础上重新反思了自身历史和文化传承，能够发现、批判和纠正其中并不合于人民利益且也不合乎现实要求的东西，我们能够剔除其中并不正确、并不良善的方面，从而大大地超越了古人，为相关问题找到了科学的、正确的理论解答和实践方案。经济基础在基本秩序层面上决定着任何社会、任何共同体生活的方方面面。特别是核心的利益关系（或曰基本的利益格局），总是从根本上决定着人们的政治理念、决定着政治体系的性质以及政治国家权力运行的导向。当然，特定的经济基础到底怎样，也直接决定着社会生活中政治与经济、国家与人民之间的基本关系及其本质。概言之，压迫型的政治、政权，它们总是经济领域中私有制和剥削占据主导地位的反映。而要祛除或弱化国家的异化特质，真正实现天下为公、人民当家作主，那么私有制在经济基础特别是所有制领域中的地位和作用就得受到必要的节制。唯其如此，从经济基础到上层建筑，社会主义生活的方方面面才能真正体现"人民至上""以人民为中心"这一最基本的实践原则、价值取向。

一、天下为公对于现当代中国经济的基本要求

马克思恩格斯指出："占统治地位的思想不过是占统治地位的物质关系在观念上的表现，不过是以思想的形式表现出来的占统治地位的物质关系；因而，这就是那些使某一个阶级成为统治阶级的关系在观念上表现，

因而这也就是这个阶级的思想。"① 在古代中国，尽管人民崇尚天下为公，统治者也因此而受到制约，但毕竟由于缺乏坚实的经济基础支撑，它也向来难以获得实质性的统治地位。中国特色社会主义是共产主义在人类历史发展现阶段的一种现实的体现形式。它是中国共产党领导中国人民共同创造的结果，是公天下的民族传统同人类解放、回归人类自由本质的现代精神的有机统一。

关于什么是共产主义，马克思并没有给出具体的描述，但却曾明确指出：它"是私有财产即人的自我异化的积极扬弃，因而是通过人并且为了人而对人的本质的真正占有。它是人向自身、向社会的人的复归。这种复归是完全的、自觉的而且是保存了以往发展的全部财富。"② 私有制同异化劳动、同人与社会关系的异化互为表里，使得人类本性不是屈从于人的依赖关系就是屈从于物的依赖关系，不是寄身于原始或自然共同体就是身处于虚假的共同体，不是受制于旧的牢笼就是受限于新的桎梏，使得人自身的创造物成了外在的、异己的和与自己相对立的力量，因而是不可能永远持续下去的。好在生产力的发展最终是站在劳动人民一边的，它所产生的积极的历史变革力量也是总体趋于改变生产关系、根本消除异化现象的。"人们永远不会放弃他们已经获得的东西……为了不致丧失已经取得的成果，为了不致失掉文明的果实，人们在他们的交往方式不再适合于既得的生产力时，就不得不改变他们继承下来的一切社会形式。"③ 最彻底的改变当然就是实现共产主义。在掌握了科学的世界观和方法论、看清楚未来人类文明发展总趋势的同时，我们还必须清楚，当今人类社会生产力发展的水平、经济社会基础的现状还远不足以马上就迎来共产主义。必须清醒地看到，要在中国建成共产主义恐怕还是需要十几代人甚至几十代人持续不懈的艰苦努力。无视这一点、不承认这一点，就会犯急性病、幼稚病，若是因此而超越生产力发展的实际水平、贸然建构和适用超前的生产

---

① 《马克思恩格斯全集》第 3 卷，人民出版社 1960 年版，第 74 页。
② 《马克思恩格斯全集》第 42 卷，人民出版社 1979 年版，第 120 页。
③ 《马克思恩格斯全集》第 27 卷，人民出版社 1972 年版，第 478 页。

关系，那就一定是欲速而不达。它给现实生活的各个领域所带来的损害，甚至不亚于陈旧的生产关系对于先进生产力的束缚。正是在这个意义上，马克思指出："无论哪一个社会形态，在它们所能容纳的全部生产力发挥出来以前，是决不会灭亡的；而新的更高的生产关系，在它存在的物质条件在旧社会的胎胞里成熟以前，是决不会出现的。"① 共产主义要从理想到现实，仅凭单纯的秩序建构，在思想游戏里是可以迅速完成跨越的，然而这并没有任何的实践价值、现实意义。古今中外一切空想的社会理想都属徒劳、都是无济于事的。共产主义真正需要的是实事求是，是经验积累，尤其是扎扎实实的革新、创造和建设。

坚持和发展初级阶段的社会主义、大力发展中国特色社会主义市场经济。首先，是确认我国已经是社会主义、是初级阶段而非其他阶段上的社会主义；再就是，确立社会主义的生产关系、经济基础在现当代中国不可动摇的主导地位，明确社会主义市场经济是现当代中国最基本的经济形态；最关键的是，在此条件下，通过全方位和深层次的改革创新，来不断地解放生产力、发展生产力。马克思主义融会"天下为公"传统之后的创造性转换，给中国政治—经济理念和实践中的"公义"带来新的内涵。一方面，是突破了保守的不患寡而患不均的文化心理障碍，使中国社会更专注于社会财富的扩大再生产，进而同共产主义所必需的"生产力水平极高""物质产品极大丰富"确立起了"未来史"上的逻辑关联。另一方面，是更圆融地把握、处理了公与私的辩证关系，特别是在接续传统基础上对于公的意蕴有了更新、更丰富的理解：公，首先还是公有，虽则公有，但其实现方式却完全可以是多样的，譬如国有经济可以是独资，可以是国有民营；所有制形式上可以是国有，也可以是集体所有，又或者是混合所有。即便是非公有制经济，在社会主义条件下、在现代企业制度的运营中，它们在某种程度上也实际具备了"社会所有"的特征，它们固然是私有的，但总体上却是公用的、是要服从和服务于国家和人民公益的。

---

① 《马克思恩格斯全集》第 13 卷，人民出版社 1962 年版，第 9 页。

在经济体系及其运行中，它们的功能所向既全面而又广泛、同公有制经济并行而交融，都是社会主义经济社会发展的重要基础。

二、当代中国经济发展当中效率与公平的均衡

前述观念与逻辑上的熔铸、转换，是与相关经济改革与建设实践携手而至、密不可分的。它们共同体现出当代中国经济发展的一个最显著特征，那就是长期坚持"效率优先、兼顾公平"的原则，一贯致力于保持效率与公平的动态均衡。这里所谓的动态均衡，就是在始终着眼于解放生产力、发展生产力，着眼于高质量高水平经济增长基础上，需要更高效率时那就效率更多一点，需要强调公平时那就公平更多一些，但总归是要实事求是、与时俱进，不墨守成规、囿于定势，而是一切从实际出发，从国家发展战略的全局、人民群众的根本利益出发。

我国经济生活为什么要效率优先？当然是因为我国生产力发展曾长期处于极度落后的状态。这是直接原因。在其背后，一方面是因为有陈旧制度的桎梏和陈腐理念的束缚。另一方面，则是因为现代化进程中也自然积累了不少体制机制、价值观念等领域中的负面问题。民主革命、社会主义革命基本上解决了前一方面的问题。但也还是有一部分历史遗留问题，连同前述第二方面的问题一起，是需要不断深入拓展的改革和发展来最终予以解决的。马克思主义经济学语境中的效率，本质是要不断降低必要劳动时间并相应创造更多使用价值。基于效率优先的视角，我们就得彻底放下"大锅饭""绝对平均"的念想，承继传统"均而不齐"的理性思维，充分尊重和发挥相关市场主体的优势，鼓励竞争、奖勤罚懒、促进优胜劣汰，允许一部分人、一部分地区或行业领域等因此而率先富起来，或率先发展起来，从整体上起到引领和带动作用，从而不断提升从微观到宏观不同层次经济发展的质量和水平。习近平指出："经济发展就是要提高资源尤其是稀缺资源的配置效率，以尽可能少的资源投入生产尽可能多的产品、获得尽可能大的效益"。[①] 体现

---

① 《十八大以来重要文献选编》（上），中央文献出版社 2014 年版，第 499 页。

在具体经济运行中，最关键的就是价值创造过程中生产要素的最优化配置，以及更广阔的包括生产、分配、交换和消费在内社会生产总过程中资源的最优化组织和使用。关于前一方面，资本和技术是黏合力最强、创新驱动最强的；关于后一方面，市场和制度是统合力最强、利益驱动最强的。这些恰恰是我国传统经济、传统体制的薄弱环节。为此，当代中国社会主义经济建设、深化改革的重点，仍是体制问题，是如何充分释放资本和创新的活力、如何降低交易成本或制度成本的问题，是如何优化包括所有制和分配等相关体制机制、以最充分地发挥市场决定性作用和最大限度提高效率和发展生产力的问题。为此，改革的核心问题是处理好政府和市场关系。① 解决这些问题，积极、自觉和努力的改革与创新始终是第一位的。改革的关键即在于促进创新——体制的创新、科技的创新，前者是从宏观的社会关系特别是社会资源的组织上提高效率，后者则是从中微观的生产过程特别是生产要素的组织上提高效率。此外，在自主创新的同时，也还要面向发达国家全方位开放、认真学习、借鉴它们的先进理念和成功经验，这同样是不可或缺的。

强调市场经济、效率优先，突出改革开放、学习国外先进经验，一定不能懵懵懂懂地走向全盘西化的道路。中国经济体制改革的底线、红线，就是不能搞私有化——不能滑向资本主义。在谈到中国市场经济时要特别强调的是：不能忘了"社会主义"这个定语。现当代中国的经济，无论是计划经济年代还是混合经济时期，无论是采用政府的手段还是市场的手段，都有一个出发点、有一个马克思主义政治经济学根本立场的问题。这个立场就是要坚持以人民为中心。"马克思、恩格斯指出：'无产阶级的运动是绝大多数人的、为绝大多数人谋利益的独立的运动'，在未来社会'生产将以所有的人富裕为目的'。邓小平同志指出，社会主义的本质，是解放生产力，发展生产力，消灭剥削，消除两极分化，最终达到共同富裕。党的十八届五中全会鲜明提出要坚持以人民为中心的发展思想，把增

---

① 《十八大以来重要文献选编》（上），中央文献出版社2014年版，第498页。

进人民福祉、促进人的全面发展、朝着共同富裕方向稳步前进作为经济发展的出发点和落脚点。这一点，我们任何时候都不能忘记，部署经济工作、制定经济政策、推动经济发展都要牢牢坚持这个根本立场。"① 如果背离了这一立场，出现了严重的两极分化，抑或是进而让资本主义化了、公有制的主体地位丧失了，那我们根本就是走到老路、邪路上去了。我们固然强调效率、强调多种经济成分共同发展，但根本目的却还是指向让绝大多数人民过上好日子、指向天下为公的。对于历史上私有制、阶级压迫给中国人民带来的深重灾难，我们是记忆犹新的；对于西方一以贯之的私有制所带来的精英垄断、贫富悬殊和社会动荡，我们也曾历历在目。殷鉴不远，可为警示。我们必须始终保持人民所有、社会所有对于全部经济生活的统制能力。这关乎社会主义的前途未来、关乎国家人民的根本利益。

---

① 习近平：《论全面深化改革》，中央文献出版社 2018 年版，第 188 页。

第 二 章

大一统、尚共和
与中国特色社会主义政治制度（上）

当代中国政治制度是一种在国家治理理念、体系上都有自己特色和优势的社会主义政治制度，它融会了制度文明的现代性和民族文化根性，是希望能够另辟蹊径和有所超越的新型民主、共和的制度。在建构上、在实践中，此种中国特色社会主义的政治制度既有人类现代民主政治的一般性，又有明显不同于西方现代民主制度的特殊性。这些特殊性的根本，来自中国人自己的社会生活以及政治思维。中国不是西方。中国与其说是一种基于地域的国家政权，毋宁说是一种基于文化的共同体。中国的内涵和外延一直都是开放性的——是所谓"进则为华夏，退则为夷狄"。在这个文化共同体中，人们传承着渊源于神话时代的古老文明、精神世界。在其感召和滋养下，来自不同族群的人们不断交流交融成"血缘+文化"的新族群、新民族——从炎黄而华夏而汉而中华，中国人政治认同的主流是家国认同，它完全是基于一种对于特定文明的忠诚和归属感。这就很不同于西方虽同源而出却又不断分疏的民族国家。由于活法不同，中国人对于政治的理解从文明的源头上就有别于西方人的认识。在古代西方，工商贸易和城邦社会、城市生活决定人们对政治的理解更多的是基于经验，更多地关注个体权利及相关的各种交往关系、相关律令。所以，西方人的政治起初就是 Polis——城邦和人民的统治。而在古代中国，种植养殖和农业社会、农业生活吸引人们更多地关注共同体权力及适用的范围、程度，更关注天理人心，于是古代中国政治——"政""为政"就有更多建构的性质，所谓"政者正也"，就是要求人们走正确的路，否则就要用到"政"字的另一半"攵"（音pu）——敲扑相加。中国古代政治主流是儒法合流、礼法并用的，但还是更强调圣人、王者的文明教化，其实质还是要将天道与人伦的基本法则有效地、全方位地贯彻下去。概言之，西方政治突出的是原子化、个体主义本位的自由权利及其均衡，其基本逻辑是权利——义务逻辑，其政治文化的底色、特质即通过契约理性来维系的"我群权界"；相形之下，中国政治突出的则是整（总）体化、共同体本位的集体秩序及其维持，其基本逻辑是权力——责任逻辑，其政治文化的底色、特质则是通过道义伦理来维持的"人和政通"——根本就在于天下为公。中国政治、政制的这些特质并没有因现代化而被湮灭。恰恰相反，因为自身固有的历史合理性、逻辑现实性，它获得了更适宜的现代化的显现形式，并因此而实现了深层次的反思和超越、获得了新的丰沛的生命活力。当代中国政制——中国特色社会主义的政治制度最终从根本上打通了由民本而民主的历史通道，重铸了中国大一统以及共和政治的秩序内核、制度体系，成为真正致力于天下为公的现代的、民主的政制。对于当代中国人而言，只有坚持好、完善好和发展好这一新型民主政制，才能更有利于自身的权力福祉、更有利于中国国家的独立自主与和平发展。本章内容将着力讨论中国政治生活中大一统的历史和文化传承，以及它在现当代中国的根本性转换、制度性呈现。

第一节　"大一统"传统的现代发展

在中国传统的社会及文化生态中，天下为公的政治自然就是"一体多元""多元一体"的政治。既要一体、又要多元，这是由古往今来中华政治文明主体的特殊构造所根本决定了的。所以中国传统政治哲学的核心范畴之一，就是"和而不同"。"以他平他谓之和"①，"和"的前提，是那些多元的"他"们首先就是一个有机统一的共同体。这些"他"们是不同的甚至可能是对立的，然而又必须"同生""共在"于一个至上的整体中、一个统一的秩序空间里。古往今来，在中国固有的疆域之内，正是因为大一统秩序的存在，正是基于前前后后不同的族群及其不同的亚文化形态的共在和同构、互构，中华民族、中华文化才得以根深叶茂和永葆生命活力。大一统承载和维系了中华政治文明的根魂，在中国近现代化历程中经受了百多年的风雨侵袭而屹立不倒，至今仍然为中国人民、中国各方面政治力量所推重和传承——当然是在批判和扬弃的基础上。对于中华民族、中国国家而言，大一统既是中华道统，又是中国的政道、政统。西方政治学者马丁·雅克认为，中国政治历来突出三种政治价值：秩序、稳定和统一。中国政治的演进基本呈现两种不同的模式设定——分裂和统一，但统一是总的、也是越来越强的趋势。诚然，要太平不要动乱，那就唯有要统一不要分裂——这是中国古代政治文明五千年演进史上最深刻、最珍贵的教训，也是现代中华民族和中国人民经历过兴衰起伏、遭逢过和战治乱、饱尝过沧桑苦难之后所形成的最重要、最广泛的政治共识。正是在这个意义上，在同美国前总统奥巴马深谈时，习近平才总结指出，历史多次证明，只要中国维持大一统的局面，国家就能够强盛、安宁、稳定，人民就会幸福安康。一旦国家混乱，就会陷入分裂。老百姓的灾难最惨重。②中国政治发展、政治现代化非常重要的一个方面，就是反思、批判和扬弃固有的文明传统，恢复其本来的面貌、原初的精神并进而促成其现代化的转换。

一、何谓大一统？它的精神实质是什么？

大一统思想缘起于孔子《春秋》中的一句话——"元年春，王正

---

① 《国语·郑语》。

② 参见《习近平：中国在民意方面比西方国家追求得更多》，《京华时报》2014 年 11 月 15 日。

月。"这句话经后世公羊学家们演绎发挥，就逐渐有了完善的大一统思想体系并在汉代成为显学、上升为国家意识形态。参考《说文》，大一统中的"大"，是崇尚的意思；"一"则意味着开始、根本以及天地人的秩序；"统"，是"总""纪"之意，也有起始之意。整体来看，"大一统"就是慎初、慎始，以及推重和崇尚天地人归一的伦理秩序。《春秋》何以要强调"王正月"呢？古人为什么要如此这般地重视、强调慎初或慎始呢？孔夫子简单的"王正月"三个字后来又为何会有了如此复杂、精微的演绎呢？关于"王正月"，《春秋公羊传》是这样解读的：元年者何？君之始年也。春者何？岁之始也，王者孰谓？谓文王也。曷为先言王而后言正月？王正月也。何言乎王正月？大一统也。① 王正月的初始意蕴是记历、建元，这是改朝换代才有的事情。为什么新的统治者要记历、建元？原来是为了大一统。对此，何休在其著作中给出了详尽的阐释：统者，始也，总系之辞。夫王者始受命改制，布政施教于天下，自公侯至于庶人，自山川至于草木昆虫，莫不一一系于正月，故云政教之始。政，莫大于正始……故先言正月而后言即位；政不由王出则不得为政，故先言王而后言正月也；王者不承天以制号令则无法，故先言春而后言王；天不深正其元则不能成其化，故先言元而后言春。五者同日并见，相须成体，乃天人之大本，万物之所系，不可不察也。② 简言之，"为政""政者正也"所谓的正是什么？我们说它就是要走对的路、走正确的路。这是一条什么性质的路呢？它是天道，它在这个世界上的投射便是自然法，恪守这个自然法、走对的路便是顺从天心、天意。在早期儒家看来，天地间的自然法始于一而归于一，必然也会统于一。既然万事万物都遵循这么个自然法的精神，那么人间所有规矩当然也应按照这一上天的意旨来。特别是作为天子的王者的统治、教化，更是要以此为根本。否则，政治恐将无道义可言，人类或会禽兽不如。

---

① 《春秋公羊传·隐公元年》。
② 《春秋公羊传注疏》（卷一·徐彦疏）。

　　以此种相对纯粹的原初意蕴为基础，大一统无形中又被追加了"大统一"的意思。或是出于无心，但董仲舒还是这方面的始作俑者。在呈给汉武帝的策对中，他这样讲：《春秋》大一统者，天地之常经，古今之通谊也。今师异道，人异论，百家殊方，指意不同，是以上亡以持一统；法制数变，下不知所守。臣愚以为诸不在六艺之科孔子之术者，皆绝其道，勿使并进。邪辟之说灭息，然后统纪可一而法度可明，民知所从矣。① 这些话一开始并没有偏离此前大一统语词的原意，但其后的独尊君权、独尊儒术的主张，却是于无形间开启了将大一统制度化为全方位"大统一"的滥觞。汉代以降，基于天人伦理的大一统就既是形而上的道统，又是形而下的政统。它的形上秩序落定为天道、王道。天道即前述的中国人的自然法则，王道则是体现天道、遵行天人伦理的政道。王者必须行王道统治才有正当性，而王道又出乎天道，它要沟通天地人、要顺天应人，为此即便王者也不能挑战和违背自然与人伦相统一的普遍秩序（否则会遭天谴）。形上秩序则落实为形下的规范和制度，如中央集权的皇帝制、郡县制，三省六部制、监察制、科举制以及乡绅制等。秦汉时期"大统一"秩序初步奠基，至隋唐之际得以恢复和重建后更具包容性、体系更为完善，在深度和广度、格局和气象上都是空前的。及至宋元明清，随着北方民族的新近融入，中华民族多元一体的面貌越来越明晰，中国政权中央集权的格局也越来越强化。与此同时，更加偏向中央行政集权的"大统一"在大一统体系中的分量和作用也越来越加重。

　　两千多年来，大一统留给中国人丰厚的政治遗产，同时成为中华政治文明的底色、中华民族精神的支柱。传统中国政治秩序以至政治文化的基本要义大致可归结为"政通人和"。政是要走对的路，否则就要敲扑相加——儒法并举，斯为政。通，《说文》讲它有起始、根本以及一以贯之之意，就是要实现"大一统"。"人"通"民"，古时候不是用来指个体的人，而是用以指代整体、群体。"和"是一体多元、天下为公的理想目

---

① 《汉书·董仲舒传》。

标或状态。总之，政通方能人和、人和才可政通，我国古代政治文化、政治生活基本是整体主义的，走了一条"家—国—天下""修齐治平"的路线，奉行了"权力—责任"逻辑，讲求有什么样责任就要有什么样权力，有权力也就必须要担当相应的责任。这就很不同于西方文艺复兴以降的现代政治文化，特别是那不断被强化了的个体本位和原子主义的东西——它们形成了一种迥然相异的"群己界分"的文化。该文化的起点、轴心，显然不是作为共同体的"我们"，而是个体的"我"，特别是"我的财产和权利"。依西方传统理念，财产、权利是真正的人所当必备的东西，现实中舍此则无从界定"我"的本质。这就使得西方话语中的权利呈现出较强的排他性，也使政治更多地被视作理性计算、权力博弈。在交往中，在因交往而成的社会（即"群"）中，权力的实现总要依托带罚则的契约，总要依托作为"契约第三方执行者"① 的国家强制。概言之，西方政治文化走了一条"我—国—世界"的政治路线，奉行了"权利—义务"逻辑，讲求有何种权利就得尽到何种义务，有何种义务就得拥有何种权利。政治的不同起点、逻辑和路线，自然导致国家内部的对抗性或统合性的不同。在中国，共同体整体及其价值得到强调，国家、政府集中统一的权力和地位备受尊崇。在趋向民族国家的西方各国，人权和族群（而非社会、共同体整体）更受推崇，权力—权利间、权利—权利间以及权力—权力间多有明确的界分，制度对于程序的强调、人民对政治过程的控制也非常明显。但它也有自己的矛盾、问题。譬如片面的限权限政实际上会弱化政府的作用，反倒可能难以更好地保护权利，而政党斗争、否决政治又加剧了这一情形。② 概言之，我们所认知的大一统的基本精神，是一体多元、多元一体，是不同政治主体在共同体至上的原则基础上"在一起，做自己"。由此，如果说西方政治文化的基本精神是权利不可侵、自由不能少、民族当自决、文明可替换，那么，大一统的中国

---

① ［美］巴泽尔：《国家理论——经济权利、法律权利与国家范围》，上海财经大学出版
　　社 2006 年版，第 49—77 页。

② ［美］福山：《美国：失败国家》，英国《展望杂志》2017 年第 1 期。

政治文化的精神实质则是：国家不能乱，国土不能分，民族不能散，文明不可断。

二、中国古代大一统的制度显现及其价值

大一统政制传统及其基本的秩序理念、价值导向维系了中国社会和中华民族整体的长期存续和发展。在辽阔的疆域、众多的族群中共有大一统的政治伦理体系，这是各民族交流交往、不断融会的内在动力，也是尽管有聚分离合但中华民族亡不了、打不散，始终保持强大凝聚力、旺盛生命力的根本保障。大一统思想和制度体系深刻影响了中国的秩序建构和制度实践。它在思想上解决了政治道义、政治认同的问题，在制度设计和实践上则是摸索到了实现多元一体的最可行的路径。它一方面强调中央权威是政治生活的关键，另一方面又对地域间的政治、文化等差异持宽容态度，不强求千篇一律。这就在思想上塑造和传承了中华民族、中国人民共同的心理特质，在政制上聚合了中华政治共同体、锻造了较早即具备了现代气质的强大国家，也开拓了一片广袤的国土、为中华儿女生存发展提供了充裕的空间和资源。所以，大一统不全是坏东西，它也可以成为国家强盛、民生幸福的一块基石。

当然，我们也得正视古代大一统那些不好的地方。任何政治逻辑都潜藏着走向极致化的趋势。正如西方人限权限政是为了保护权利但却往往因其极致化而走向反面一样，权力—责任逻辑被推到或走向极致化以后的结果，就是极权专制，也就是被裹挟、被扭曲、为人们所痛恨的那种大一统。东方专制和大一统本是两回事，但专制君主出于自利、自致的"家天下""私天下"考虑，总是要将精神上本要通向公天下的大一统窃取、改造成属于自己的如意手段。特别是随着秦政后家国共同体影响日趋式微、中央行政集权对人的直接压迫不断强化，权力—责任逻辑也难免要经常面对权力任性和责任空悬的实际。这也就是何以儒家"公天下"理念会被虚置甚至沦丧的直接原因。通过劫持和驯服大一统，同时也事实上严重破坏了它建构中的基于天下道义、公益的政治与社会的均衡，专制君主

遂得以能收天下权、利并使之出于一孔①，并因而能以自己独断、任性的意志凌驾于政治道义与万民福祉之上，同时也把自己变成了黄宗羲所谓的"天下之大害"②。

三、走向一切权力属于人民的社会主义民主

或许正因为存在种种龃龉、脱节，传统政治文化才有其现代化的必要，而中国政治现代化的一个重大问题，也正是确保人民控制权力，确保政治、政权的公共性。由此，我们对待大一统传统的正确做法就是扬弃，要像当年"打倒孔家店、解放孔夫子"一样，批判专制政治，恢复公天下的大一统。在现实政治生活中怎样做得到呢？一方面，还是要继续传承"大一统"的优良传统。我们必须充分意识到，中华民族并非西方通常意义上可以走向"一族一国"的分疏不断的"民族"或"族群"（ethnic group），中国国家亦非西方寻常意义上较单一和纯粹的"民族国家"（nation-state）。中华民族更多的是指向一种文明、更多的是强调对这种文明的认同。此种文明是开放的和共建、共享的，"进则为华夏、退则为夷狄"——在这一进一退之间，彰显的是基于文明的共同体价值，而非出于人种、族群或宗教等方面的狭义标准及价值。实际上，作为一种文明型国家，中国也向来都是融会文明和融合族群的政治依托、历史手段，而非文明分疏、族群分争的政治工具和历史后果。基于这样的认识，我们就应看到，辛亥革命以来直至今天，东方专制、君主集权在中国走向末路，并不意味着中国社会及中国政治对于秩序、稳定和统一这三种政治价值的放弃，并不意味着中国政治演进中统一相对于分裂而言总是越来越强这一历史趋势的逆转，并不意味着一体多元和共同体至上这一政治原则在中国政

---

① 见《管子·国蓄》。

② 黄宗羲是这样批判君主专制的：是以其（君主）未得之（天下）也，荼毒天下之肝脑，离散天下之子女，以博我一人之产业，曾不惨然。曰：我固为子孙创业也。其既得之也，敲剥天下之骨髓，离散天下之子女，以奉我一人之淫乐，视为当然，曰：此我产业之花息也。然则，为天下之大害者，君而已矣。见黄宗羲：《明夷待访录·原君》。

治生活中的终结。相反，正是辛亥以来的革命和建设，正是因为中国重构并创制了集中统一的、高效有权威的现代民主新秩序，中华民族才得以空前凝聚，成为一个团结、强大的现代政治民族；而中国国家也才能终于走出内部的纷乱、顶住外部的压力和威胁，赢得了经济社会长时期的和平、发展。总之，中国人固有的活法、中华文明坚韧的根性，使得大一统至今也还是中华民族现代发展、中国国家制度实践的重要历史文化根基。

另一方面，我们更应深刻认识到，未经深入反思和现代重构的大一统理念、传统，也极大地制约了中国现代国家的政体建构、制度实践。中国近代史上政制演化的曲折反复，以及中国共产党成功领导革命和建设的伟大成就，从正反两方面充分表明，只想着走老路、片面地"用旧制度的瓦砾来建构新社会的大厦"①，这也是根本行不通的。返本也还必须开新。大一统必须完成现代转化，必须融入近现代以来民主、共和的元素。但这又要谨防走上邪路。民主与共和在西方早就有比较成熟的模式、经验和做法，其中不少优秀的东西也是我们可以借鉴的，但不能照单全收。全盘西化在政治哲学层面的错误，就是误以为中国人可以完全像西方人那样看世界、想问题和做事情，并且完全地将此种西化就等同于现代化本身。这就把复杂问题弄简单了，同时也把简单问题搞复杂了。说它是把复杂问题弄简单了，是因其忽视或无视了文化根性、基本价值、政治逻辑等生态和体系的差异，自负地以为简单的制度移植或置换就能解决问题——这恰恰是当今世界因政治转型不成功而深陷动荡的发展中国家的惨痛教训。说它是把简单问题搞复杂了，是因其看不到现实的社会交往、社会关系直接产生秩序并继而塑造制度的事实，这就仿佛郑人买履——只相信异己的所谓标准，反倒忘记了自己才是基本的尺度、忘记了本国人民才是去创制秩序和制度的真正主体，这就把自己以及所要思考、解决的现实问题都推进了迷雾当中。

揆诸中国现代制度转型、西方现代国家建构的经验和现实，我们不难

---

① ［法］托克维尔：《旧制度与大革命》，冯棠译，商务印书馆 1992 年版，第 29 页。

得出这样的结论：一方面，大一统固然需要转型为适应民主、共和制度的新形态；另一方面，正快速行进在现代化道路上的中华民族、中国国家，也的确需要重新建构一种新型的现代一统。这个新的一统，就是一切权力属于人民的现代一统——它既是中华文明有机生命体的历史选择，也是现代中华民族、中国人民的理性选择。辛亥革命完成了建构现代一统的第一步——废黜了专制帝制。在清帝逊位诏书中，千百年来曾经强势"家天下""私天下"的皇权终于俯首，承认了人民对于"公天下"的热忱，并期许一个新的一统的到来："今全国人民心理，多倾向共和，南中各省既倡议于前，北方诸将亦主张于后，人心所向，天命可知……是用外观大势，内审舆情，特率皇帝，将统治权公诸全国，定为共和立宪国体，近慰海内厌乱望治之心，远协古圣天下为公之义……总期人民安堵，海宇乂安，仍合满、汉、蒙、回、藏五族完全领土，为一大中华民国……"① 然而辛亥之后，北洋旧军阀、国民党新军阀虽然也都追求国家统一，特别是政令和军令的集中统一，但他们太过看重权力、太过看轻人民，反倒是殊途同归——把名义的共和扭曲成了另类的专制。这无论如何不能不说是一种对于辛亥革命精神的背叛、一种朝向专制帝制旧式大一统的反动。这一阶段政治史/制度史上演绎、交锋的关键就在于：共和究竟是谁人之共和、一统究竟应统于谁人之手。对此，中国共产党给出了最终的、正确的解答。它领导中国人民彻底完成了民主革命、建立了人民民主政权，又在此基础上完成了社会主义革命、消灭了阶级压迫的经济社会基础，从而根本确立起了人民民主、现代共和的民主政治制度。

第二节　党的领导、人民当家作主和依法治国

在 1842 年发表的《集权和自由》一文中，恩格斯曾专门探讨过中央

---

① 节选自《宣统三年十二月二十五日懿旨》，即清帝逊位诏，由张謇拟文，部分字句后经袁世凯篡改。参见中国史学会主编：《中国近代史资料丛刊》之《辛亥革命》（第8册），上海人民出版社1957年版，第183页；以及《张謇全集》（第1册·公文），上海世纪出版股份有限公司2012年版，第238页。

集权的合理性，他认为集权的历史、专制的历史是平行发展的，而集权则是国家的本质、国家生命的基础——集权之不无道理正在如此。每个国家必然要力求实现集权，每个国家，从专制君主政体起到共和政体止，都是集权的。美国是这样，俄国也是这样。没有一个国家可以不要集权，联邦制国家需要集权，丝毫也不亚于已经发达的集权国家。只要存在国家，每个国家就会有自己的中央，每个公民也只是因为有集权才履行自己的公民职责。① 中央集权具有普遍性，任何国家都会需要中央集权。所谓中央集权，就是国家权力集中、统一于中央政府（政权），中央享有最高的权力，地方政权（纵向）和其他部门、领域得服从这一最高权力，并得充分尊重其权威。中央集权形态的历史演进大致经历过两个阶段，其一是古典的专制主义形态——它强调专制权力特别是中央的、最高的权力不受制约的性质；其二是现代民主主义或共和主义的形态——它承认包括中央政府权力在内的一切权力都有其边界，它同时也承认适度、合理分权的必要性。所有成功的国家治理，也必然都有某种成功的中央集权实践和制度形态的存在。此种形态也可以区分为两种：一种是政府集权（Government centralization）——凡关乎全民性、全国性安全福祉和利益的内政及外交事务（主要是立法）权力皆收归中央，这是必要的、合理的中央集权的实现形式；另一种则是行政集权（Administrative centralization）——所有权力（包括中央—地方纵向权力，中央—部门和领域横向权力，也包括司法和行政权力）都由中央政权（实际以行政方式）来集中控制和行使，这是不合理的、病态中央集权的实现方式。综上，本质上看，中央集权并不必然意味着某个最高统治者（领袖或领导机关）独揽大权，不必然等同于中央专权、专制主义，也并不必然会否定和排斥（地方利益并）由地方或其他非中央的部门、领域来掌握并行使某些特定权力。但是，古代中央集权以及深受其影响的某些现代中央集权，则往往在理论上倾向于拒绝监督、限制权力（特别是最高权力），同时在实践和制度上也明显倾向

① 《马克思恩格斯全集》第 41 卷，人民出版社 1982 年版，第 396 页。

于行政集权、独裁政治。古代中国的中央集权在其理论上、在实践和制度上总体呈现为一种混合形态——理论建构上，天下为公、天道民心本身即是要对最高权力形成牵制，但天下为家、为私以及皇权至尊至上的权力运行则又走到了相反的方向；在实践和制度上，中国最早确立起统一管理公共事务、以职业化官僚体系来照护国家、民众安全福祉的现代国家，它一开始就充分体现了政府集权的合理性、必要性，但专制帝制却一再地、一贯地收紧权力和强化控制，使天下权、利皆出于一孔，终于形成并长期维持了高度的中央行政集权——它是古代中国大一统的政治价值、天下为公的基本精神之间龃龉不断的重要原因。

中国共产党领导中国人民建立新政权之后，中国历史迎来一个建构、确立和实践一种合理且高效的新型中央集权前所未有的契机。尽管我们现在已经接近于达成这样的目的，但其过程却并非一帆风顺。我们一度深受苏联模式影响，该模式又一度深受沙俄中央行政集权传统的影响。苏联模式的基本特征，是确立了高度集权的政—经体制，由国家控制几乎一切社会空间、社会资源，每个人也都因此而成了国家机器上均质化的、难能自主的零部件。它的后果又怎样呢？社会没有了活力，人民没有了积极性和创造性。正如邓小平所指出的，我们过去多年搞的是苏联的方式，这样一种僵化的方式，实际上是把整个社会和人民的手脚都捆起来了。[①] 所以，在现当代中国，我们革命、建设和改革的一个重要领域，就是要创新中央集权的形态，在中国确立、运行创新版的中央集权，并且在此基础上实现天下为公、现代一统的有机统一。

一、现当代中国人民当家作主的"新一统"

关于极端中央行政集权的问题，法国政治思想家托克维尔曾有过这样一种看法：某些长期以来最难摆脱专制政府的社会，恰恰就是贵族制已不存在和不能再存在下去的（非西方或西方非典型态的）社会。开放、流

---

① 《邓小平思想年谱（1975—1997）》，中央文献出版社 1998 年版，第 333 页。

动的社会阶级结构的形成固然会使得社会成员在身份地位上日趋相似、同质化和平等化，但这种社会变化的危险恰好就在于缺少了类似贵族这样的中间力量和抵抗力量，结果使平等的大众陷于孤立、柔弱的原子化状态，而国家则可以顺畅地通过行政集权来实现专制和奴役。① 这似乎也就是秦以后古代中国政治生活中所长期面对的情形。不仅如此，传统中央行政集权也始终都在极大地破坏着正常的社会联系和人际网络，撕裂着各阶层和不同群体之间共同的观念、情感和习惯——它一直在人民中间制造一种有利于其自身维系的不断强化的一盘散沙的状态。这样一来，自然就形成了中国古代中央行政集权以及地方割据分离交替出现的基本格局。正因为传统中国专制和集权的因果以及内容、形式都明显有别于西方，所以在近代以来的革命和建设当中，关于它的应对方案、解决方法当然也就不能简单照搬西方模式。所以中国政治一贯的问题并不在于要不要中央集权（其答案向来是肯定的），而在于应否及如何发展中国式民主、保护人民群众根本权利，在于怎样将独裁专制因素从中央集权中剔除出去。其实，也正是因为中国人对于统一的政治秩序的不懈追求、对于中央集权政制的持续探索，中国历史才整体呈现出这样一个趋势：越是到后来、越是晚近，国家权力越是强大，而国家的统一、和平也就维持得越是长久。在中国，前述状况以及高度中央行政集权问题的最终解决，一是靠了旧民主主义的辛亥革命的废帝制、倡共和，二是由于新民主主义革命、社会主义革命的消灭私有制和剥削阶级，从而根除了专制压迫的经济社会基础。在新社会、新经济条件下，天下为公和人民当家作主完成了有机的结合，中国共产党领导中国人民不断建设和发展新型民主，也在遏制权力异化方面、在促进国家治理同人民自由和人民主权的统一上面，又向前迈进了更坚定、更实质性的一大步。

在现当代中国，人民怎样来当家作主人？换言之，不再依靠传统的高度中央行政集权的模式，也不盲目照抄、照搬西方式分权—均衡的地方自

---

① 参见［法］托克维尔：《旧制度与大革命》，冯棠译，商务印书馆 1992 年版，第 171 页。

治或公民社会自治模式，中华民族如何能实现和不断巩固团结、向心、凝聚，中国人民如何能实现和维持基于自身主权者地位的新型大一统？我们的首选还是要建设一个强大、统一的现代国家。一方面是要通过强化新型中央集权建设，来有效约束与自己直接发生关系的社会群体及其组织的权力行使，以及基层、地方的权力运行，从而接续依托大一统有效避免地方势力坐大并泛滥的政治优势。在这里，有一个强大的中央集权、中央政府拥有高度权威，这对于社群、族群等多元力量的向心凝聚，对于离心、分裂因素的有效遏制或剥离而言都是非常必要的。不仅如此，它们对于国家和社会生活全面、迅速的现代化而言，也是极其必要的——想想当年的美国，为了赢得这样的一个必要条件、这样一个现代化的前途，先是煞费苦心废掉了邦联、代之以中央集权的联邦，后来又不惜冒违宪之名而打了一场血腥的南北战争，就是为了制止分裂、确保统一、确保联邦政府的最高权威。这还是在西方国家。在中国，我们更应如此——大一统传承还是不能丢。但也还是不能忽略了大一统的现代转型和重构——走老路更是没有前途。所以，另一方面就是要着眼现代化、现代社会生活的要求，积极推进民主政治建设，同时强化和不断优化权责相符、民主集中和向心统一的政府体制，在保障中央政府必要的权力、充分的权威时，也尤其要确保将其关进制度的笼子里、对其形成直接和有效的制约，从而根本确保中央政权及其有效节制下的各级政权始终以人民为中心，始终全心全意为人民服务。概言之，在意识形态和政治理念上特别是政治秩序的建构上，在政权建设和制度实践中特别是在政治过程中，要确保形式上的国家一统始终都是实质上的人民一统的忠实体现。

这样的政治秩序、政府体制，它所遵循的基本原则，就是马克思主义政治学、科学社会主义实践所要求的议行合一。在马克思主义者看来，无产阶级专政既是新型的专政—集中制，又是新型的自治—民主制，它使得国家制度本身内在地倾向于只表现为一种规定——人民的自我规定。由此，新型的民主国家、民主政府本质上是人民权利/权力的集合，它属于人民群众、服务人民群众，从人民群众当中来、到人民群众当中去，因而具有无可置疑的至上性。马克思、恩格斯曾高度评价具有里程碑意义的1871 年巴黎公社政权，并归纳、提炼了它的如下几方面特征：1. 代表必须由各区人民通过普选民主选出；2. 代表必须对选民负责、向选民报告；3. 选民若不满意代表工作，可随时撤换他们；4. 代表只领取相当于工人工资的薪金；5. 不允许国家官吏享有特权；6. 代表在工作中必须严格遵守选民的指令。[①] 他们并且深刻指出：巴黎公社的伟大社会措施就是它本身的存在和工作。它所采取的各项具体措施，只能显示出走向人民、由人民掌权的政府的趋势。[②] 巴黎公社政权的基本特质，就是议行合一：它既是代表民意和形成国家意志的权力机关、立法机关，又是执行国家意志的执行机关。新型民主政权当然不能回复到旧式的中央行政集权，也不能原封不动地继承旧式的官僚政府——在马克思看来，政治国家的总体是立法权，因为立法权代表人民、代表类意志，是新的时代里的最高权力，而行政权却相反，它"代表着特殊意志、主观任意、意志的巫术部分"[③]。行政权所表现的只是"国民的他治"而非"国民的自治"。只有当他治服从、回复到和统一于人民的意志以及体现人民意志的立法机关，它才可能成其为新型的政府，它连同司法机关，以及产生它们、领导和监督它们的立法机关才可能称作是真正民主的政权。概言之，新型的中央集权和民主一统，是集权于人民的代表机构、是统一于人民的立法权力。此种巴黎公社、无产阶级政权建设的基本精神/活的灵魂，它同中国天下为公政治秩序相结合、相融会的结果，就是形成了中国共产党集中统一领导的国家根本领导制度、人民代表大会议行合一的国家根本政治制度，以及其他国家政治生活的基本政治制度，这些根本制度、基本制度，它们整体上就形成了中华人民共和国新型的现代一统体制——我们可以把它看作是现当代中国人民一统、共和一统的政治体制。

---

① 《马克思恩格斯全集》第 17 卷，人民出版社 1963 年版，第 358 页。
② 《马克思恩格斯全集》第 17 卷，人民出版社 1963 年版，第 366 页。
③ 《马克思恩格斯全集》第 1 卷，人民出版社 1956 年版，第 316 页。

二、人民至上、服从和服务人民意志的中央集权

现当代中国已经确立起来并正在不断发展和完善中的新型中央集权，是一种因应、适应了中国政治现代化特别是国家治理现代化的需要的中央集权。新型中央集权接续了我国古代大一统、中央集权的政制传统，特别是其积极进取的精神，但又不限于此，而是有所超越、彻底批判和避免了它的可能走向人民对立面的消极有害的一面。中国古代大一统、中央集权的政制从根本上体现了中国政制所拱卫的中华文明秩序的一般性——天下为公。天下为公之于中国政治、中华政制第一个方面的根本要求，就是家国的团结统一与安全稳定，人民（民族）的平等和谐与幸福安康，这自然会体现为对某种新一统政治格局的塑造和维护。在古代中国，历朝历代朝廷和君王们的文治武功，官僚、士大夫们的"立德""立言"和"立功"，莫不以国家统一、天下太平为首要的价值诉求，也莫不以山河破碎、民生涂炭为最大的遗憾和耻辱。其实，此种价值导向以及由此而来的政治格局自先秦时期就已奠定了：早先，诸子百家争鸣虽然异彩纷呈甚至针锋相对，但最终来看也还都是百虑而一致、殊途而同归的。诸子百家虽在哲学体系上差异极大，但却有一条共同的底线，那就是必须有一个"统一的秩序"——不是要不要统一，而是应当怎样统一、统一于怎样的秩序。不仅思想家如此，政治家也是一样。在秦制确立以后分分合合的两千多年间，掌权的人谁也不甘于小区域的分治，都要去争夺完整的天下——大家不是在争要不要统一，而是在争由谁来主导以及怎样完成统一。① 除了价值层面上，在经验层面上古代中央集权也有不少能够穿越时代而有益于今天的好东西，譬如建构向心的权力体制，突出强调中央的权威，权力要有合理的制约，德治和法治有机结合，以及公开考试、竞争择优选拔人才等，也都有普遍的价值、意义。当然我们也要看到，正是专制君主、统治阶级对于"统一秩序"控制权的争夺基本上是以天下为家、

---

① 参见潘岳：《战国与希腊：中西方文明根性之比较》，《文化纵横》2020 年 6 月号。

为私为目的的，所以古代大一统格局也才总是依托了、不断强化了高度中央行政集权的极端模式，也因而总是不那么稳固。在现当代中国，高度中央行政集权的经济社会基础已经不复存在，政府特别是中央政府的权力来自人民授予、权威来自人民的支持和拥护——脱离群众、离开人民，政府就什么都不是、什么也做不了。由此，中央集权的目的及其运作自然也就回复到它应有的基准：天下为公——今天我们说它就是国家统一、民生幸福，人民中心、民族团结。

新型中央集权借鉴了西方现代政治文明的某些方面、某些要素，同时又有所区分并加以创新改造，在确保人民主权，确保人民内部不同群体以及国家不同地方和族群的多样性、合法权利，确保国家高度统一与稳定、发展的同时，进一步形成、实现和维持了国家运转的高效率。在西方，地方自治、人民自治被视作抵抗专制极权或高度中央行政集权的根本所在。地方自治、人民自治基本上呈现为英美式权利天赋和人民自治的"保护主义"的传统模式，以及欧洲大陆特别是法国等国权利法定和社群自治的"钦定主义"的传统模式两种基本模式，虽然它们赋予中央政府强弱不等的干预地方和基层自治的权力，但在具体实践中特别是在其当代实践中，这两种模式也还是呈现出比较明显的趋同现象：一是大陆模式的中央政权在向下分权、赋权上逐渐接近英美模式；二是英美模式运作中，一些国家中央政府依法承担地方自治事务领域中的助成性责任，因而实际上强化了自己的权力及影响力。但这两种模式的共性都在于更多地贯穿、践行了横向和纵向分权的政治原则。西方国家治理中，中央集权与自治权利之间一直致力于形成和维持一个微妙的平衡：自治权利要足够大，大到可以抵制中央不至于高度行政集权；中央权力也要足够大，大到自治地方无法独立和分离。虽然此种基于分权逻辑的自治实践对于地方、局部可能是低成本的，但对于国家、整体和长远而言，则又往往是高风险和高代价的，特别是可能伴随着由中央、地方长期扯皮而来的高昂制度成本和机会成本。譬如当代中国人可以在短期内迅速推进完成高铁、5G等基础设施建设，然而这在西方就是难以想象的甚或是不可能的事。即便付出高昂的成本，往往也还是难以有效扭转央地关系的疏离，以及地方分离主义的膨胀。放眼当今西方大国，没有一个国家不存在分裂势力，也没有一个国家的分离主义会因为中央政权更频繁、更广泛的权力让渡而有所收敛。我们不搞西方式分权、分立政府的地方自治，我们坚持维护单一制国家中中央政府的最高权威，但我们也还借鉴了西方地方自治中尊重人民权利和多样性诉求、照顾地方生活方式多元差异的有益因素，吸收了其使用中央政府力量助成地方事务的积极做法。同时，尽管我们不讲西方式地方自治，但我们却也一方面非常注重调动和保护地方的积极性、不生硬和粗暴地干预地方事务，另一方面也还在更贴近人民群众生产生活的基层广泛开展协商自治，这就同样较好地维护、实现和发展了人民群众的自治权利。

就其本质而言，此种新版中央集权也就是民主集中制——民主条件下的集中、集中指导下的民主。结合政权问题、政制问题，在马克思主义者特别是中国共产党人心目中，新版中央集权应当也必须充分体现民主集中制的政治、组织原则。民主集中制是无产阶级及其先进政党引领革命和建设的基本原则，也是其指导政权组织与运作的基本原则。民主集中制当中，无论是民主的一方面还是集中的另一方面，都因为彼此间对立统一的辩证关系而富于创造性：既从根本上否定了非民主的专制极权、行政集权，又根本有别于西方原子化自由民主散漫的"大民主"形式。民主集中制不是民主本身，它具有工具性、是新型民主也是新型中央集权的组织形式。民主集中制产生和存在，以及其在实践中充分发挥作用的现实性或历史逻辑，就在于阶级统治的需要——无产阶级专政或人民民主专政的需要。列宁曾经明确指出民主集中制的工具性质，以及它的不可或缺的地位、作用，他讲："关于所有制以及哪一个阶级领导的问题，只有阶级统治能够决定。谁要是像我们经常所见的那样把阶级统治的表现问题同民主集中制问题搅在一起，那他就要造成莫大的混乱，以致任何工作都无法顺利进行。"[①] 社会主义的本质特征特别是社会主义国家、人民政权的根本

---

① 《列宁全集》第38卷，人民出版社2017年版，第288页。

属性意味着：必须借助民主集中制，始终将国家机器及其固有的异化倾向置于有限和可控的幅度之内，从而使得国家治理与人民自我管理之间的距离极大地缩减，使国家与人民的关系更加地融洽。正因其如此，中国人方才更加认同、更加由衷地拥护真正属于自己的人民民主政权。也正因其如此，民主集中制也才成为我们党和国家的根本组织制度和领导制度，也是最重要的组织纪律和政治纪律。①

三、党的领导：中国特色社会主义的本质特征

中国共产党是按照马克思列宁主义原则建立的新型工人阶级政党，是中国工人阶级的先锋队，是中国各族人民利益的忠实代表，是中国社会主义事业的领导核心——这是它的政治性质。中国共产党也是近代史上中国的革命政党、建国政党，是现当代中国秩序的建构者和中国制度的创制者。中国共产党所以有这样历史和现实的地位，根本是出于历史的选择、人民的选择。在中国共产党赢得中国革命、中国国家的领导权之前，中国社会上其他阶级和各派政治力量也都为走出近代亡国灭种危机、解决中国社会基本矛盾问题做出过尝试，但各种方案都失败了。包括近代以来新生的资产阶级所主导的民主革命也不例外。它们的共性就在于缺乏科学理论指导、不具备先进性——不能够真正代表中国先进生产力的发展要求、中国先进文化的前进方向以及中国最广大人民的根本利益，因而无法把握和触及中国更深层次的矛盾问题，也无法确定正确的方向和目标、找到现实的革命道路和依靠力量，无法将中国革命进行到底、将中国现代化推向深入。而这些，恰恰都是中国社会中作为新兴政治力量的工人阶级及其先进政党的强项。相形之下，中国共产党无疑是中国近代以来"更现代""更先进"的党。而且，它无疑也还是"更本土""更中国"的党。它是由中华民族最优秀的儿女、中国社会的先进分子所组成的政治集团，是真正愿

---

① 参见习近平：《干在实处　走在前列——推进浙江新发展的思考与实践》，中央党校出版社 2006 年版，第 369 页。

意为中华民族谋复兴、为中国人民谋幸福的新型政党；它生于斯土长于斯国、身上流淌的是中华文明的血脉，因而真正了解中国、了解中国人的所思所想，并且真正能够以中国人民所认同、接受的方式来全心全意为人民服务的党；它以科学的世界观、方法论为指导，以中国坚强的组织性、纪律性为保证，领导中国革命和建设不断取得伟大的胜利，同时自觉继承、扬弃了传统政治文化，成功熔铸了优秀传统文化、红色革命文化和社会主义先进文化，是真正能将中华文化、中华民族和中国人民引向光明前景的领导力量、核心力量。

没有共产党，就没有新中国。围绕它，从历史出发所做的解读大家都已是耳熟能详。那么我们不妨换个角度，再来深入把握这句话的精神实质。传统中国更多的是指一种地域和文化的范畴，这个我们前面都已知晓了。而且，对于历史上文明型国家、文化中国的这一传统，我们今天也已忠实地继承下来了。在完成民主革命、社会主义革命之后，经过现代性融入、民族性转换的中国——新中国却有着更为丰富的本质及内容。新中国意味着一种现代一统的新秩序。在这一新秩序中，在中国固有疆域、中华传统文化的基础上，在中国共产党的团结和领导下，中华民族不再仅仅是一个文化范畴，它也更进一步升华、获得了政治民族——国族的性质和地位。这首先意味着，千百年来中国人民因专制需要、专制压迫而来的一盘散沙状态终于被彻底地终结了，中国人的生活、中国人的活法也因而迎来了更深刻变革和更广泛现代化的时代。其次，从此以后，中华民族是一个、中国人民是一体，中华民族和国家的文明根基更加深厚、坚实了。再者，中国国内各地方、族群的亚文化多样性也都同步获得了更好的保护以及更适宜的发展环境，民族团结、国家统一的基础也因而更扎实了。概言之，在现当代世界中，古老中华文化共同体应当也必须获得统一民族国家的现代政治形态，继而将其与自身固有的文化、文明形态相熔铸，创造出一种更为超越的现代国家形态，如此才能真正自立、自强，才能从根本上更好地保护自己、发展自己——在中国共产党的团结、领导下，中国人民终于赢得了、做到了这一点。

在扬弃、传承传统政制文明和传统政治秩序的基础上，在努力构建和维护新秩序的过程中，在中国共产党所主导的现代人民民主制度的创制、改革和发展实践中，中国国家或曰中国政权不再是少数人压迫多数人的工具，而是成了防御外敌入侵、防止敌对势力内外破坏、维护民族独立与自由的——绝大多数人对极少数人的新型专政机关，成了凝聚和团结群众、保护人民权利和利益、促进社会全面协调发展、实现和维持人民内部关系和谐、服务人民当家作主的现代民主治理机关。在新秩序中，中国人民是积极的主体、是国家真正的主人。而始终以人民为中心、人民的利益福祉至上，则是最基本的政治价值、现当代中国国家存在的唯一目的。在新秩序的建构当中，中国共产党成功地将本民族天下为公的政治价值，以及科学社会主义的"人的真正、彻底的解放""人的全面发展""自由人的联合体"的基本价值，有机地贯通、融会到了一起。一方面，它既根本否定了基于"人的依赖关系"传统专制主义，又深刻批判和超越了基于"物的依赖关系"的资产阶级专政。另一方面，它又忠实地继承了传统东方政治的群体本位、共同体本位，但又通过"武器的批判"而彻底改造了经济基础、坚决摒弃了基于剥削和压迫性阶级关系的人身依附的特质；它也广泛地借鉴、吸收了现代/西方政治较为成熟的国家形式和治理经验，但又通过"批判的武器"反思并揭示了出于个体本位的资本主义市民社会的虚假性，以及作为现代政治形态的资产阶级民主的局限性。中国共产党真正汲取了"主权在民"思想的精髓，不只是要将其当作秩序建构的目标，而且还要为它的实现寻找现实路径、创造现实条件。此种秩序建构的另一面，其实也就是马克思主义的无产阶级革命论、专政论的中国化理解和实践。

中国共产党领导中国人民将上述秩序建构化作了制度实践。在中国，主权在民、人民当家作主的前提，是人民群众能够充分团结、高度组织和整合起来——这显然是人民群众难以自发实现的目标。谁能担负起此种团结、组织和整合的重责呢？中国共产党。除了有先进的思想、强大的引领能力，这个党更是以其卓异的组织性、纪律性，使自己成为中国历史上空前强大的一支组织和动员力量。它不仅充分实现和保障了党内、工人阶级内部的高度的团结统一，同时也成功实现和保持了各革命阶级、各民主进步力量以至中华民族及中国人民高度的团结统一。正因其如此，从井冈山、中央苏区的苏维埃政权建设，到后来的延安边区、根据地以及解放区的政权建设，以至于1949年新政协的协商建政、1954年的全国人民代表大会制度确立，以及此前此后中国社会生活各方面制度体系的创制、改革和完善，一个无论在社会阶级和政治本质上，还是在基本政治格局和政治气象上都完全不同于此前一切旧政权的新型人民民主专政政权，才能滴水穿石、一步一步地趋于定型和成熟。在中国共产党常态化、高超的组织动员下，中国人民不断发展和巩固了现当代中国国家的社会基础、政治基础。而在帮助、组织人民当家作主的过程中，作为新秩序的建构者、新制度创设的领导者，中国共产党充分展现出自己对于新秩序、新制度的无比忠诚——这自然也是出于对无产阶级革命理想、政治原则的无限忠诚。这一忠诚明确、充分地体现在执政党、国家政权效忠人民的誓言和实践当中：党和国家的一切工作都要坚持以人民为中心、党和国家始终都要全心全意为人民服务。① 这样的忠诚，除非是一个真正有志于走向自由且平等的"自由人联合体"的共产党，一个始终捍卫国家和人民利益并把中华民族、中国人民的安全福祉置于首位的先进政党，否则是根本不会具有的、即便有也是难能长久的。

在现当代中国，新秩序、新制度所以为新，不只因为它们是中国史、

---

① 《中华人民共和国宪法》（2018年3月11日第十三届全国人民代表大会第一次会议通过的《中华人民共和国宪法修正案》修正）第22、27、29、76条中都出现了有关为人民服务的内容表述，其中第27条明确规定："一切国家机关和国家工作人员必须依靠人民的支持，经常保持同人民的密切联系，倾听人民的意见和建议，接受人民的监督，努力为人民服务。"《中国共产党党章》（中国共产党第十九次全国代表大会部分修改，2017年10月24日通过）总纲以及第2、3两条也都写入了有关为人民服务的内容，其中总纲部分的表述是："坚持全心全意为人民服务。党除了工人阶级和最广大人民群众的利益，没有自己特殊的利益。党在任何时候都把群众利益放在第一位，同群众同甘共苦，保持最密切的联系，坚持权为民所用、情为民所系、利为民所谋，不允许任何党员脱离群众，凌驾于群众之上。"

世界史上推陈出新的结果，也不只因为它们是超越了中华农业文明传统、是非西方模式的现代化的产物，更因为它们是社会主义性质的、是中国特色社会主义事业中关键的组成部分。只有社会主义才能救中国、才能发展中国。没有社会主义，也就没有现当代中国的独立、自主、统一、安全、发展和繁荣。尽管作为新型的社会形态，社会主义有其历史必然性和充分的合理性、现实性，但它还是具有根本不同于人类历史上其他社会形态的特点：它是唯一的不可能从旧社会形态中自然孕育、生发而来的社会形态，因此相比较而言，它自然是具备更多、更浓厚的建构性色彩。不仅如此，在社会主义革命和建设实践中，由于无产阶级专政是先决条件，那么也就必须持续不断地通过思想的政治的引领和灌输，来确保社会主义意识形态的统治地位，来强化工人阶级和广大人民群众作为社会主义国家主人翁的政治自觉。马克思指出："统治阶级的思想在每一时代都是占统治地位的思想。这就是说，一个阶级是社会上占统治地位的物质力量，同时也是社会上占统治地位的精神力量。"① 列宁指出："工人本来也不可能有社会民主主义的意识。这种意识只能从外面灌输进去，各国历史都证明：工人阶级单靠自己本身的力量，只能形成工联主义的意识，即确信必须结成工会，必须同厂主斗争，必须向政府争取颁布对工人是必要的某些法律，如此等等。"② 意识形态、政治自觉总是离不开先进政党的政治领导，具体怎么搞建设也是一样。科学社会主义由理论而实践的飞跃，以及由一国相对特殊或粗疏的经验到多国以至全世界丰富而全面的经验，这都是要在不同国家里面分别展开的；而对于怎样搞社会主义，除了辩证唯物主义、历史唯物主义的科学世界观和实事求是的方法论、实践论，马克思、恩格斯也并没有给出可操作的方式和标准答案，它也完全要靠各国人民自己的革命和建设实践。有鉴于此，所有社会主义国家都需要由先进的工人政党、共产党来领导，这是非常必要的。否则，社会主义的相关理论和实践

① 《马克思恩格斯选集》第 1 卷，人民出版社 2012 年版，第 178 页。
② 《列宁选集》第 1 卷，人民出版社 2012 年版，第 317 页。

探索就很容易失去其政治上、道路上的必要保证。

中国的社会主义探索、发展的全过程尤其离不开中国共产党的正确领导。历史表明：在中国，只有中国共产党才真正有决心、有动力、有能力深入地和成功地将马克思主义中国化，深入探索怎样在中国推进社会主义的革命和建设；只有中国共产党才真正有自觉、有眼光、有智慧全面和彻底地促进中国社会和中华文化的现代化，在文明自信的基础上建设强大现代化国家、实现中华民族伟大复兴；也只有中国共产党，才能最终将马克思主义、科学社会主义的中国化同传统中国的现代化融会于一体，一切从中国的国情、实际出发，一切从中华民族、中国人民的现实需要出发，成功走出一条中国特色社会主义道路，形成中国特色社会主义的理论体系、实践体系、制度体系，并能持之以恒地坚持、完善和发展它们。在中国建设社会主义的必然需要，以及开辟科学社会主义之中国道路的担当，特别是创立和发展中国理论、实践和制度体系的勋业，决定了中国共产党的领导成为现当代中国的选择。为了建设社会主义，中国人民也由衷地认同、接受中国共产党对于国家和社会生活的全面领导。不同国家社会主义的历史和实践千差万别，在理论、道路、制度、文化方面皆有其不同特征。中国特色社会主义最本质的特征，就是中国共产党的领导。党的领导与中国特色社会主义的道路、理论、制度和文化是有机统一的，离开党的领导，中国也就不会有真正社会主义的道路、理论、制度和文化。体现在制度层面上，一方面，是中国共产党领导中国人民塑造了中国社会生活各领域的制度框架，并且也还是要在这个党的领导下来不断地促进这些制度的改革、完善和发展；另一方面，中国共产党的领导深入地渗透和影响现当代中国其他所有的制度当中，特别是集中体现在根本政治制度、基本政治制度当中，是驱动这些制度运转的主体系统的灵魂。

中国共产党也因此而成为现当代中国人民民主、共和一统的"新型一统"的灵魂。对比古今中国政治、新旧一统，就可以发现：大一统根本的家国至上、共同体本位的逻辑没有变，但专制君王统治的家天下已经被属于人民的公天下所取代；大一统根本的天下为公、大公天下的价值诉求没有变，但引君王之大私以为大公的专制主义已经为人民至上、为人民服务的民主主义和社会主义所取代；大一统根本的一体多元、多元一体的兼容性架构没有变，但一与多之间本质为压迫性、对抗性的关系已经为社会主义实质性的平等、团结和和谐所取代；大一统根本是要强化向心凝聚，要有一个同时能够从精神上、政治上和社会组织行为上促进相信凝聚的唯一的制度化主体，这个也没有变，但具体这个主体却发生了根本性的变化：过去是皇帝和它的官僚政府，现在则是执政党以及它所领导的一切权力属于人民的国家政权。无论从理念上、行为上还是制度上，国家不能乱、国土不能分、民族不能散、文明不可断，大一统中国的这些内在的向心统一、中央集权的要求都没有变，但其精神面貌、制度显现却都发生了根本性的转换。这些转换，以及由此而来的未来更深入、更系统的制度创造和文明发展，都离不开中国共产党的领导。概言之，正如邓小平所讲，在中国这样的大国，要把几亿人口的思想和力量统一起来建设社会主义，没有一个由具有高度觉悟性、纪律性和自我牺牲精神的党员组成的能真正代表和团结人民群众的党，没有这样一个党的统一领导，是不可能设想的，那就只会四分五裂，一事无成。这是全国各族人民在长期的奋斗实践中深刻认识到的真理。①

第三节　现当代中国政制对于传统政制的继承和发展

从 1949 年中国共产党领导中国社会各革命和进步阶级、政治力量共同协商建政以来，因应经济社会生活的深刻变化，特别是现代化、国家治理现代化的现实需要，中华人民共和国现代一统的政治体系由简单或粗疏逐渐趋向于系统、完善和精密。七十多年来，对于现当代中国到底需要一种怎样的政治秩序这个问题，中国共产党、中国人民的理解和把握越来越

---

① 《邓小平文选》第 2 卷，人民出版社 1994 年版，第 341—342 页。

深刻、准确。在此基础上，我们对于人民民主专制的政治制度的创制、改革和完善也越来越自觉和主动。制度本身不只是一个静态的体系，它同时也是承载了秩序与规范变迁的历史过程。在这一过程中，制度、制度体系本身越来越合理，人们对它们的认同也就越来越提升。现当代中国社会主义民主政治已是越来越深入人心。迄今为止，中国党和国家集中统一领导的这一新的政治格局，以及与此直接相关的政治制度上面的呈现，主要包括如下几个方面：

一、国家根本领导制度

习近平多次重申毛泽东的一个著名论断——党政军民学，东西南北中，党是领导一切的。他指出，中国共产党领导是中国特色社会主义最本质的特征，是中国特色社会主义制度的最大优势。① 进入新时代，坚持党对一切工作的领导，已经成为坚持和发展中国特色社会主义基本方略的第一条，并继而在我国国家治理体系、治理能力现代化进程中被提升和明确为国家根本的领导制度。那么什么是党的领导？党的领导是怎样的一种领导？就其本质而言，它就是帮助人民群众认识自己的利益并为之团结奋斗。因此，党的领导一定不是仰赖强制的权力特别是行政权力来实现的，而一定是要靠自己忠实地代表人民群众的根本利益，并制定和执行正确的路线、方针、政策来实现的；是要靠自己的权威——也就是成功的说服、能让人民群众心悦诚服地接受自己的主张来实现的；是通过始终保持党同群众的密切联系、得到人民群众的信任和拥护来实现的。党的领导是一个历史范畴。在不同时期，由于党所处客观环境及其所面临直接任务的不同，实现党的领导的具体形式和方法也有所不同。在中国特色社会主义建设中、在当代中国的国家治理及其现代化过程中，党的领导主要有三方面的实现途径：一是政治领导，即政治原则、政治方针和政治路线的领导；二是思想领导，主要是对广大干部、群众的思想政治教育，特别是政治方

---

① 《习近平谈治国理政》第三卷，外文出版社 2020 年版，第 181 页。

向的把握、政治道路的引领；三是组织领导，主要通过党来推荐优秀人才担任国家机关的领导工作而加以实现。这当中，政治领导是根本，思想领导是灵魂，组织领导是保证。这样的根魂和保证，是中国政治传统创造性转换和延续的结果，也是中国特色社会主义发展特别是政治发展的本质要求。在现当代中国，新型一统第一个也是最关键的一个制度要求，就是着眼于和着力于政治上的高度统一、方向上的高度一致，就是要在政权建设上、在政治生活中始终坚持和完善党的领导，把相关制度体系的建设和实践置于国家根本领导制度的位阶之上。关于我们党的领导制度体系的内容，以及如何坚持和完善它，中共十九届四中全会决议讲得很清楚，也就是六个方面的制度及要点：第一是要建立不忘初心、牢记使命的制度；第二是要完善坚定维护党中央权威和集中统一领导的各项制度；第三是健全党的全面领导制度；第四是健全为人民执政、靠人民执政的各项制度；第五是健全提高党的执政能力和领导水平的制度；第六是完善全面从严治党的制度。总的讲，就是要把党的集中统一领导这个社会主义政治本质、显著优势变为制度运行中的实际效能。在中国，党的领导同人民当家作主、依法治国三位一体且互为条件，它不只是对国家政权的领导，而且也是对中华民族、中国人民以及中国社会生活各领域和各层次的全面领导。此种领导当然不只意味着要有必要的权力地位，更是意味着要有广泛的责任担当——既然要领导一切，那就必须要负起一切责任来。为此，党的制度化领导的根本前提，同时也是党的领导的政治社会根基，还在于切实走群众路线、向群众负责，在于强化党的群众工作和夯实党的群众基础，在于坚持党的一切工作都得为了群众、都要依靠群众——人民群众是社会主义国家的真正主人。

二、国家根本政治制度

现当代中国的根本政治制度，是创设于 1954 年的人民代表大会制度。在此前五年左右的时间里，根据《共同纲领》的规定，人民政协代行了人民代表大会的职权。人民代表大会制度创设、确立的意义，特别是它不同于人民政协的根本之处，在于它是经由人民普选产生的、合乎现代代议政治的规范要求，也是忠实地反映了人民群众、国家主人翁意志的国家权力机关。① 人民代表大会制度也不同于此前西方的议会、国会体制——与其将它与西式代议体制并列，我们更愿意将这一新型制度称作代表制。② 习近平指出，人民代表大会制度，是坚持党的领导、人民当家作主、依法治国有机统一的根本政治制度安排，必须长期坚持，不断完善。③ 首先，人民代表大会制度体现了中国共产党领导的特点和优势，能够充分、有效地保证实施党的各项路线方针政策。在人民代表大会组织和运行当中，没有西方式议会党团、没有党争纷沓和相互倾轧。中国共产党通过人民代表大会来发挥其领导核心作用，做到"四个善于"：善于使党的主张通过法定程序成为国家意志，善于使党组织推荐的人选通过法定程序成为国家政权机关的领导人员，善于通过国家政权机关实施党对国家和社会的领导，善于运用民主集中制原则维护党和国家的权威以及维护全党、全国的团结统一。其次，人民代表大会制度充分体现了主权在民、民主集中的特点，具有发展更加广泛、充分和健全的新型人民民主的后发优势。中华人民共

① 在选举和召开全国人民代表大会之前，中共中央原本的想法是循序渐进、在过渡时期内继续施行《共同纲领》和由政协代行人大职权，待完成过渡之后再召开人大、在《共同纲领》基础上制宪。但此间斯大林曾多建议并催促中共中央尽快召开人大和制定宪法。他指出，敌人可用两种说法向群众进行宣传，反对你们：一是说你们没进行选举，政府不是选举产生的；二是国家没有宪法。政协不是选举的，人家说你们是用武力控制了位子，是自封的；共同纲领不是全民代表通过的，而是一党提出、其他党派同意的东西。你们应从敌人手中拿掉这个武器，把共同纲领变成国家的根本大法。中共中央最后接受了斯大林的这一合理建议。

② 从民主制度、宪法学的一般意义上讲，人民代表大会制度毋庸置疑也属于现代代议制的范畴。但代议制显然又有广义、狭义之分：广义的代议制就是由人民选出代表并通过他们来治理国家；狭义的代议制则专指西方旧式的议会制度、国会制度，与之相对应的，则是新型的、社会主义的代表制。代议制、代表制有不同的理论和实践渊源，前者多与英美政治思想传统及革命、民主实践相关，后者则关联着法国卢梭的启蒙思想及大革命民主实践的传统。代议制、代表制差别的根本在于：资产阶级代议士只是代表部分、利益集团，议会政治因而成了围绕不同利益集团权力和利益的市场均衡机制；社会主义国家的人民代表则是要代表全体，要竭力超越狭隘的地域和集团的私利。

③ 《中国共产党第十九次全国代表大会文件汇编》，人民出版社 2017 年版，第 30 页。

和国宪法规定，国家的一切权力属于人民。人民行使权力的机关，是全国人民代表大会和地方各级人民代表大会。各级人民代表大会及其人民代表都是民主选举产生的，都要对人民负责、受人民监督。人民代表大会统一行使国家权力，人大及其常委会的职权包括立法权、监督权、重大事项决定权和人事任免权。全国人民代表大会是最高国家权力机关，地方各级人民代表大会是地方国家权力机关。各级人民代表大会分别产生同级的行政机关、监察机关、审判机关、检察机关。依据宪法要求，这"一府一委两院"都得向人大报告工作、对人大负责，并且都得自觉接受人大监督。最后，人民代表大会制度充分体现了依法治国的基本特点，具有实现法治与德治相统一、促进国家各项工作合理化和规范化的趋势。人民代表大会讨论和议决国家和地方所有重大法律、问题和事项。全国人大制定、修改宪法和法律，赋予国家法治的最高权威，它及其常委会拥有并行使广泛的立法权，拥有并行使监督宪法、法律实施的权力，拥有解释宪法和法律并对地方性法律法规进行备案、做合宪性审查的权力。人民代表大会代表的选举，以及各级各类政权机关的组成及其领导人的选任，也都遵循了民主原则、德才兼备原则——既选干才、又举贤才，并从根本上确保了国家治理体系与治理过程中法治而非人治的主导地位。这样，既讲求现代政制结构上的合理性，特别是依托宪制固有的系统力量来有效规范和制约权力的合理性，又讲究国家治理要服从人民意志的正当性以及服务于人民的合伦理性，也就较好地实现了人民主权与贤能政治的有机统一、实现了人民政权的高效能运转。

三、政府以及行政体制

近代以来，从废黜君主专制制度到确立人民民主，从新中国早期的行政合议制到改革开放后的行政首长负责制，从基于社会革命、计划经济的管制管理到基于市场经济的治理和服务，中国政府最终确立起了在现代民主条件下、向人民及其人民代表大会负责的行政体制——它根本上是民主性质的体制，但很明显，它也是对传统的中央集权体制的继承和发展。依宪法规定，中华人民共和国国务院即中央人民政府，是最高国家权力机关的执行机关，也是最高国家行政机关；地方各级人民政府是地方各级国家权力机关的执行机关，是地方各级国家行政机关。各级行政首长及其所领导的政府各部门首长都由同级人民代表大会任免，都得对后者及其常委会负责、报告工作，并受其监督。中国共产党通过各级党委以及在政府部门中的党组来实现对行政工作的集中统一领导。除了接受同级人民代表大会领导，地方各级人民政府都得接受国务院统一领导、接受上级人民政府直接领导，国务院和上级行政机关有权改变或撤销下级行政机关不适当的决定和命令。党和国家坚持和优化行政决策、行政执行、行政组织、行政监督的行政体制，在各级人民政府中都实行行政首长负责制，都严格推行"集体领导、民主集中、个别酝酿、会议决定"的议事和决策制度。至于中央、地方各级人民政府的组织构成、机构职能的确定，一切都以适应社会主义市场经济需要、以服务经济社会全面协调可持续发展为前提，以贯彻党的基本路线、全面实现小康和建设社会主义现代化强国为目标，一切都因时因地制宜，结合行政工作实际不断优化顶层设计，不断改革创新体系、体制。中国行政管理体制向来重视顶层设计。一般来说，每隔五年（人大、政府的一届任期），党和政府都会通盘考虑厘清和改进一个时期以来政府与市场、政府与社会的关系，进而进行优化设计、制定和实施行政改革方案，以便建设对人民负责、受人民监督、人民满意的现代服务型政府；同时也积极创新行政方式，提高行政效能，推动各级政府更好履行推动经济社会发展、管理社会事务、服务人民群众的重大职责。中国政府过程及行政体制一直服从于、服务于党和国家改革发展事业的大局，一直遵循党的领导、人大决定、全国统一实施的法定程序，也一直坚持了中央顶层设计深度结合与吸纳地方创新实践的成功经验、有效做法。展望未来，中国国家治理将不断完善国家行政体制、优化政府职责体系、优化政府组织结构，更加自觉适应现代化更深层次发展的现实需要。

四、司法以及司法体制

司法体制的确需要统一，中央政权必须掌握最高的司法权力，这是中华法系、中国法制演进最宝贵的文明和历史结晶。但审判权、检察权又必须独立依法行使，这更是现代司法最基本的特质。一直到中国共产党领导中国人民建立了新型的民主政权，中国社会才根本上具备了建设和发展现代司法体制的现实基础。我们当然要继续坚持统一司法，但首先就得彻底摧毁其旧的专制集权的经社、政治基础，转而以议行合一的最高权力机关——全国人民代表大会来统摄司法权，并以充分代表中国人民、中华民族的先进政党——中国共产党来集中统一领导司法工作。由于人大统一领导、党的集中领导建立在人民民主的基础上，所以又能形成司法机关依法独立行使权力与党和国家统一领导司法的有机结合，并能很好地排除历史上阻碍司法机关独立行使其权力的政治障碍。整体来看，法院、检察院独立行使职权这项原则的变迁，是我国司法制度经历建立、挫折和恢复发展曲折过程的缩影。① 现当代中国司法体制最后落定为如下的基本形态：中国的司法机关包括各司其职的"公检法司安"机关——"公"是公安机关，"检"指检察机关（人民检察院），"法"为审判机关（人民法院），"司"系司法行政机关，"安"则为国家安全机关。② 其中，"公""司"

---

① 白钢主编：《中国政治制度史》，天津人民出版社2016年版，第1006页。

② 我国法院权责是：审判刑事案件、民事案件和行政案件，并且通过审判活动，惩治犯罪分子，解决民事纠纷，保护公民合法权益，维护社会主义法制以及社会秩序和经济秩序，保卫社会主义现代化建设顺利进行。检察院权责是：依照法律规定对有关刑事案件行使侦查权；对刑事案件进行审查，批准或者决定是否逮捕犯罪嫌疑人；对刑事案件进行审查，决定是否提起公诉，对决定提起公诉的案件支持公诉；依照法律规定提起公益诉讼；对诉讼活动实行法律监督；对判决、裁定等生效法律文书的执行工作实行法律监督；对监狱、看守所的执法活动实行法律监督；法律规定的其他职权。公安机关权责为：预防、制止和侦查违法犯罪活动；维护社会治安秩序，制止危害社会治安秩序的行为；管理交通、消防、危险物品和特种行业；管理户政、国籍、入境出境事务和外国人在中国境内居留、旅行的有关事务；维护国（边）境地区的治安秩序；警卫国家规定的特定人员、守卫重要场所和设施；管理集会、游行和示威活动；对被判处管制、拘役、剥夺政治权利的罪犯和监外执行的罪犯执行刑罚，对宣告缓刑、假释的

"安"兼有部分司法职能,但还是有必要纳入人民政府的行政序列。我国司法体制的主体部分、最具特色之处,就是法院、检察院都同政府一样由权力机关人民代表大会产生并对它及其常委会负责、接受其监督。在我国,司法以及人民法院、人民检察院都是人民代表大会的执行机关,虽然依宪独立行使其职权且不受任何行政机关、社会团体和个人的干涉,但却并非西方式堪与立法以及国会、政府鼎足而立的政治主体,而且中国法院也没有西方大国权力制衡模式下的刚性的司法审查权力、中国的检察系统也不像西方那样大多完全隶属于行政系统。中国的法院、检察院体系包括依行政区划层级设立的普通法院、检察院,以及诸如军事法院和军事检察院等专门法院、检察院,各级法院、检察院内部分设各类审判庭、检察厅室等业务部门。宪法规定,最高人民法院监督地方各级人民法院和专门人民法院的审判工作,上级人民法院监督下级人民法院的审判工作。人民法院审判案件实行公开审判、合议制和(民主集中的)审判委员会制、回避制度、人民陪审员制、两审终审制并适用审判监督程序。与法院略有不同,检察院系统实行的是双重领导,最高人民检察院领导地方各级人民检察院和专门人民检察院的工作,上级人民检察院领导下级人民检察院的工作。人民检察院坚持和实行司法公正、公开的原则以及司法责任制。高法、高检在司法过程中可就法律适用问题做出司法解释。总的看,当代中

罪犯实行监督、考察;监督管理计算机信息系统的安全保护工作;指导和监督国家机关、社会团体、企业事业组织和重点建设工程的治安保卫工作,指导治安保卫委员会等群众性组织的治安防范工作。国安机关权责是:依法办理危害国家安全的刑事案件,行使与公安机关相同的职权,即在国家安全工作中依法行使侦查、拘留、预审和执行逮捕以及法律规定的其他职权。司法行政机关权责是:监督和指导监狱执行刑罚改造罪犯,监督和指导劳动教养工作;制定法制宣传教育和普及法律常识规划并组织实施,指导和检查依法治理工作,指导法制宣传,管理法制报刊;监督和指导律师工作和法律顾问工作,管理社会法律服务机构和在华设立的外国(境外)律师机构;监督和指导公证机构和公证业务活动,负责委托港澳地区律师办理在内地使用的公证事务;指导人民调解和司法助理员工作;开展政府间的法律交流与合作;负责国际司法协助协定执行的有关事宜;组织司法领域人权问题研究;监督大型监狱、劳动教养场所国有资产的保值增值,管理直属单位的国有资产;管理指导国家司法考试工作;管理司法鉴定工作。

国司法体制是严密、统一的体系，也是民主、公开的体系，"公检法司安"在司法过程中形成司法系统内部权责上彼此分工合作而又相互监督和制约的关系，同时又必须依宪、依法保障人权，必须自觉接受人民群众监督，特别是要更加充分地保障人民群众依法对司法工作的知情权、参与权和监督权。

五、监察以及监察体制

中国共产党自成立起就注重监察工作和相关体制建设，党的早期党章中多有设立监察委员会的规定。革命战争中党的监察实践逐渐系统化、理论化，为后来建立国家监察体制做了实践、理论的充分准备。1949 年建政时，依据人民政协《共同纲领》设立了人民监察委员会，初步确立了当代中国的国家监察体制。此后 70 多年来，监察体制历经撤销、恢复和健全，以及深化改革，在有效国家公职人员监督、推动廉政建设方面发挥了重要作用。但由于种种原因，我国一直未形成集中统一的国家监察体制，监察权分散在中国共产党纪委监察、人民政府行政监察以及人民检察院司法监察当中，也一直未脱离主要是依托党和政府自我监督的范畴，因而不可避免地存在一些固有弊端、突出问题，也不利于反腐、廉政以及法治国家建设。为此，习近平曾明确指出："反腐败问题一直是党内外议论较多的问题。目前的问题主要是，反腐败机构职能分散、形不成合力，有些案件难以坚决查办，腐败案件频发却责任追究不够。"[1] 进入新时代，中国监察体制改革已经驶入快车道。依据 2018 年 3 月十三届全国人大一次会议通过的宪法修正案，以及《中华人民共和国监察法》，我国传统的人大和"一府两院"的政权体系转变为人大和"一府一委两院"的体制，全国集中统一的监察体制开始确立起来，并且正处于边运行实践、边探索完善的关键时期。依据宪法、法律规定，国家监察委员会是最高监察机关，由全国人大产生并且向其负责；地方各级监察委员会由同级人大产生

---

[1] 《习近平谈治国理政》第一卷，外文出版社 2018 年版，第 83 页。

并向它及其常委会负责；国家监察委员会领导地方各级监察委员会的工作，上级监察委员会领导下级监察委员会的工作；地方各级监察委员会对产生它的人民代表大会和上级监察委员会负责；中央和地方各级监察委员会依法派驻或派出监察机构、专员，对所有公职人员进行监察，调查职务违法和职务犯罪，开展廉政反腐工作，维护宪法法律尊严。监察委员会监督的对象非常广泛，受监督的领域和权力也非常广泛。监察委员会履行监督、调查、处置三大职责，有权采取谈话、讯问、询问、查询、冻结、调取、查封、扣押、搜查、勘验检查、鉴定和留置等措施。监察委员会依法独立行使监察权，不受行政机关、社会团体和个人干涉。中国共产党通过自己的纪律检查委员会与监察委员会合署办公，来集中统一领导监察体系和监察工作。监察机关办案时，应与审判机关、检察机关、执法部门互相配合、互相制约。监察系统应形成严密的内部监督机制，并自觉接受人大监督、司法监督、人民团体监督和人民群众监督等广泛的外部监督。回顾当代监察体制的历史演进，可以从中得出如下具有原则性、规律性的东西：一是要接续传统、吸取历史教训，适当安排国家监察机关的地位，并保证监察体制、监察活动的独立性；二是要不断强化监察活动的法治化，并确保监察体制、监察工作的权威性；三是要不断创新制度、优化体制机制，进而实现监察体制、监察工作的高效能；四是要不断加强党对监察工作、监察体制的集中统一领导，从而从根本上确保它的政治性、人民性。根据中共十九届四中全会决议精神，结合国家治理现代化创新实践，未来中国共产党对监察工作的统一领导将着力于如下方面：深化纪检监察体制改革，加强上级纪委监委对下级纪委监委的领导，推进纪检监察工作规范化、法治化；完善派驻监督体制机制；统筹监察监督与纪律监督、派驻监督、巡视监督；促进监察监督与人大监督、民主监督、行政监督、司法监督、群众监督、舆论监督等有机贯通、相互协调。

六、军事体制以及制度

军制随国家、军队的产生而产生，其作用在于保障军事建设，有效准备和实施战争，确保统治的长远和稳固。军制的发展、变化有规律但无定型，一切皆得与国家经济、政治制度相适应，皆得体现统治阶级意志并为其现实利益服务。中国军队与军制现代化历史进程的最终选择，是由作为中国工人阶级、中华民族和中国人民先锋队的先进政党——中国共产党来领导人民军队和全国武装力量的建设。现当代中国军制的本质特点，就是确保和坚持中国共产党对于人民军队、全国武装力量的绝对领导，以及对国防和军事事务的集中统一领导。在中国，人民军队是中国特色社会主义的坚强柱石，要置于中国共产党唯一的和绝对的领导之下。一切人民解放军、武装警察部队、预备役和民兵都是党领导下的武装力量。人民军队的最高领导权和指挥权属于党中央。党中央对人民军队的最高领导权与指挥权主要通过中央军事委员会来实现。中央军事委员会是党的最高军事领导机关，是党的中央组织的重要组成部分。它既是党的中央军事委员会、又是国家的中央军事委员会，是两块牌子、一套人马。中国共产党中央委员会决定中央军事委员会的组成人员，再经全国人民代表大会确认为国家的中央军委会，中央军委在党内向党中央、向党的全国代表大会负责，并向最高国家权力机关——全国人民代表大会及其常务委员会负责。中央军事委员会实行主席负责制，坚决维护党中央、中央军委权威，确保政令军令畅通。人民军队坚持和强化党的建设制度体系，坚持支部建在连上的制度、党委制度、政治委员制度和政治机关制度，坚持党委统一、集体领导下的首长分工负责制，建设坚强有力的党组织和高素质专业化的干部队伍。在中共中央、中央军委集中统一领导下，全党、全国都要始终不渝坚持党指挥枪和确保党管武装这一中国特色社会主义的军政原则、军政制度，不断坚持、巩固和完善上级军事机关和同级党委对武装工作双重领导的制度、坚持党委议军制度、（兼任地方武装力量政治职务的）书记（向上级党委军事机关）述职制度、例会制度和军事日制度等相关制度，确保国家机关和各级党委在党中央统一领导下发挥好军事职能，把党对人民军队的绝对领导贯彻到军队和国防建设的各个领域、全部过程，确保人民军队始终忠于人民、忠于党和国家，始终为中国特色社会主义建设、为中华民族伟大复兴保驾护航。

七、单一制和央地关系

从废封建、秦汉大一统确立起，中国国家形式始终都坚持了单一制而非复合制的模式。历史上也间或会有分裂的时代、情形，但在并立的政权之间也基本上都是视彼此为不具正统性和有待统一的割据势力、政治对手。大一统中央集权的国家形式主要体现在、存在于央地关系领域。现当代中国规范和指导央地关系的基准原则，是维护国家和民族的集中、团结和统一。在确保遵循这个原则的基础上，国家并不排斥而是允许和保护地方多样性差异的存在和发展——这种发展最终也还是要有益于而非有悖、有害于前述的原则。具体而言，在适用"一国两制"政治框架的特别行政区，是要依据《中华人民共和国宪法》制定和实施基本法、实行高度自治，但作为省一级地方政府，特别行政区政府要向中央负责、报告工作。必须强调的是，高度自治是由拥有全面复制权的中央政权依法授权的高度自治而非可以自外于中央的"独立自治"，特别行政区也没有所谓"剩余权利"①，它也还只是单一制中央集权国家里的自治地方。在适用社会主义制度的内地，单一制原则基础上的央地关系安排，主要体现为中央与省（自治区、直辖市）、市（或地、州）、县（区）、乡（镇）四级政权之间统一的、纵向的领导和辖属关系，地方和下级政权必须接受和服从中央及上级政权的领导。具体制度安排中较有特色和代表性的，一是民族区域自治——在少数民族聚居区设立民族区域自治地方（包括自治区、自治州、自治县），由当地各族人民群众实施地方自治、行使由宪法和相关法律所规定的自治权利；二是赋予一定层级以上地方政权以适当的立法权，依据宪法和法律规定，省、自治区、直辖市、所有设区的市的人民代表大会及其常务委员会，可根据本行政区域的具体情况和实际需要，在不

---

① 联邦制条件下多会有这样的宪法共识，即除联邦宪法规定的属于联邦所有的权力而外，其他所有权力皆归各州、邦所有，此即所谓"剩余权力"。单一制国家不存在此种类型的联邦分权实践，因此也没有此种"剩余权力"。

与宪法、法律、行政法规相抵触的前提下，制定地方性法规；三是在中央的主导、协调或监督下，不同的地方之间，包括内地和特别行政区之间，可以发生各种横向的制度化关系或非正式联系，共谋诸如扶贫、科教、商贸合作等经济社会发展大计。这些，其实也都是中央集权的权力体系较为看重且能予以更有效支持的方面。当然，中央集权也并不意味着中央包办一切。在人财物事等权力关系上，也还是要因地因时因事制宜，充分调动、发挥"中央和地方两个积极性"：一是进一步理顺中央和地方权责关系，分工负责、相互配合，共同确保政令、法制和市场统一；二是适度加强中央宏观事务管理，包括在知识产权保护、养老保险、跨区域生态环境保护等方面的事权，减少并依法规范中央和地方共同事权；三是赋予地方更多自主权利、开放更多自主空间，积极支持地方创造性开展工作；四是按照权责一致原则，规范和优化垂直管理体制、地方分级管理体制；五是优化政府间事权和财权划分，建立权责清晰、财力协调、区域均衡的中央和地方财政关系。充分调动和发挥中央、地方两个积极性，这是中国共产党推进社会主义现代化建设的基本方针，也是国家治理体系和治理能力现代化的重要方面。搞好央地关系、使之富于活力和效率，就得正确处理中央和地方、全局和局部、当前和长远的关系，正确对待利益格局调整，就要构建从中央到地方，各级机构政令统一、运行顺畅、充满活力的工作体系，这也都是我国政治改革与发展未来努力的重要内容。

第 三 章

大一统、尚共和
与中国特色社会主义政治制度（下）

　　我们在这里首先要明确的是：现当代中国强调和坚持中央集权、现代一统的直接目的、根本出发点，向来都是为了在一个超大规模的发展中社会里有效保障政局稳定、高效组织调度资源以实现全面的现代化。是故，它就从来都不是为了要迟滞、压制甚至抵制民主。恰恰相反，中国现代化本身即包括充分发展中国本土的民主、它也向来都离不开这一民主，而抵制、排斥民主的现代化则是一个悖论且在现当代中国更是尤其不通。没有了民主，仅凭政府片面操纵凝聚起来的力量，也未必就是有益的和有效的力量。一般来说，除了尽其可能地充分生产和汲取力量、有效地组织和使用这些力量之外，怎样能够卓有成效地统治和守卫辽阔的疆域，怎样能够维持和规范多样的人民及其生活，怎样能够融会历史文化根性与现实政治需要、组建和维系特定形态的政权以实现正当统治和有效治理，这是古往今来任何大国都会面对的重大政治问题、关键政治考验。对大国而言，力量的凝聚和增强、统治（治理）的优劣或成败，以及共同体的巩固和发展，向来都不是政府单方面所能决定的事。具备特定结构—功能的国家、政权本身固然重要，但它也只是提供了统治（治理）实践可引以为依托的框架、工具，更根本的还在于国家与社会、公众的关系，或者说是取决于统治者与被统治者的关系。思想家们很早就关注到国家形态与社会基础关系的问题。柏拉图、亚里士多德都曾依据统治者自身特质及其与被统治者的关系来区分不同政体。譬如在亚里士多德那里，一人统治、少数人统治和多数人统治，就分别对应着君主制、贵族制和共和制，又或者它们的畸变形态。其实，比起怎么样来组织政权、配置权力的问题，谁来统治谁、怎样来统治的问题恐怕更近于人类政治的本质，而且对国家的形态、对政体——统治或治理的方式（Regime）而言也更具决定性。现代政治、现代国家形态有一个最起码的共性，那就是要尽可能地模糊、弥合统治者与被统治者之间的界限，无论形式上也好、实质上也罢，总是要让国家政权被认为是出自绝大多数人的统治的需要、让统治被认为是由被统治者自己来统治自己。由此就产生了现代民主主义、现代共和政治的一项基本原则。至于由谁来统治谁、怎样来统治的问题，也就是现当代中国的共和的问题，我们前面也已有所触及，现在则是要对它们来做一些更系统、更深入的制度分析，并就相关问题做更进一步的理论展开、逻辑论证。

第一节　共天下及其现实转换：从君主民本 到民主共和

中国国家的内涵要比西方世界中相对单纯的政治国家、民族国家更为丰富。中国同时还是并且它首先就是一种文化形态的国家：中国文化系因采取了国家形态而得以千年不断，中国国家则因为文化的内聚与绵延而不断获得生命活力、现实动力。从此种比一般国家"多出来"的政治、文化的特质来看，自古以来中国国家就有更浓重的文化建构的特点。整体来看，历史上中华民族是由中华文化不断建构而来的，同时中国国家则是由中华文化、中华民族不断建构而来的——这是说，一种文化的价值的理想主义深刻影响了中国国家形态、中国统治（治理）方式的历史演进。就现当代中国国家政权与国家治理而言，大同理想与天下为公的基本理念依然是其重要的价值基础。天下为公贯穿于中国人传统的政治生活当中，不仅体现为中国社会对于大一统政治格局的长期传承，同时也体现为对联盟政治的坚定维护和对共和政治的热切想望。自秦废封建以后，中国就不再有一般（西方）意义上的封建社会的历史。相反，伴随中央行政集权的不断强化，一方面固然是东方社会、专制主义的成长及其消极因素的不断积累，另一方面则是中华民族的不断向心融合以及人民安全福祉的日渐提升。在这样一种可谓是齐头并进的历史过程中，现实实践中私天下对于公天下的挤压固然是一贯地在趋紧，而人民对公天下的想望、对私天下的厌憎也确实都在与日俱增。矛盾运动的结果，是倡导民贵君轻的思想和实践力量始终都在强化。在专制帝制的后期，中国民本主义也已获得了逐步通向民主共和的持续动力。大一统、民本与共和，这都是中华政治文明宝贵的历史遗产。我们今天继续来秉持一体多元、和而不同的政治理念，要在批判专制制度、扬弃民本思想的基础上，努力构建和发展属于中国人民的新型民主与共和，无疑是对历史遗产的继承和弘扬。

一、国家生成和演进历史赋予传统中国政治以政治联盟的特质

不同于古代日耳曼国家（现代西方国家的直接源头）因阶级分化而在原始氏族爆炸的废墟上生成的模式，中国古代国家则是在保留了原始氏族，并以这些氏族聚合为基础而出现的——这些很早就存在了的氏族集团跨越了文明与野蛮的时代边界，以姓氏血缘关系为纽带而长期存续，并给上古已降的中国国家注入天然、浓郁的宗法气息。谈到姓氏，姓本起于女系，而氏则起于男系，秦汉以后两者合一，通称姓或兼称姓氏。《春秋》有曰："天子建德，因生以赐姓，胙之土而命之氏。"[1] 宋人刘恕在其编纂的《通鉴外纪》中讲，"姓者，统其祖考之所自出；氏者，别其子孙之所自分。"显然，姓比较侧重人群的自然血缘属性，氏则比较偏重于其社会阶级的属性。"三代之前，姓氏分而为二。男子称氏，妇人称姓。氏所以别贵贱，贵者有氏，贱者有名无氏。"[2] 因胙土而命氏，故当是有土则贵

---

① 《春秋·隐公八年》。
② 《通志·略·氏族》。

而有氏、无土则贱而无氏。关于氏与族，古人认为它们整体上是同一的，其差别则仅在于"别而称之谓之氏，合而言之则为族"。另外，关于"氏"字本义，《说文》曰："巴蜀山名岸胁之旁箸欲落墒者曰氏"，所以有学者认为氏其实是被借字后方用以指称群落的。钱穆也曾循着这一思路考证说，氏应是在洪水淹不到的高处居住、生产的群体，不同的氏聚合为族、为部落。当然历代学者也都有质疑许慎所谓氏字坠石之说的。当代学者或谓氏字因字形来看其本义应是与神灵、图腾相关的部落旗帜或徽标，似也能自圆其说。此说又云族字从矢，氏、族一体，平则为氏、战则为族，每个部落都是一个氏族。① 正是以此种部落为基础，通过彼此间频繁的征服或联合，中华大地上遂产生了早期的古国以至于后来的大规模的统一国家。

中华文明自萌芽时期就呈现出比较多元、开放的结构特征，在亚洲北方的草原、中国的东北以及中原这三个地区之间，始终存在着频密的部族间往来、互动的联系。由于早先不同氏族、部族间生活方式存在丰富的多样性和明显的差异性，所以彼此间的结盟、征伐便是常态化的事情。久而久之，一些强大的部族、部落联盟自然产生，它们自然而然也就成了后世能够聚合、孕生出中原主体文明的"凝结核"，其领袖、代表人物也自然被尊奉为后世民族的先祖。上古史上的黄帝、炎帝、蚩尤，以及尧、舜、禹，都曾是华夏不同部落的首领。早先，黄帝部落打败炎帝部落后，形成了炎黄部落、华夏联盟。至于尧舜禹时代，政权更加富于浓郁的联盟气息。孟子曰："舜生于诸冯，迁于负夏，卒于鸣条，东夷之人也。"② 出身夷人的舜也能够受禅天下，这说明华夏部落联盟包容性很强且其范围也已更加广袤。禹去世后禅让不克、启杀伯益而自立为夏后，建立起了统治疆域相对辽阔的家天下的王国政权。夏、商、周三代虽然是迭代继起，但作为大的氏族部落，它们又曾经是空间上长期并存的竞合主体，彼此间也都存在着某种联盟关系。孟子也还说过周文王是"西夷之人"，文王姬姓，

---

① 蔡英杰：《从"氏"的本义看氏与姓、氏与族之间的关系》，《中州学刊》2013 年第 3 期。
② 《孟子·离娄下》。

当时的周人大概是有了不少"夷化"的特征。尽管如此，它也还是（殷商部落）商政权重要的结盟者，它自己后来也成了"盟主"。在周代分封建之前，夏、商政权实质上仍不过是一个征服和统领了其他相对弱小部落的最强大部落；周的分封建则打破、打散了既往那些并存争雄的不同部落，且又通过宗法制和武装殖民实现了中原部族的融会。周秦之后，中国固有疆域内族群、民族融合的规模和范围与日俱增，且在融合的强度和深度上也不遑相让。概言之，中国早期国家生成和演进，往往是在最强大的部落或族群有征服能力、能够有效施加威慑的情况下，通过将其他部族吸引或约束、挤压在一起的方式来促进或完成的。这当中，华夏民族主体及其文化基础一旦确立，它也就具备了越来越强的向心引力、引来更多的族群加盟并融入其中，直至最后形成了一种有别于西方类型的文明国家、农业帝国，并可以自信地宣示"进则为华夏，退则为夷狄"。

在古代中国因向心结合而凝成国家的进程中，不论是考古学意义上的古国时期，还是后来的王国、帝国时期，都普遍存在一个贯穿其中的非常重要的过渡形式、政治形式，也就是家族以及部落的联盟。且不论联盟本身到底是相关主体自愿的、还是被胁迫的，结盟和联盟本身就都是它们最终的归宿。这就是家国建构和发展的历史逻辑在起作用。当原始氏族演变成文明时代的宗法集团、宗族时，它的相关的秩序、制度也就构成了国家的基础。古代中国的家国同构意味着家与国有着本根上的一致性、边界上的模糊性。但毫无疑问，家、国都是联盟，是血亲的联盟过渡后成了政治的联盟。其实直到今天，百姓日常生活中自然的结盟现象仍是普遍的存在。譬如中国民间古往今来一直都比较重视婚丧嫁娶时大会宗亲的仪礼。若以政治社会学的视角来看待这些仪礼，就可以很容易地发现其中蕴含了家族间结盟以及重申结盟关系的意味。此种仪礼的顽强延续，就仿佛是宇宙生成之初大爆炸产生的微波背景辐射一直留存到了今天一样，始终在提示中国的国家与文明初始时期的结盟性质。当然，在婚姻更重当事人情感基础的今天，古代中国那种全凭家长意志——体现出更明显联盟色彩的做法还是淡化、收敛了许多。概言之，中国在政治共同体或国家的生成上是形成了这样一种基本的路径或模式：小共同体不断加入、融入大共同体，经过不断的融合最后形成超大规模中央集权国家。正如男女相恋交往是成婚、成家的起点一样，不同家族、部落、族群间交流交往则是立国建政的起点。在这一起点上，"一部中国史，就是一部各民族交融汇聚成多元一体中华民族的历史，就是各民族共同缔造、发展、巩固统一的伟大祖国的历史。"① 相应地，一部中国政治史，也就是一部包括并以各族群不断加入中华民族为主体的联盟政治的历史，一部通篇书写着各种联盟分合与人心向背内容的历史。

二、古代东方社会中和而不同、共和政治的价值追求及其影响

让我们继续将前面对结盟现象的观察推进到理论的层面。在中国，《诗经》向来备受重视，它是官方审定的典籍之一，也是幼学启蒙的必读书。其中《关雎》一诗，于唯美鲜活中体现了青年男女的恋情，被置于诗三百之首。此种编排显然是经过了审慎考虑的。为何要这样来开篇？就是要借它来锚定中国社会价值的原点。男女异性、彼此爱恋会走向婚姻家庭——在儒家看来，有父母才会派生出人世间一切关系。社会关系起始于小家庭，在它之上还有大家族，后者统合了无数小家，即可维系种族的安全和繁衍。孔子据传删定过诗书，他被儒家奉为至圣先师，他的基本主张是克己复礼。礼大约是君臣、父子、兄弟、夫妇、朋友间彼此相处的规矩，它首先生长在家里面。礼生成的原因是：一是家里面有不同的个体；二是个体间的差异无法抹除——唯有承认和尊重；三是有差异的个体只能也必须长期和谐共处。于是，既要做自己又得在一起，也就只能共同奉行"一体多元、和而不同"的价值。在古代中原，自以家为基础的国出现后，"一体多元、和而不同"也就从小共同体的伦理上升为国家秩序的要求。由于农业文明长期延续，中国社会向来都是个体从属于家、家则为其提供安全及生存空间，向来都是共同体至上的社会，而非西方式原子

---

① 习近平：《在全国民族团结进步表彰大会上的讲话》，人民出版社 2019 年版，第 7 页。

化、个人本位的社会。无论从历史还是逻辑的角度看，中国的国家都是从家里面长出来的。中国历代政治家考虑更多的，也是如何以简易制度（而非像在资方那样以精密的法律）来实现对同质的村社、异质的族群的整合；中国历代宪制也首先是要创制一个哪怕松弱的社会的文化的共同体，而非像在西方那样是以既有的社会或民族共同体为基础来构建政治共同体。① 在中国，这个既有共同体就是家，这个简易制度就是礼。在孔子那里，礼是要指向和归于"一"的，但其现实起点显然又是"多"。其实，"一""多"关系在中国政治传统架构下总是一体两面的存在——大一统和共和：大一统是多样化的大一统，此之谓"一"即是"多"；共和是和协调与均衡多样性而融聚成大一统的，此之谓"多"亦是"一"。

公元前841年，因为周厉王垄断山林之利的"专利"暴政，特别是其排斥反对意见、令人道路以目的骄横，西周发生了一场影响深远的国人暴动。注意，这是国人的而非野人的暴动。周代国人、野人的分别，在于国人居于城邑之内、是武装征服或垦拓集团中的自由民，野人则居于城外、是被征服地方或族群的人民。由于保留了氏族习惯，所以周的"国人"是有参政、干政权力的，周天子及其封臣们每遇大事也往往要"谋及乃心，谋及卿士，谋及庶人，谋及卜筮"②，其中庶人即为国人。所以，国人暴动其实是周统治集团内部的一场内讧。暴动的结果，是厉王被逐于彘，中国出现了历史上第一次的共和——这个共和不论是《史记》所说的"周召共和"，还是《竹书纪年》所讲的"共伯和干王政"，它明显都是一个有别于王政的贵族联合政权。它比公元前509年推翻塔克文王朝、建立共和政体的古罗马"国人暴动"要早了三百多年。周厉王失政，是因其违背了周人氏族共同体至上的传统思维，危及他们潜意识里遗存的共天下的共和价值。共和价值及原则在中国本土的最基本表述就是"和而

---

① 苏力：《大国宪制：历史中国的制度构成》，北京大学出版社2018年版，第37页。
② 《尚书·洪范》。

不同"。早在厉王被逐之前，周的史官就预见到了周的败亡，并深刻指出了它的根本原因：背离多元的和，而欲求片面的同。"公曰：'周其弊乎？'对曰：'殆于必弊者也'。《泰誓》曰：'民之所欲，天必从之。'今王弃高明昭显，而好谗慝暗昧；恶角犀丰盈，而近顽童穷固。去和而取同。夫和实生物，同则不继。以他平他谓之和，故能丰长而物归之；若以同裨同，尽乃弃矣……故夫如是，和之至也。于是乎先王聘后于异姓，求财于有方，择臣取谏工而讲以多物，务和同也。声一无听，物一无文，味一无果，物一不讲。王将弃是类也而与剸同，天夺之明，欲无弊，得乎？"① 伯阳父在这里第一次明确区分了和与同，也第一次阐明了周人、中国人的共和理念。这一理念在春秋时期被齐相晏婴再一次重申。"公曰：'和与同异乎？'对曰：'异。和如羹焉，水火醯醢盐梅以烹鱼肉，燀之以薪。宰夫和之，齐之以味，济其不及，以泄其过。君子食之，以平其心。君臣亦然。君所谓可而有否焉，臣献其否以成其可。君所谓否而有可焉，臣献其可以去其否。是以政平而不干，民无争心……今据不然。君所谓可，据亦曰可；君所谓否，据亦曰否。若以水济水，谁能食之？若琴瑟之专一，谁能听之？同之不可也如是。'"② 及至战国，"和而不同"又进一步被引申、提升到了"公天下""天下为公"的层次。《礼记》明确提出："大道之行也，天下为公"，《六韬》则正式宣告："天下者非一人之天下，乃天下之天下也。"此外，《吕氏春秋》也讲"先王之治天下也，必先公。公则天下平矣……天下非一人治天下也，天下人之天下也"。在先秦即已形成了这一共识之后，或是在庙堂之上，或是在乡野之间，历朝历代都有士大夫和农民领袖们不断地去重申它、唤起人民的记忆，从而形成并长期守护了一种民本主义政治思想传统。

为何周厉王违背和而不同原则会招致严重政治后果？他的行为不只是

---

① 《国语·郑语》。
② 《左传·昭公二十年》。

一个是否尊重不同意见（或其他政治主体政治态度）的问题，而更是一个挑战周王朝建政的价值也是后世所谓"政治誓约"的问题。这个价值就是民本主义，这个誓约则是自有夏以来就被推重的"民为邦本，本固邦宁"①。周代君臣在建政之后深刻总结殷商败亡的教训，不仅得出了"天命靡常"②"皇天无亲，惟德是辅，民心无常，惟惠之怀"③"民之所欲，天必从之"④ 的道理，也得出了"天听自我民听，天视自我民视"⑤ 的结论。所谓"天命""政德"的本质是什么呢？就是君王对天下、黎民的政治责任。王者固然拥有最大的权力，然而所谓"百姓有过，在予一人"⑥，这个"予一人"同时也就要担负起对于百姓、苍生安全福祉的无限责任。既如此，那么君王就不能只为自己考虑，特别是不能只要权力、不负责任，而且还不能容忍老百姓的抱怨和责难。权力—责任的逻辑必然要求统治者负起责任，这是古代中国一条基本宪制原则——周厉王被逐事件的历史意义、政治象征意义即在于此。君王不得不与百姓共天下，而若不以民为本、片面地只要权力不顾责任，最终就都难免于周厉王的下场。不违背、尊重这一宪制原则的选择就是，在维护君王权力地位时，也得兼容、兼顾好民生福祉。否则，君王也好、王朝也罢，就会失德失政，就会天怒人怨、天人共谴。此即"民为邦本，本固邦宁"——这八个字集中阐明了中国古代民本主义的基本要旨。当然，到后世它又有了其他百虑而一致、殊途而同归的表述版本，譬如"民以君为心，君以民为本"⑦"民为贵，社稷次之，君为轻"⑧"水则载舟，水则覆舟"⑨ 等。概言之，公天下自然就要以民为本，这是底线、是基本

① 《尚书·五子之歌》。
② 《诗经·大雅·文王》。
③ 《尚书·蔡仲之命》。
④ 《左传·襄公三十一年》所引《泰誓》之句。
⑤ 《孟子·万章》所引《泰誓》之句。
⑥ 《周书·泰誓》。
⑦ 《礼记·缁衣》。
⑧ 《孟子·尽心下》。
⑨ 《荀子·王制》。

要求。尽管中国传统民本主义出发点是要劝诱君王施仁政的、是要维护君主与王朝长治久安的，但这些相关政治思想不断地被重申、被系统阐发，毕竟还是给士大夫基于道义监督君王、暴政下被逼无奈的老百姓揭竿而起，提供了正当的理由。所以，尽管在君主专制不断进逼下，古代中国的民本主义传统向来都无法直通民主主义的彼岸，甚至展现出某些屈从的迹象，但却也始终都未被真正彻底地降服、泯灭，还是始终激励着士大夫热血凌风、前赴后继，不断地致力于拱卫、实现公天下的千年梦想。

"一体多元""和而不同"赋予中国政治哲学、规范理念浓郁的辩证气息，使许多看似彼此矛盾甚至尖锐冲突的东西偏偏又能暗通款曲、内在统一，而这也正是中国政治、中华政制智慧与特色之所在。在中国，民主主义以及和而不同的共和价值在古代政制的建构和运转中都产生了重大影响。整体来看，它们使国家制度架构更加富有包容性和弹性，也使专制君主不得不面对"载舟覆舟"的抉择，因而内在地牵制了他们念兹在兹的私天下冲动，使得集权专制条件下经济与社会的、民族或地方的等诸多领域中仍能保有多元和多样性成分的生存和发展空间。具体言之，皇帝是要乾纲独断的，但他始终也还是要借助并因而也不得不面对相权或行政分权以及官僚集团的牵制；皇帝是要一言九鼎的，但他却很难完全绕开政府体制的朝议制度；皇帝是要控制意识形态甚至直接充当各学派/教派的教主的，但也始终无法规避士大夫"从道不从君"的公议，以及他们意欲与君王共天下的政治追求或政治信念；皇帝追求"溥天之下，莫非王土；率土之滨，莫非王臣"——皇帝及其官僚政府确实可以直接影响到特定的族群或家庭、个体，但在具体面对边疆和民族问题时却又不得不"以德怀远，守经用权""因其教不易其俗，齐其政不易其宜"，且在面对基层治理时也不得不借助乡绅自治；皇帝及其官僚政府是想着收天下之权、利并使之出于一孔的，但即便是其最基本的控制方式之一——治水，也在南方地区面临着百姓间自组织的替代效应……凡此种种，都是专制集权所未及、不能及的领域，在这些领域自然也就顽强地生长和存续了中国人的自由——一种"被遮蔽了的自由"。[①] 正是此种自由的存在，才使中华民族、中华文化的生机得以绵延不绝，也使得近代中华民族遭遇西方殖民侵入时仍能顽强抵抗、不像此前早已被本土专制彻底奴化了的印度民族那样毫无还手之力。

三、近代以来中华民族、中国人民的建构及其政治联盟的特质

辛亥革命后经过南北谈判，在清帝逊位、专制帝制终结的基础上，中华民国继承了清王朝的政治遗产。这基本上还算是一种平稳过渡。尽管此后也曾短暂出现了两次复辟的小插曲、小闹剧，但中国毕竟没有像当年法国大革命后那样，出现专制王权复辟与共和政体之间急剧的反复、激烈的拮抗与冲突。中国社会很快就确立起共和精神、共和体制不容挑战的权威。就历史现象的表层来看，这一转换似乎又带有很强断裂性的色彩；但从表象之下深层次的历史逻辑、制度逻辑来看，它仍是中国传统"法的精神"的接续——只不过，这一次的接续实现了全新的创造性转向，第一次尝试在现实政治实践中建构共和的而非专制的新型一统，并奋力推进其运行和发展。这是前无古人的事业。千百年来，中国政治固然是在不断地强调向心凝聚和中央集权，尤其是强调国家对地方、大共同体整体对于小共同体的个体的绝对控制，但现在它要以一种新的理念和姿态来面对国家、大共同体内多元、多样的存在，并且要从根本上协调好它们的关系、解决好它们的矛盾。在中国，为何极权专制的覆亡并没有给后续的政治实践、制度建构带来真空效应？因为幸好，除了中央集权、向心统一，传统"一体多元、和而不同"大一统的另一个面向，就是多元共在、共生以及融合与共进的共和价值及相关制度要素的显现，它们决定了：中国的现代共和的确可以在旧制度的后期破茧而出、涅槃而生。

中国早就有共和政治的理论和思想准备。从自然角度讲，中国人的世

[①]　徐勇：《东方自由主义传统的发掘——兼评西方话语体系中的"东方专制主义"》，《学术月刊》2012 年第 4 期。

界观主张"一体多元、和而不同"，就是强调世界万物本是和合而成的。它首先认为物生有两、一不离多，认为阴中有阳、阳中有阴，以及阳尽处是阴、阴尽处是阳；其次它认为多生于一、终归于一，但人们同时又主张理一分疏①——认为一即是多、一多相即相依。从人伦角度讲，正如早期儒家所讲的，人与人交往和合方得成其体、有其体（成为一）。你中有我、我中有你，这种状态叫作和合，而和合、中和也向来就是中国人理想的世间状态。天地人、君亲师、你我他以至家国天下，又或者血缘、地域、族群以致阶级，凡事皆要以和为本，此即所谓"礼之用和为贵，先王之道斯为美"②。从家国—天下角度来看，中国的各个族群、各个地方以及不同的阶级阶层皆得因和合而组织起来——毕竟"和实生物、同则不继"。概言之，中国人心目中的天道、人道和政道都讲究一个和而不同、都本能倾向于"一多不分"。在这里，和不只是和气、平和，更多的是共和——共在一起、成为一体。和而不同的共和价值并不抹杀个性与不同。相反，它尊重并强调其共性基础上特性存在的必要和价值，客观上就形成"做自己，在一起"的共生、共在和共进的格局。传统中国也天然具备共和可能得以维系的社会基础。由于长期的以农业特别是种植业为主的文化——生活方式，古代中国社会一直都是个体从属于家、家为个体提供保护和生存空间的共同体本位的社会，而非西方式原子化或个人本位的社会。这也就是何以孔子推重的伦理规范终于能上升为国家秩序与制度建构基本价值的原因。必须强调指出，孔子及早期儒家所坚持的是小共同体思想，当然是主张和而不同中"不同"的存在及其价值，这就与先秦法

---

① 宋明理学受佛学思想影响，逐渐形成"理一分殊"的世界观。张载《西铭》讲"民吾同胞，物吾与也。天地之塞吾其体，天地之帅吾其性"，较早阐发了万物同宗的看法。程颐把张载思想发挥、概括为"理一分殊"。朱熹从本体论角度阐发理一分殊的道理，并曾援引禅宗和尚玄觉偈语"一月普现一切水，一切水月一月摄"中"月印万川"的道理，来说明一与多、普遍与特殊的关系，并认为"理不患其不一，所难者分殊耳"。作为宋以降的官方意识形态，宋明理学思想对中国政治思想、制度理念曾产生深刻影响。
② 《论语·学而》。

家、历代专制君主们期待的本质为君王私天下的虚假共同体并不完全合拍。千年以来，儒家思想作为主流意识形态，尽管也有其被利用、被驯化为孔家店的一面，但也还是顽强地绵延了"为天地立心、为生民立命、为往圣继绝学、为万世开太平"的政治理想，特别是它的为原教旨主义法家、私天下的专制君主所痛恨的"为父绝君而非为君绝父""从道不从君"的另一面，一定程度上也内在地批判、牵制了专制权力。这就使得中国政治中家国一体基本特质、权力—责任基本逻辑中积极的面向并没有被彻底地抹杀掉。同时，它也使得"一体多元、和而不同"的基本价值能够万世一系，最后又成为支配近现代中国政治建构的灵魂。

辛亥革命后，在共和被确定为立国价值之后，怎样将其贯彻、落实到现实政治生活中并发挥决定性作用，是一个需要继续深化和丰富认识的过程，也是一个不断展开的制度建构、调适以至重构的过程。在近代中国，共和不全是舶来品，但其本土资源或本土形式却仍要经过创造性转换、仍要充实必要的现代性的内容。不如此，它就仍是古代形态、理想形态，仍会面对无法斩断专制与大一统的传统结合的窘境，无法充分阐明新文明史起点上何以要继续坚持共同体至上原则，也就无法成功地拯救、延续和改造大一统传统，将其同现代社会本根的多样性对接、融会起来。在近代列强环伺与侵夺的国际政治中，若做不到这一点，中国定然会分裂、会被肢解，中国人民也定然不能作为一个统一、强大的民族而真正走向现代共和。中国新共和建构的政治任务、历史使命，主要包括相辅相成的两大方面：一是巩固和改造固有疆域内既有的共生、共在的民族关系，使古老中华民族成为新型现代国族、现代政治民族；二是变革经济和社会关系，重塑经济阶层、社会结构，消灭剥削和压迫，使中国人、中国社会从此免于内部极化、尖锐的对抗性矛盾和冲突。要实现这两方面任务，国家建设和社会革命（改革）是不可或缺的两种手段；要成功地运用它们，一个最基本的政治策略就是：以和合为出发点、回归点的政治联盟与联盟政治。相比较而言，第一方面任务实现得相对要容易一些。除了辛亥前后同盟会昙花一现的革命排满、建立汉人政权的并未付诸实践的错误政策宣示①而外，五族共和、族群融合以及统一国家始终都是中国固有疆域内不同族群的基本共识，也是不同性质的国家政权一贯坚持的政治原则。况且，它们也还并不就是一个简单的处于共识、原则等理念层面上的抽象的存在。古代中国不断融会、壮大为一共同体并经由晚清传承下来一个统一民族，也一直都是事实上的存在。起初，因专制统治、分而治之的客观需要，这个共同体、这个复合的民族可能是松散的。但在此后日益广泛且深刻的革命中，在各族群共同的敌人——帝国主义列强特别是法西斯日本的进逼和挤压中，它便凝聚和展现出了空前自觉性和高度的团结和统一。在近代以后的中国，民族革命与民主革命、社会革命始终是紧密关联和不可分割的。中华民族有机联合起来的过程，同时也就是中国人民在革命中经过历史性解构与重构并进而结成最广泛政治联盟的过程。在中国，民族联合、融会的程度，当然深受前述第二方面经社变革任务实现程度的制约。在一个存在严重剥削与压迫的阶级对抗的社会里，民族共和、国家统一总是搞不好的。只有消灭了社会压迫的总根子，当各阶层、各方面的人们都能在经济社会平等基础上结成政治联盟、相互间都能理解和关照彼此的权利和利益时，政治、法律的形式平等，以及经济、社会的实质的平等才能最大限度

---

① 中国的思想家、政治家们很快就纠正了这一错误，进而提出并致力于现代"中华民族"的建构。1901 年，出于其改良的政治立场，梁启超在与革命党人论战时首次提出"中国民族"概念。次年，他又正式提出国族意义上的"中华民族"概念。1905 年，梁启超发表《历史上中国民族之观察》一文，结合历史演变重点分析了中国民族的多元性、混合性，并断定"中华民族自始本非一族，实由多民族混合而成"。至此，他最终完成了"中华民族"由形式而内容的革命性创造。梁的努力使孙中山、章太炎等早先所持的革命排满主张陷入被动，不得已先是将排满修正为"反对满洲贵族统治而非满族民族"，其后又改而积极吸收梁启超多族群合而为中华民族的正确主张。1912 年元旦，在其临时大总统宣言书中，孙中山郑重宣布："国家之本，在于人民，合汉满蒙回藏诸地为一国，即合汉满蒙回藏诸族为一人——是曰民族统一"。这一理念在此后的南北和谈、《清帝逊位诏书》中也都作为政治共识而有明确的表述。概言之，清末民初以革命党人、立宪派在民族主义问题上达成妥协和共识，不仅使当时的中国成功渡过了革命后可能的民族认同危机，且也为始自于民国的创建多族群团结统一的现代中华民族的历史实践奠定了基础。

统一起来，现代民主与共和的服从多数、尊重少数的原则才能落到实处。在近代中国，这是需要不断深入的政治变革、社会变革才能最终完成的任务。而且，中国的变革不同于别国，它要从本国实际需要出发，又要寻求光明的前途，所以举什么旗、走什么路又是至关重要的。民国以前，传统的农民战争、地主阶级的改良都是不成功的。资产阶级辛亥革命、早期议会政治实践，以及后来南京国民政府的统治，尽管在不少方面也都有尝试和突破、也留下了不少有价值的政治遗产，但终究还是受制于历史的局限性，整体上是失败的，到了后期甚至蜕化到了反动、反人民的地步。在中国共产党领导革命和建政之前，没有任何一个中国政治力量能够以任何政治形式真正将中国人组织起来、团结起来，使之成为一个强大的、团结和巩固的现代共和的基础。

四、现当代中国共产党领导的统一战线与新型民主的历史由来

中国共产党成功地将马克思主义与中国实践相结合，成功地将自身先进性与人民大众的广泛性、进步性相结合，在成功探索出一条中国特色的民主革命道路、社会主义发展道路的同时，也把中国社会的各阶层、中国疆域内的各族群紧密地团结到了自己周围，形成以自身为坚强领导核心的最广泛的政治联盟。正是在这个内容与形式不断与时俱进的最广泛政治的联盟的基础上，作为各族群共同家园的中华民族，以及以工农联盟为基础的中国人民及其国家政权，两方面最终实现了高度统一。作为马克思主义先进政党，中国共产党所从事和推动的联盟政治既接续了中国政治的传统，同时又超越了、重塑了这一传统。

中国共产党从一开始就将马克思主义的统一战线思想、相关实践和策略嵌入到了它所领导的现当代中国政治发展当中，嵌入到了它所领导的中国新型民主政权的设计、建设及其政治过程当中。马克思主义统一战线思想集中体现在1848年《共产党宣言》中。《宣言》提出"全世界无产者，联合起来"的口号，宣告共产党人"到处都支持一切反对现存的社会制度和政治制度的革命运动"，"共产党人到处都努力争取全世界民主政党

之间的团结和协调"①。此后，在《社会主义从空想到科学的发展》《哥达纲领批判》以及《法兰西内战》等一系列相关重要文献中，马克思恩格斯又不断阐发了丰富的基于无产阶级及其政党战略策略视角的统一战线思想。譬如无产阶级在革命进程中必须同其他参加革命的阶级、政党和社会力量结盟，否则，没有合唱的独唱"是不免要变成孤鸿哀鸣的"②；又譬如无产阶级政党在联合其他政治力量时，必须保持自身的独立性，"必须以党的无产阶级性质不致因此发生问题为前提"③ 等。列宁结合俄国革命实践，使统一战线思想更丰富、成熟和系统化，也更适于东方社会，它主要体现在：无产阶级在夺取政权前后，都要十分注意利用一切机会哪怕是很有限的机会来赢得大量的同盟者；无产阶级在革命中有两方面的同盟军，一是直接的可能团结的一切力量，二是间接的因敌人内部矛盾而产生的有利于我的力量；根据具体环境和条件来做必要的妥协，是无产阶级及其政党争取同盟军的重要策略；无产阶级的领导权是统一战线和赢得革命胜利的决定条件和根本保证；无产阶级要赢得对革命的领导权，就必须建立工农联盟；全世界无产者和被压迫民族联合起来，才能战胜帝国主义、才能获得自身的解放；工人阶级必须注意自身的统一战线问题，必须联合起来实现本阶级及其行动的高度统一；共产党要领导革命胜利，就必须注意建立党与非党的联盟；在政权建设中实行多党合作、团结有群众基础的政党，有利于最大限度团结和调动群众、推进社会主义革命和建设；在社会主义改造进程中，对资本主义、资产阶级适用和平赎买的政策策略，有利于巩固社会团结。

中国共产党创造性地把马克思主义统一战线思想同中国实际相结合，成功发挥了统一战线在革命、建设和改革中的重要法宝作用，并在实践中进一步推动了统一思想的创新发展。中国统一战线经历了国民革命时期的民主联合战线、工农民主统一战线、抗日民族统一战线、人民民主统一战

① 《马克思恩格斯全集》第 4 卷，人民出版社 1958 年版，第 373—374 页。
② 《马克思恩格斯选集》第 1 卷，人民出版社 2012 年版，第 769 页注 1。
③ 《马克思恩格斯全集》第 37 卷，人民出版社 1971 年版，第 322 页。

线、革命统一战线，直到爱国统一战线几个重要历史阶段。在各阶段政治实践中，尽管因中国社会主要矛盾、中国共产党的主要任务都在不断变化，统一战线的形式和内容也一直都有相应的变化，但作为无产阶级及其政党领导政治联盟的光辉典范，中国人民的统一战线始终都具有如下稳定的基本特质：1. 具有稳固的领导核心——中国共产党。2. 具有科学理论——不断中国化的马克思主义的指导。3. 具有最广泛的群众性，代表中国人民和中华民族，具有深厚的群众基础。4. 具有长期性、战略性和全局性，不是权宜的政治策略，而是贯穿于中国革命、建设全部过程中，并因中国人民本身即中国共产党领导的政治联盟、最广泛统一战线的关系，而上升为、成其为中国的政道与治道。5. 具有照顾同盟者利益的合作诚意，统一战线中全部同盟者的利益都因党的方针政策或国家法律法规、相应措施而得到切实的维护。在统一战线、政治联盟强大力量的推动下，中国历史的车轮终于踏上社会主义全面现代化的新征途。某种意义上讲，一部中国共产党的党史，特别是中国共产党领导中国革命、建设和改革事业的历史，特别是它领导全面建设和不断巩固和完善新型国家政权并驱动其有效运转的过程，也就是这个先进政党长期领导并坚持不懈地重构、巩固和强化中国人民的统一战线——最广泛政治的联盟的进程。

作为中华文化忠实的继承者，中国共产党深知兵民乃胜战之本，深谙民心向背、载舟覆舟的道理，在革命进程中就高度重视加强党的建设、依托统一战线来推进武装斗争，并在战争年代就创制了边区"三三制"民主政权——此后新中国国家政权的雏形；在和平建设时期，中国共产党则是始终注意结合党的建设、统一战线来充分发扬民主，以不断壮大和巩固党的群众基础、社会基础，强化党的领导、保障治国理政。由于实现了马克思主义统一战线思想与中国联盟政治传统的有机统一、现代融会，当中国共产党依托统一战线把中国人民变成最广泛的政治联盟之后，它也就实质性地确立了现当代中国政治的第一原则——人民民主原则。在中国共产党的领导下，中国人民这个现代政治联盟内部的诸多盟友之间只能是平等的盟友关系，这一关系在社会主义改造完成后又具备了更坚实的经济社会基础。这样的关系既是中国现代国家治理所必需的，也是马克思主义政治学所建构的国家向社会回归的体现。在现当代中国，疾风暴雨式的革命战争已然结束，阶级斗争、国家的专政职能只是存在于有限的范围内，最广泛的统一战线、联盟政治当然也就只能实行真正的、广泛的民主，这个民主当然不能是西方古典或传统的、实质为精英独断或垄断的民主，而只能是联盟的所有盟友们/最广大的人民群众实质上掌握了知情权、参与权、决策权和监督权的新型民主。由于此种民主本根上的联盟性质，它更是一种政治盟友间长期政治合作、始终不渝坚持并实践共和价值的新型民主，它实质性地完成了辛亥以后中国特色的现代民主与共和的价值建构、制度建构。

第二节　社会主义、人民民主与共和政治

现当代中国国号是中华人民共和国。想当年，在中国共产党召集和组织新政协、领导行将取得革命胜利的中国人民协商建政时，大家所以会最后形成一致、选择人民共和国的国号，当然是有其深刻的政治考虑、充分的历史和现实原因的。在我们今人看来，作为基本、明确的政治标识，它完整地体现了中国的现代政体、政制。人民共和国有着以下几方面的基本内涵：人民的中国、民主的中国，以及共和的中国。人民的中国，既体现主权在民的原则，也有现代中国国家之政治、社会基础在于一个最广泛政治联盟——中国人民的意思，同时也意味着此后中国社会与政治发展的基本方向当然是社会主义。民主的中国，意味着人民的国家、以工农联盟为基础的政权当然得适用和发展现代民主。在现当代中国政治生活中，唯有人民才可以当家作主，而中国人民也只能以自身内部民主的形式、过程来当家作主。人民当家作主的国家自然应是现代民主国家，中国的现代民主当然要服从民意、服务人民，要由人民来掌握和行使广泛的知情权、参与权、决策权和监督权。共和的中国，意味着任何形式的专制、垄断政治都不再是现当代中国国家的选项，中国国家及民主也不可能是少数精英或集

团的国家和民主，不能只是片面地基于个体的、权利的本位，而必须是一种有别于西方国家及西式自由民主的新型政权和民主，它应当是一种大众的、共同体本位的东西——民主的共和或者共和的民主。

一、大联合及其巩固：人民民主、共和国家的顶梁柱

我们在前面一章讲到，天下为公之于中国政治、中华政制第一个方面的根本要求，就是家国共同体的团结统一与安全稳定，就是中国人民（中华民族）的平等和谐与幸福安康，这自然会体现为对某种一统政治格局的塑造和维护——这整体上是基于政治体制构造及其政治效能的角度。然而天下为公之于中国政治、中华政制的根本要求显然不止于此，它还有另一个方面的根本要求，即中国政治同时也还必须是以民为本的政治，或者是现代民主、共和的政治。相比较而言，这一方面的要求整体上应当是基于政治主体及政治行为、过程的角度。这也就是说，大一统政治最终还是要以承认和尊重民众举足轻重的政治地位、政治作用和政治影响为前提的，是要以人民群众安危福祉为基础的，否则这个一统无论是传统的还是现代的，就都靠不住、都只是当权者的一厢情愿。与此相关联，中国传统的以民为本的政治，又或者是现当代的民主、共和的政治，又都必须同时珍重和维护国家统一和民族团结等向心一统的政治价值、政治局面，否则最终也还是根基不稳、难能长久。所以，天下为公的政治理想要真的变为现实，就必须有一种自觉的心力、有一种强大的精神，它们一起，能够引领社会、团结人民，并可以在此基础上将维护统一政治秩序、维护人民自由权利福祉高度有机地结合在一起。

在当代中国，这种精神就是爱国主义、社会主义，它们是统一的共和国家的政治基础。作为一种政体、一种主义的共和政治，它渊源于西方的 res publica，本义为"公民的事业"或"公共的事务"。中国史书载"召公、周公二相行政，号曰'共和'"①，此处"共和"二字语义上较贴近

① 《史记·周本纪》。

"公民的事业""公共的事务"，遂被选作西文 republic 的译法。共和与民主的内涵有交集，但并不完全一致，西方民主的基石是个体本位的自由主义，而从古到今共和理念则基本上都是整体主义或共同体本位的东西。在西方，共和有古典和现当代之分，古典共和更重积极的自由、公民效力共同体的美德，现当代共和则更重消极的自由特别是"非支配的自由"。共和主要强调两方面的意思，一是要保护社会公众使之免遭来自于统治者的压迫，二是要同时防止共同体中一部分人对于另一部分人的可能的不公。在中国，现代共和则更多地体现为"公"——公平公正和公义、天下为公，"共"——人民共同执掌国家公器、共同参加国家和社会治理，"和"——以平等及和平的方式来解决分歧。经济社会生活的本质和国家政权的阶级性质，决定了当代中西方不同的共和政治。西方主流的共和政治是公民共和，基本上倾向于将国家、公共领域视作公民及其权利的集合，这样一种基于个体本位的共同体价值在理论上、逻辑上仍有其无法自洽之处。当代中国主流的共和是一种新型的人民的共和：中国人民既紧密结成一个民族共和国家的国族，又明确成为一个人民共和国家的主权者。作为统一的国族和主权者，爱国主义、社会主义是中国人民共同体的两面伟大旗帜。在当代中国，爱国主义的基本精神是国家至上，社会主义的基本精神是崇尚平等——它同时又高度重视以富强的国家来实现和保障人民的自由、平等。在政治实践中，这就有利于从整体出发且高度尊重、充分照顾联盟主体的各方面利益，从而使共和的两方面基本内涵都得以充分实现，也使天下为公的两方面要求能臻于更好的统一。

至于前述自觉的心力，则是意味着中国共产党的领导。相对于中国共产党在共和一统政治格局中对国家政权的领导——或曰执掌（具有普遍强制性）的权力，它在联盟政治中的领导则主要是政治领导。从本质上讲，此种政治领导更多的是一种依托权威（亦即"成功的说服"）的领导。在现当代中国的统一战线、政治联盟中，中国共产党既是这个最广泛联盟中的结盟者，又是它的组织者、领导者。党的领导对于联盟内部民主、共和价值的实现也都是非常必要的。党对联盟及其各方面盟友、各方面事务的领导，其实质就是帮助广大人民群众认清楚自己的根本利益，并且团结起来为之奋斗。所以，党的领导主要是靠代表人民群众的利益，制定和执行正确的路线、方针、政策，保持党同人民群众的密切联系，发挥党员和干部队伍的模范带头作用，通过赢得群众由衷的信任、拥护来得以实现的。中国共产党的领导地位是历史形成的，也是中国人民自主、自觉的选择。这个党所以能够领导，关键就在于它实现了自身先进性、民族性的高度统一。"马克思主义是我们立党立国的根本指导思想。背离或放弃马克思主义，我们党就会失去灵魂、迷失方向。"① 中国共产党的先进性，集中体现在它是最科学的理论体系所武装起来的现代政党，是中国人民、中华民族革命和建设中的先锋队。在中国共产党的领导下、努力下，马克思主义的普遍真理一经同中国的历史文化传统、现实国情紧密地结合起来，也就获得了它的中华民族的体现形式，也就总能够在中国政治、经济、社会等各领域的发展中找到正确的道路，并领导中国人民取得成功。由此，中国共产党自然成为中国特色社会主义的领导核心、中国人民政治大团结和大联合的根本保证。结合政治主体及政治行为、政治过程来看，中国共产党的领导同时又是确保现当代中国政治公共性的关键，是确保中国国家政权在决策、执行和监督中保持开放性与合理性的关键——它是中国特色社会主义的人民民主、共和政治的顶梁柱。

二、联盟内部只能实行民主，联盟民主有更鲜明的共和特质

众所周知，世界上第一批社会主义国家都诞生于东方而非西方。现实中社会主义社会（国家）在形成和发展上的特点是：先出现了由共产党所领导的新型政权，而后才能够在新政权的护卫、组织下，在经验实践中不断积累、充实社会生活各领域的鲜活内容，并且形成各种具体的关系过程、制度形式。由此，关于社会主义的本质，一个是其现代政治本质——

---

① 习近平：《在庆祝中国共产党成立 95 周年大会上的讲话》，人民出版社 2016 年版，第13 页。

共产党领导的进步力量联盟及其民主专政的国家政权，一个则是其经济社会本质——解放生产力和发展生产力，这两方面是不可以割裂开来、分开来看的。理论上看，在建成发达社会主义也就是共产主义、国家彻底融入社会之前，共产党领导经济社会全面建设的社会主义（共产主义初级）阶段应一直持续，基于最广泛政治联盟的国家政权也得一直存在、发展。这当中，政权的组织、运作则直接决定联盟自身能否长期存在和健康发展，反之亦然。在非和平时期，在面对外敌入侵、内外敌人破坏时，国家政权能否坚决斗争并总是取得胜利，这是关乎联盟安危的关键。而在和平时期，不同联盟主体在国家政权中的地位、作用以及相互关系如何，也直接攸关联盟的紧固与分疏甚至解体。联盟中盟友们可否在国家政权中形成一种彼此竞争的关系呢？不能。政治竞争、争权夺利总会败坏盟友关系并最终导致联盟解体。盟友之间可否存在依附关系、权力压迫关系呢？表面上看、短期内似乎可以，但本质上讲、长期来看则不行——不平等的盟友关系、联盟组织终究会无以为继。所以，与社会主义国家直接关联的政治联盟内部关系只能是真正民主的、亲密合作的关系，只能是基于权威说服而非权力压服的关系，只能是代表和服务于联盟整体而非其任何部分的利益和要求。

联盟能得以长期维系的关键，在于其内部结盟者的理念共识和行动一致。共识、一致直接来自于主体的自觉，根本来自于主体的自主。联盟自然有其对内、对外的权力，但联盟更多地还是要依靠权威——联盟整体有利于结盟者的自身权威，以及联盟领导者组织者被信服的权威。也就是说，联盟及其领导者要求结盟者、盟友去做某件事情，后者应能完全经由自主的理性判断而认定这件事本就是自己应当去做的。由此，联盟、联盟政治的范围越广，维系其理念共识和行动一致的难度就越高。当然，它的其内里始终是单纯如一的——一定要赢得最广泛的、最大多数人们的心悦诚服。这是古今中外任何形式的君主专制、官僚或精英垄断都无从做到的事情——政治联盟天然倾向于民主协商，协商民主天然就是联盟存在和发展的组织形式和政治过程。联盟不被视作公共的事业、不能凸显其共和的价值与精神，联盟事务不经过盟友平等的民主讨论，这是不可想象的，也定然是不现实、不能长久的。中国上古政治中就有了部落联盟协商议政的"公""共""和"的历史传承。及至西周末期共和政权的一度出现，则更是使天下为公的共和信条成为中国制度史上最重要的一条宪制原则。尽管后世也默许了天下为家的现实，但天下为家毕竟也还不是天下为私、它仍然是一种公共政治的伦理，士大夫及其所代表的天下人还是可以理直气壮地要求与皇帝共天下。他们宣扬公天下，认为天下有德者居之，私天下者不当有天下。孟子更是曾经激进地讲，私天下者当诛——"诛一夫纣"甚至不算弑君。宋御史方廷实在其奏疏中也曾直白地跟皇帝讲："天下者，中国之天下，祖宗之天下，群臣、万姓、三军之天下，非陛下之天下。"① 天下乃天下人之天下、非一人之天下的政治价值在中国所以能千古不灭，是因为中国政治的精神气质向来是天下的、联盟的，而中国政治思想特别是儒家政治主张也向来坚守了某种共和的精神——联盟应当给结盟者一定的自主选择的空间、联盟领导者应当实行仁政而非独断暴虐的苛政，这正是家国天下政治理想、政治价值所以能深具说服力和感染力的关键所在。

　　古代政治尚如此，现当代政治更是这样。简单来说，中国人民所以会自觉、紧密地团结在党的周围，根本原因在于：包括人民民主在内的中国特色社会主义，是大家共同的事业——中国共产党正是致力领导这一事业的可信赖的中坚力量。至于人民共和，它则是这一共同事业中最为鲜明的一方面特质。

三、没有民主就没有社会主义，人民民主是中国人民的创造

　　社会主义社会不同于历史上其他社会形态，它是要彻底终结人对人的剥削与压迫的社会，是要彻底走出人与人各种直接的、间接的依赖状态的社会，它最终要使国家成为"人民的自我规定"、要促成国家消亡于社会

----

① 《宋史全文·卷二十中·宋高宗十一》。

之中。概言之，无论是从社会主义的未来前景——共产主义来说，还是从社会主义现实的理论与实践来说，真正致力于人的自由、解放的民主都是不可或缺的，民主既是社会主义的本质内容、又是社会主义的政治保证——社会主义应当有比资本主义更广泛、更真实的现代民主。正是在这个意义上，邓小平强调指出，没有民主就没有社会主义，就没有社会主义的现代化。当然，他看到了这样的事实：世界社会主义国家基本上都是从现代化、文明发展程度相对落后的东方社会革命而来的，也都不可避免地深受旧社会的影响和制约。所以，他也坦率地承认共产党人过去在民主实践方面做得还不够，并且也犯过错误。回看国际共运史，不仅是此前的中国，苏联、东欧的社会主义国家在民主政治建设方面也都走过不少弯路、留下了不少教训。社会主义要协调全面发展、实现现代化，民主政治是具有决定性的制度要素——它直接关乎社会资源与社会实践过程的组织与治理，它（在除却社会存在、社会意识谁是第一性这样的本体论问题以外）和科学技术一样，都是非常重要的生产力。在 20 世纪后期的中国，伴随拨乱反正、改革开放，邓小平高度重视在四项基本原则的基础上推进民主政治发展、改革党和国家领导体制。他强调指出，民主化和现代化一样，也要一步一步地前进。① 这里必须突出强调的一个历史现象，就是社会主义愈发展，民主也就愈发展；民主搞得越好，社会主义、现代化的质量也就越有保证。反之，社会主义越不发达，民主政治就越不成熟；民主越是不成熟，社会主义及现代化建设也就越容易走上弯路、老路和邪路。

第三节　中国新型民主的制度安排

人民当家作主是现当代中国政制的本质。回望近代以来中华民族共同体、中华政治文明发展的历史，现代共和与民主也是其坚定的意志、自主的选择。辛亥革命推翻专制帝制后，中国人民百折不挠，就是要首先实现

① 《邓小平文选》第 2 卷，人民出版社 1994 年版，第 168 页。

政治上的民主，继而依靠自己的政权、自己的当家作主来实现天下为公的千年理想。这一意志、选择同中国共产党的纲领所确立的革命和建设的方向是一致的。这也是中国共产党同中国人民在灵魂上、行动中能水乳交融的根本所在。视共和与民主为人民自由解放事业的前提，庄严承诺支持和保障人民当家作主，这也是中国近代两种力量/两种前途对决时中国共产党能赢得信任、天下归心的关键所在。正因为懂得这个道理，所以直到中国特色社会主义已进入新时代的今天，中国共产党也始终都在重申、强调：我们国家是工人阶级领导的、以工农联盟为基础的人民民主专政的社会主义国家，国家的一切权力属于人民。我们必须坚持人民主体地位，坚定不移走中国特色社会主义政治发展道路，健全民主制度，丰富民主形式，拓宽民主渠道，依法实行民主选举、民主协商、民主决策、民主管理、民主监督（全过程的民主），使各方面制度和国家治理更好体现人民意志、保障人民权益、激发人民创造，确保人民依法通过各种途径和形式管理国家事务，管理经济文化事业，管理社会事务。总体看，中国新型民主的制度安排主要体现在如下几方面：

一、中国的新型政党制度

前面讲现代国家制度安排时，我们曾提及中国共产党的全面领导是中国国家的根本领导制度。其实，这一制度本身又是现当代中国政党制度的关键部分。政党政治是运行中的民主政治，作为政党政治规范的政党制度本质上则是特定民主制度的驱动系统。所以，有什么样政治文化，就会有什么样民主制度；有什么样民主制度，也就会有怎样（能与之相匹配）的政党制度。中国不会重复西方式竞争性的政党政治。一是中国民初时早已尝试过西方的议会民主、多党竞争，但最终是以失败而告终的、证明其并不适合中国；二是千百年来中国人一向憎恶和警惕党争，对于党争导致国破家亡的惨痛历史也始终未能忘记；三是中国有着"政党外造、党造政权"的历史，政党是先于民主政权出现的，所以其地位、责任等也都明显有别于西方政党；四是维护中国共和一统、实现中国全面现代化之必须，共和一统、现代化客观上都需要凝聚心力、强化秩序，中国现代化也确需一个最强大的党来团结人民、保持稳定、推进发展。当然，现当代中国也不会再去重复早先国民党、蒋介石的一党专制，且也不能再像苏联那样去搞清一色，只有一个政党、只要一党独断。毕竟在一体多元、多元一体的中国社会里，客观上也还是离不开多方面的意见表达、异体的民主监督。在中国，同新型民主相匹配的，是中国共产党领导的多党合作和政治协商制度。注意，党的领导、多党合作、政治协商在这里都是构造性要素，并非相互疏离、彼此独立成了两个或三个制度，而是一个制度——一个相互贯穿、浑然一体的基本政治制度。作为中国人民的独特创造、中国本土生长而来的制度，作为现当代中国的第一个政治制度、中国政治格局稳定的制度保证，它成功引领、驱动了中国民主运转的中枢和引擎，是独具中国特色和政治优势的新型政党制度。① 新型民主的特质决定了中国不是西方意义上的一党制、多党制国家——新型政党制度是本土合作型而非西式竞争型的，它尤其突出和强调：坚持中国共产党领导，不搞轮流执政；坚持多党合作，不搞多党竞争；践行共识政治，不搞独断政治。在现当代中国，除中国共产党外，还有八个全国性政党——民主党派，分别是：中国国民党革命委员会、中国民主同盟、中国民主建国会、中国民主促进会、中国农工民主党、中国致公党、九三学社和台湾民主自治同盟。这些党同中国共产党一样，都有光荣的革命民主传统。在革命进步事业中，它们接受了中国共产党领导并自觉与之保持亲密的合作（友党）关系。民主党派是中国特色社会主义性质的参政党，它们均负有参政议政、民主监督和参加中国共产党领导的政治协商职责。中国人民民主专政的国体，以及中国人民代表大会制度的政体，明确了中国共产党的领导地位，以体现工人阶级领导国家；确立了包括民主党派参政议政在内广泛、开放的政治架构，以体现人民内部的民主；也决定了政党制度的运作方式是民

---

① 参见《中国人民政治协商会议第十三届全国委员会第一次会议文件》，人民出版社 2018年版，第 10 页；《习近平总书记系列重要讲话读本》，学习出版社、人民出版社 2016年版，第 167 页。

主集中和议行合一，是各政党在政治协商（包括政协协商和政党协商）的基础上合作共事、互相监督。现当代中国政党制度奉行"长期共存，荣辱与共，互相监督，肝胆相照"原则，形成"共产党领导，多党派合作；共产党执政，多党派参政"的局面。中国政党共同珍视爱国主义和人民至上、中国特色社会主义、民主与团结、合作与进步、求真务实、和而不同的政治价值。在践行这些价值的实践中，中国新型政党制度也形成了自身价值：创造和发展了一种和谐合作的、非竞争的新型政党关系，创造和实践着一种多党合作、一党长期执政的新型执政方式，创造和发展着一种适合中国国情的新型政党制度，创造和实践着一种新型民主的实现形式。中国新型政党制度既吸纳了外国政党体制的优点，又克服了其缺陷；既能集中领导，又能广泛参与；既能维护广大人民根本利益，又能兼顾各方面群众具体利益，它因此而成为更适合于中国的政党制度。

二、协商民主和代表政治

关于协商民主，习近平指出："协商民主是实现党的领导的重要方式，是我国社会主义民主政治的特有形式和独特优势。"[①] 在现当代中国，众人之事众人商量是人民民主的真谛。相对于自由民主的实现形式而言，中国也有本土本民族特色的协商民主、选举民主。中国的新型民主并没有把选举、协商截然分开，也没把协商民主视作代议民主不得已的补充，而是结合中国国情、融会中外理念和经验，独创了选举中有协商、协商中形成民意的中国式协商民主和代表政治。协商是中国政治传统，这是由古代中国国家生成、运作中联盟合作与融会的特质决定了的。当代中国协商民主的直接源头，是延安边区时期中国共产党领导的"三三制"政权建设。协商民主谈出了一个新政权——1949 年中国共产党领导中国各方面革命和进步力量协商建政、确立了人民民主，并它的有效运转组装了一台马力

---

① 习近平：《决胜全面建成小康社会　夺取新时代中国特色社会主义伟大胜利——在中国共产党第十九次全国代表大会上的报告》，人民出版社 2017 年版，第 38 页。

强大的驱动引擎——中国共产党领导的多党合作和政治协商制度。协商建政后是协商治国。此间，中国协商民主的内涵已是：中国共产党领导的，在人民内部各方面围绕各种重大问题和涉及群众切身利益的实际问题，在决策之前和决策实施之中开展广泛协商、努力形成共识。进入新时代，2015年中共中央文件进一步明确，当前我国协商民主的主要渠道是政党协商、政府协商、政协协商、人大协商、人民团体协商、基层协商和社会组织协商七方面。这当中，政党协商、政协协商属于政治协商，也是相对成熟的协商；人大协商、政府协商和基层协商属于治理协商；人民团体和社会组织的协商则属于社会协商。这几个方面的协商中，需要重点加强的，是政党协商、政府协商和政协协商；需要积极开展的，是人大协商、人民团体协商和基层协商；需要稳步探索和开展的，是社会组织协商——整体的发展方向是促进协商民主的广泛、多层和制度化发展。我国协商民主的实现，基本是以会议协商的形式为主，此外也不断创造出其他多样化的协商形式。目前，各方面的协商基本都有了相关规范实施的细则，对各级各类协商的原则、主体、内容、形式、程序和保障等都做了明确规定。协商民主已成为实现人民群众知情权、参与权和监督权的基本政治安排。中国共产党十九届四中全会决议强调，未来我们将继续坚持和充分发挥社会主义协商民主的独特优势，统筹推进各方面、各领域的协商，构建程序合理、环节完整的协商民主体系，完善协商于决策之前和决策实施之中的落实机制，丰富有事好商量、众人之事众人商量的制度化实践。[①]

政治联盟允许、鼓励不同意见的讨论甚至交锋，但却要小心提防因此而衍生出组织化、制度化的政治派系——它们会导致联盟裂解的严重后果。这也就是现当代中国民主政治建设何以要首重本土化、尽可能避免自由民主竞争性代议政制的直接原因。中国的人民代表大会制度的确具有现

[①] 《中共中央关于坚持和完善中国特色社会主义制度　推进国家治理体系和治理能力现代化若干重大问题的决定》，人民出版社2019年版，第11页。

代代议制、议会政治的一般特征，然而从其政治本质上看它又绝非自由民主模式的东西——我们不妨将其定位为（中国特色的）代表政治，以区分于（狭义上的西方的）代议政治。代议政治中所谓的"代表"，以英美式"自主性代理—代表"（Represent）为典型，是一种议员接受委托、代理民意，可以全权依自己的判断替委托人作决定的代表。中国的代表政治中的"代表"，则是一种"强制性传达—代表"（Delegate），它要求人民代表务必得原汁原味、原原本本地反映民众意见，在代议和协商机构中聚焦和体现人民意志。而且，在人民代表的代表过程中，若无授权则不得依自己独立的判断与主张来行事。现当代的中国代表政治是与中国特色选举民主和协商民主全口径对应的共和民主安排。这里必须强调的是，中国特色的代表政治主要是、但又不限于人民代表大会制度及其实践；实际上，中国的人民代表也主要是、但又并不限于人大代表。中国式代表政治的关键，首先在于代表的复合性。中国代表政治的主体是多元化的，不仅人大代表能代表人民，各级政府、各级人民政协，各个政党及其组织、成员，以及在协商民主的各个领域中参与各级各类协商的公民们，也都能依法依规在一定的范围内以特定方式来代表和反映民意。复合代表能够更直接、持续地贴近人民群众的生产生活，也使得最终所呈现出来的民意更丰富具体，也更全面、生动和立体化。其次，在于代表的超越性。代表应当也必须始终着眼长远根本的人民利益，应当也必须超越阶级阶层集团的藩篱。由此，在协商议事及决策过程中，中国的人民代表主要就是在整体上表达人民群众的"拥护不拥护""赞成不赞成""高兴不高兴""答应不答应"，而不是像西方议员们那样，更多地专注于围绕政策方案的博弈——结果实际上是将其背后某些特定阶级阶层和利益集团的局部利益当成了国家、社会的整体利益。

三、统一战线和人民政协

在中国，统一战线是中国共产党凝聚人心、汇聚力量的政治优势和战略方针，是夺取革命、建设、改革事业胜利的重要法宝，是增强党的阶级基础、扩大党的群众基础、巩固党的执政地位的重要法宝，是全面建成小康社会、加快推进社会主义现代化、实现中华民族伟大复兴中国梦的重要法宝。长期以来，统一战线是马克思主义中国化重大的理论和实践成就之一，是中华民族创造性接续政治联盟传统的现代体现，也是支撑现当代中国国家创建、巩固和发展的关键方面。中国共产党早期曾在革命斗争中犯过"左"倾关门主义错误，从而被迫长征。长征期间中国共产党一方面从东部转移到中西部、全面彻底深入地了解了国情，另一方面也系统深刻地反思了自身此前的理论和政策。它深刻认识到，此前遭遇的失败挫折非是因本党不够纯洁，而是因其太过单纯；不是因政治上贯彻国际路线不坚决，而是因为未能充分融入中国社会、未能同中国一切革命进步力量结成广泛和强大的联盟。所以，在延安同胡耀邦讨论什么是政治时，毛泽东才会这样说：政治就是把支持我们的人搞得多多的，把反对我们的人搞得少少的。这是马克思主义的政治观，也是马克思恩格斯统一战线思想的传承。马克思恩格斯指出，每个国家工人运动的成功只能靠团结和联合力量来保证[1]，共产党在革命斗争中可以且应该同其他民主、革命力量结成同盟，共产党人到处都支持一切旨在反对现存社会政治制度的革命运动……到处都努力争取世界各国民主主义政党间的团结和协议。[2] 开展统一战线工作是共产党人最基本的要求。其基本手段是沟通协商，其基本目的是取得政治谅解或认同、结成和巩固政治联盟、形成联盟统一的意志与行动。延安时期，中国共产党明确将自身定义为中国人民、中华民族先锋队，在此基础上也将统一战线这个法宝修炼到了炉火纯青，终于在民心向背的军政角力中赢得胜利、赢得天下归心。在中国新政协完成创建新政权的历史伟业后，统一战线又被嵌入到了现当代中国国家治理的历史实践中。自此，统一战线既是中国国家的政道与治道，又是现当代中国的独特政治过程、独有制度安排。进入新时代，统一战线已经发展成为中国共产党领导

---

[1] 《马克思恩格斯全集》第 2 卷，人民出版社 1964 年版，第 601 页。
[2] 《马克思恩格斯全集》第 4 卷，人民出版社 1958 年版，第 504 页。

的、以工农联盟为基础的，包括全体社会主义劳动者、社会主义事业建设者、拥护社会主义爱国者、拥护祖国统一和致力于中华民族伟大复兴爱国者的联盟。2015年，《中国共产党统一战线工作条例（试行）》颁布实施，就统一战线的性质地位和作用、统战工作的范围对象和组织领导、统一战线各领域（主要包括政党、阶级阶层、民族宗教、港澳台侨等）的工作，以及党外代表人士队伍建设等，都做了明确和可操作性强的规定，也使统一战线在政治生活中的地位、作用得到更进一步的巩固和强化。

人民政协构成现当代中国统一战线、民主政治制度安排当中一个非常重要的板块。从1949年协商建政至1954年人民代表大会制度确立之前，人民政协一度代行人大职权，政协的《共同纲领》也曾起到临时宪法的作用。此后，人民政协作为多党合作和政治协商的机构、作为统一战线的组织继续存在和发挥作用。人民政协的基本职能是民主协商、参政议政和民主监督，各级政协及其委员的履职活动主要以组织、参加会议协商和调查研究作为基本的形式。长期以来，在民主政治运行中、在自身工作实践中，人民政协已经形成独有的专业优势、平台优势和能力优势，成为具有中国特色的制度安排、国家治理体系的重要组成部分、社会主义协商民主的专门协商机构。人民政协具有鲜明的政治性，始终坚持党的领导、坚持中国特色社会主义；它又具有广泛的代表性、广泛的包容性，实行"大团结、大统一、囊括一切代表人物"的组织方针，目前共计有34个界别（中国共产党、各民主党派都作为界别平等参加人民政协及其民主协商），包括了统一战线方方面面的代表人物，尊重各界人士民族、地方和风俗习惯等不同特点，包容其在观念、信仰和具体利益等各方面的差别；它还突出体现了我国协商政治的共和与民主属性，以及此种共和与民主的系统性、组织性，政协在县以上四级行政区划层次上形成了自己的组织体系，在自身运作过程中始终贯彻平等协商、广泛协商以及协商一致（或求同存异）的原则，有利于意见表达和利益整合。60多年来，人民政协"非官非民"而又"亦官亦民"，更适合广泛联系群众、充分集思广益，同时，它又始终坚持团结和民主两大主题并努力使之相互促进，推动政治代表与政治合作相得益彰并有机结合，因而成为中国政治运行中与党委、人大和政府并行的协商治理系统，在人民民主运转中发挥了不可替代的作用，有利于人民群众有序参与政治、有利于党和政府科学决策、有利于在社会主义国家确保自由平等权利和培养共和精神、有利于不断夯实中国共产党的社会基础和执政基础，从而最终有利于现当代中国的民主进步与现代发展。

四、民族区域自治制度

中国首先是文明型国家。古代中国更强调文化认同而非族群认同。在文明国家的基质之上构建现代民族国家，使得中华固有疆域中的各族群整体上成其为一个国族，即中华民族——这只是近代以来的事。千百年来，中国民族融合就如同中华文化一样从未断流：历史上华夏族由炎黄部落联合而来，华夏族吸收融会少数族群进而形成汉民族，汉民族同其他少数民族进一步熔铸成现当代中华民族。习近平指出，"一部中国史，就是一部各民族交融汇聚成多元一体中华民族的历史，就是各民族共同缔造、发展、巩固统一的伟大祖国的历史。"① 由于中国文化、中国民族一直保有强大的同化能力，民族融合向来都以中原民族为主体。空间上，北方（草原、东北）族群一波波地进入中原，中原文化向外一圈圈地播撒，形成现实中独特的民族—地域分布特色：汉与少数民族大杂居、小聚居，又杂居、又聚居，就如石榴果与籽，谁也离不开谁。从治理传统看，中国对待、处理边疆和民族关系一般是怀远以德、守经用权，讲求"修其教不易其俗，齐其政不易其宜"②：周代起有五服之制，唐宋有羁縻州府，明清有土司制度及后来的改土归流，中央集权大一统由近及远地控制和影响民族地方，促进生番变熟番，熟番变华夏。因应此种格局、传统和制度安排，各族群越是近乎中央，越要深服王化、守礼遵制；越是远在边疆，中

---

① 习近平：《在全国民族团结进步表彰大会上的讲话》，人民出版社 2019 年版，第 7 页。
② 《礼记·王制第五》。

央也就越重视怀柔来远，并逐渐变通治理方式、给予少数族群更多自主的余地。但随着各族群越发深入的融合，改土归流、郡县天下自然也就成了总的趋势。中国共产党在现代中华民族的熔铸中起到关键作用。它坚持马克思主义共同体思想和民族理论，以阶级性统领民族性，以民族性支撑阶级性，主张民族解放，推崇民族融合：既讲民族自决，更讲民族联合；既讲民族自治，更讲民族团结；既讲民族差异，更讲民族融合；既讲民族解放运动，更讲民族联合、融合以最终走向"自由人的联合体"。它以共和平等的社会主义（公天下的）精神引领现当代中国民族理论与实践，化"一族一国"为"一体多元"，化"非此即彼"为"互鉴互融"，化"民族冲突"为"民族融合"，在采用现代民族国家政治形态的同时，又向新的国族共同体注入了中华文明和谐包容的精神气质。中国共产党看待和处理民族关系的基本精神集中体现在它的民族政策上：中华民族是团结统一的多元共同体，承认和尊重差别，反对狭隘民族主义；充分保障宪法、法律赋予的民族自治权利；发展平等、团结、互助的民族关系，促进民族融合；实现民族平等、民族团结、各民族共同繁荣。一是在坚持单一制国家的基础上实行民族区域自治制度、建立自治地方（不是哪个特定少数民族的自治地方，而是当地各族群人民的自治地方，现共有 5 区、30 州、120 县）。二是民族自治地方的人民行使民族自治地方的权利，包括立法权，以及变通执行全国性法律法规政令；财经自主；文化、语言文字自主；民族干部优先任用等。三是民族自治地方的政权建设，同样是要实行人民代表大会制，自治的机关是人民代表大会、人民政府；自治地方人民政府对本级人大和上级人民政府负责并报告工作，在本级人大闭会期间对其常委会负责并报告工作；各级自治地方政府都是国务院统一领导下的国家行政机关。加强各民族团结，根本在于坚持和完善民族区域自治制度。中国特色社会主义民族区域自治的根本目的在于促进民族团结、民族融合，而不是要导向民族分离和独立。这是这一制度作为一项民主的、共和的政治制度的底线所在。所以，必须要及时注意纠正此前常见的一些错误理念和做法，诸如更突出"民族自治"而非"国家统一"、只强调"民族优惠"而非"区域优惠"、只注重"民族身份"而轻忽"公民身份"等，要在具体实践中进一步坚持统一和自治相结合、民族因素和区域因素相结合的制度精神和政治导向。

五、基层群众自治制度

基层自治或草根民主，是现代国家民主政治的基础。讨论一个国家民主政治发育的程度时，宏观国家层面上的代议/代表制体系的运转究竟怎样、协商民主情形如何，以及微观草根层面上人民直接掌握了怎样的权利、又怎样行使了这一权利，这都是同等重要的事情。所以在现当代中国，基层群众自治制度也是被视作国家的一项基本政治制度（当然，它本身也有其作为经济和社会治理体系重要板块的另一面属性，对此我们也将在后文中展开相关论述）。作为政治制度的基层群众自治制度，它是城乡基层群众以相关法律法规为依据，按照自由、平等、公正、法治等理念，在城乡基层党组织领导下，在居住地范围内依托基层群众自治组织，直接实行民主选举、民主协商、民主决策、民主管理和民主监督等权利，实行自我管理、自我教育、自我服务和自我监督的制度。基层自治的主体是农村村民和城市居民，具体的组织形式是：村（居）民大会、村（居）民代表大会是权力机构，村（居）委会是执行机构。自治的内容是：围绕村（居）事务的选举、决策、管理和监督，主要关系利益分配、内部治理等。自治的依据是：宪法、居委会组织法以及村委会组织法。在中国，由于还具备经济、社会组织的性质，群众基层自治组织并未被视作一级政权，但它确实又是人民群众经常性直接行使自身民主权利的地方。在其组织和运转驱动下，基层群众自治呈现出"五个有机统一"的政治优势：1. 发挥群众主体作用与国家主导作用有机统一；2. 适应经社发展需要与为经社发展服务有机统一；3. 发展的渐进性与创新性有机统一；4. 培育人民民主意识和维护人民实际利益有机统一；5. 实体性民主和程序性民主的有机统一。习近平指出，基层历来是民主的发源地和试验田，民主精神的培育、民主素质的锻炼、民主实践的操作，都是在基层产生、在基层发展、在基层得到检验的。[①] 把村民委员会、居民委员会办好，等于办好 14 亿多中国人的民主训练班，使人人养成民主生活的习惯，这是发展社会主义民主的一项基础性工作。几十年来，中国的草根民主有了长足的进步，但也存在一些需要深入探讨和创新、完善的方面，譬如政府行政权与村居自治权的关系问题；村民自治中关涉的土地、财务、贿选、干部监督的问题，特别是选举中家族宗族渗透的问题、干部的任期和罢免问题等；城市居民自治中存在的自治组织行政化、精英化和人治倾向，以及居委会和业主委员会关系问题，居民参与相对冷淡等问题。正因为这些问题的存在，以及它们直接关乎基层群众的生活，所以中国的基层、草根大概也是治理体制和政治实践方面创新最丰富和活跃的地方了。譬如北京地方的"街乡吹哨，部门报到""村务纪实"相关实验，以及正在全国铺开的首创于江浙一带"乡贤治乡"的相关探索等。未来基层群众自治的发展空间还是比较大的，譬如可以纵向向下延伸到自然村、楼宇和门洞，向上纵向延伸到县乡。如此这般，基层人民群众按照民主集中制原则实行直接民主，要办什么、不办什么，先办什么、后办什么，都由群众自己依法决定，这是最广泛、历史上从来没有过的民主实践。群众把一个村的事情管好了，逐渐就会管一个乡的事情；把一个乡的事情管好了，逐渐就会管一个县的事情，逐步锻炼、提高议事能力。[②] 概言之，基层群众自治向来是现当代中国民主政治的生长点，也始终是我国人民民主创新发展的活力源泉。

六、"一国两制"和特别行政区制度

在现当代中国，"一国两制"既是一种寄意于国家统一目标的政治理念，又是一种服务于国家治理需要的制度建构，还是一种致力于大陆与港澳台人民团结融合的政治过程、经验实践。众所周知，由于近代以来曾深

---

① 《学习习近平总书记系列讲话精神干部读本》，学习出版社、人民出版社 2014 年版，第142 页。

② 《彭真文选》，人民出版社 1991 年版，第 608 页。

受西方殖民者的侵夺、破坏，中华人民共和国建政后即长期面对国家统一问题，这个问题到今天也还没有完全解决——我们已在香港、澳门恢复行使主权，但还仍然面对一个台湾问题。"一国两制"起初就是针对台湾问题而提出来的。以毛泽东为代表的第一代中共中央领导集体较早提出"争取用和平的方式解决问题"。这是"一国两制"得以产生的核心思想基础。此后，经过历代中共中央领导集体的不断丰富和完善，"一国两制"思想越发走向成熟。中国共产党主张，不仅要和平地解决台湾问题，也要以相近思路来处理港澳问题。基于港澳台地区的历史和实际情况，若不保证其继续实行资本主义制度，也就不能保持它们的繁荣和稳定、不能和平解决祖国统一问题，所以，1997 年、1999 年，中国政府先后在港、澳地区恢复行使主权，依宪创建了特别行政区，允许其实行与大陆（内地）不同的资本主义制度和生活方式，通过保持特别地区的社会制度，并由全国人大制定法予以保障——这意味着"一国两制"实现了从理论建构到经验实践、制度化运转的飞跃。"一国两制"的理论和实践，是中华民族对于人类政治文明的历史性贡献、被誉为天才的创造。从国家结构形式上看，"一国两制"创新、丰富了单一制国家结构的形式和内容，既强调了国家统一，又充分展现和保障了经社文化和政治的多样性、兼容性。"一国两制"扩大了爱国统一战线的联盟范围，也成为中国现代国家治理的一项基本制度。依据中国共产党关于国家制度的理论和政策创新的精神，依据宪法以及相关法律的规定，我们确定以"一国两制"来解决香港、澳门和台湾问题，在这些地区回归以后制定基本法、设立特别行政区，授权当地并由当地人民依法实行高度自治。中华人民共和国宪法为特别行政区的成立、运转提供了根本的法理依据。特别行政区基本法对中央与特别行政区的关系、特别行政区具体的制度安排作详细规定，成为高度自治的宪制性法律。依据宪法、基本法，中央拥有对特别行政区的全面管治权。这当中，既包括依法由中央直接行使的权力，也包括中央依法授予特别行政区的高度自治的权力。目前，在已经实施高度自治的香港、澳门特别行政区，中央政府掌握外交、国防等相关事务权力，指导和协助特别行政区政府在辖区内维护国家安全，决定在特别行政区实施的全国性法律并拥有释法权，以确保国家对特别行政区的有效管治、确保国家安全和祖国统一；香港、澳门特别行政区政制都遵循了行政主导原则，有相对独立的立法权和司法终审权，特别行政区长官代表特别行政区、领导特别行政区政府，依据宪法、基本法等法律规定，以及本地传统的法律、法规和惯例，实施高度自治；作为中央管辖的一级地方政府，特别行政区政权必须掌握在爱国者手里，政府特别是特首必须效忠国家、效忠特别行政区，必须向特别行政区和中央政府负责。这就是中央始终坚持的"港人治港""澳人治澳"和高度自治——其实质就是支持和保障特别行政区人民当家作主，确保特别行政区长治久安和长期繁荣稳定。对于台湾地区，我们将继续坚持"和平统一、一国两制"方针，但不放弃必要时使用武力的权利；继续坚持一个中国原则和"九二共识"，推动两岸关系和平发展、推进祖国和平统一进程；继续完善两岸融合发展的制度体系，以实现两岸和平发展的制度性安排，探索"两制"的台湾方案；继续坚决反对和遏制"台独"分裂图谋和行径，坚决维护国家主权和领土完整。整体来看，港澳台地区高度自治具体的内容和形式或会有所不同，但其都属于统一的中国、是中国一部分的性质和地位不容改变，特别行政区高度自治都是中央授权的自治、都没有中央授权以外的保留权利这一点也是毋庸置疑。概言之，"一国"与"两制"不容偏废：有"一国"才有"两制"，"两制"为的是"一国"；搞好"两制"，"一国"才能更团结进步，但"两制"皆属于"一国"、皆不能有悖于"一国"。

七、外交和外事体制

外交是内政的延续。一个国家有怎样的社会制度、有怎样的国家治理体系，它的政府和国民有怎样的价值观、政治理念和政治情感，也就会有怎样的外交理念、外交活动及其风格。中国是中国共产党领导的、人民当家作主的社会主义国家，在国内政治生活中始终以全面的社会主义现代化建设、实现中华民族伟大历史复兴为基本目标，那么它在外交领域中当然也会自成一体、独具风格，并积淀形成自己的外交体系和外事体制。中国坚定不移走和平发展道路，中国外交奉行独立自主和平外交政策，一贯坚持在和平共处五项原则基础上全面发展同各国的友好合作，坚持国家不分大小、强弱、贫富，一律平等，推动建设相互尊重、公平正义、合作共赢的新型国际关系。中国外交强调国际关系的和平与稳定、民主和平等，坚持通过对话协商、以和平手段，解决国际争端和热点难点问题，反对动辄使用武力，或以武力相威胁。中国外交明确了（以大国为关键、周边为首要、发展中国家为基础、多边关系为舞台的）全方位外交的战略布局，着力统筹国际和国内、安全与发展的大局，努力争取构建国际政经新秩序、推进改善全球治理，积极构建人类命运共同体。外交工作需要也自然形成包括外事体制机制在内的制度规范。在现当代中国，外事工作制度既是国家治理体系的重要组成部分，又是中国特色外交特别是大国外交的制度保障。在中国，一方面，外交大权集中掌握在中共中央手中。中国共产党及其领导集体按照民主集中制原则，本着一切从中国人民、中华民族和中国国家的根本利益出发的目的，在不断创新发展的中国特色社会主义外交思想指导下，实事求是地确立外交大政方针以及相关战略部署，并且不断改革、健全和完善领导党和国家外事工作的体制机制，以确保党和国家外交意图、外交战略的实现。为强化集中统一领导、更好形成对外工作合力，中共中央长期通过中央外事工作领导小组、中央外事工作委员会来领导外交事务。根据 2018 年通过的《中共中央关于深化党和国家机构改革的决定》，中央外事工作委员会负有以下权责：顶层设计、总体布局、统筹协调、整体推进以及督促落实。总之是要不断加强中国特色大国外交理论建设，不断提升把方向、谋大局、定政策的能力，整体推进对外工作的体制机制改革，加强外事工作队伍建设，抓好重点工作的推进、检查、督办，确保中央对外决策部署落到实处。另一方面，当代中国外交工作、外交事务也必须充分贯彻民主法治的原则和精神。随着改革开放深入发展，中国公民和企业、组织越来越多地"走出去""引进来"；外交事务涉及专业领域的广度、深度皆属空前，外事工作涉及的面越来越宽、要求也越来越高。这就必须在党中央集中领导的基础上充分发挥人大、政党、政府、政协、军队、地方、人民团体等各个方面的对外工作和对外交往，积极开展和依法保障各种层次、内容和形式的民间外交，全方位推进和深化政治、经济、文化、社会和生态等各领域各方面的中外交流，形成对外工作大协同的基本格局。同时，也要强化外交工作法治思维，加强国际法的研究和运用，积极参与国际规则的制定执行，建立健全涉外工作法务制度，既要坚定维护我国国家利益核安全、中国公民及法人海外利益和安全，又要深度参与、积极推进全球治理规则和治理体系的变革完善。

第四章

克明德、作新民
与中国特色社会主义文化制度

国家之魂，文以化之，文以铸之。文化代表着国家的精神、气质和神韵，是一个国家屹立于世界民族之林的独特名片。中国特色社会主义制度的生命力，就在于这一制度是在中国的社会文化土壤中生长出来的。文化，连着我们的民族心理、连着我们的民族精神、连着我们的民族历史、连着我们的民族感情。博大精深的中华文化是中国特色社会主义的文明基因，是我们在世界文化激荡中站稳脚跟的根基。"没有中华文化繁荣兴盛，就没有中华民族伟大复兴。一个民族的复兴需要强大的物质力量，也需要强大的精神力量。没有先进文化的积极引领，没有人民精神世界的极大丰富，没有民族精神力量的不断增强，一个国家、一个民族不可能屹立于世界民族之林。"① 党的十九届四中全会提出，要坚持和完善繁荣发展社会主义先进文化制度，巩固全体人民团结奋斗的共同思想基础。中国特色社会主义文化制度蕴含了当代中国人共同的价值准则和文化属性，致力于增强文化自觉，弘扬民族精神，加强社会主义核心价值观建设，不断满足人民群众对美好生活的向往。

---

① 《十八大以来重要文献选编》（中），中央文献出版社 2018 年版，第 121 页。

第一节　从尊道统、尚权威，到坚持
以中国化马克思主义为指导

在多姿多彩的世界文化图景中，"中国"以一个保持了数千年文化连续性的文明体而独领风骚。这个文明体充分体现出多种形态、多个层次、多个民族及区域等不同文化的相互融合，并随着中国历史的深刻变迁，历经岁月的沉淀以及自身演进，逐步形成了涵括语言文字、文学艺术、审美情趣、精神图腾、历史地理、风土人情、生活方式、风俗习惯等表层内容，更集中地体现在思想观念、伦理道德、价值取和、礼仪制度、宗教信仰、思维方式和行为实践等丰富深层的内容之中，呈现出鲜明的精神特质。代表"中国"的符号及其所蕴含的价值体系是高度稳定的，在不同时期又有不同的特点，但其内核始终未变，体现在中国思想的主要方面即儒家义理和仪礼上。那么，几千年厚重的传统到了近代为何步履蹒跚？进入现代化的中国为什么又接受马克思主义并接受其思想指导呢？

一、道统：传统中国文化认同的主线

中国是当今世界唯一一个几千年来以国家形态发展至今从未中断的伟大文明体，以其源远流长的中华文化个性巍然屹立在东方世界，造就了独特的中华民族共同体，体现了强而不霸、弱而不分的文明根性。

德国哲学家雅斯贝尔斯在1949年出版的《历史的起源与目标》一书中提出一个很著名的命题——"轴心时代"。他指出，公元前800年至公元前200年之间是人类文明的重大突破时期也就是"轴心时代"，当时古代希腊、古代中国、古代印度等文明都产生了伟大的思想家，他们提出的思想原则塑造了不同文化传统，并一直影响着人类生活。当时古希腊有苏格拉底、柏拉图、亚里士多德，以色列有犹太教的先知们，古印度有释迦牟尼，中国有孔子、老子……此后漫长的历史时期，古老文明兴衰起伏，古希腊、古印度、古埃及虽然已经灰飞烟灭于历史中，但文明基因终究未泯。"马克思将古老文明看成'人类的童年'，历史虽永不复返，但仍然是'一种规范和高不可及的范本'，始终具有经久不衰的现代价值。"①而中华文化之所以源远流长，关键在于其无与伦比的包容力、强大的凝聚力、世俗性及超稳定的"大一统"国家结构的特点。赵汀阳认为，中国文化是"一个以汉字为主要载体，有核心基因而无边界的开放兼收的精神世界"②。这个"核心基因"虽然决定了"开放兼收"的限度，但只要承继了这种"核心基因"，那么，任何血缘、种族都可以构成"中国"，"和"是其"道统"的体现。

战国时期是中国思想文化发展的高峰，产生了灿若星河的杰出思想家，奠定了中国文明的基因。儒家、法家、道家、墨家等诸子百家思想虽然各有特点，但经过历史的大浪淘沙，形成的是聚合各家特点的中华思想体系。而认识这一思想体系，"道统"是其中一条关键的主线。"道统"特指儒家的价值观传统及与之相关联的思想体系。先秦时期百家争鸣，各家基于不同的价值体系对真理观展开辩论，因而产生了对道的不同理解。尽管当时儒家最重要的三位代表人物孔子、孟子、荀子的思想不尽一致，但他们都有着一个共同的目标，那就是"平天下"，也就是具有强烈的"济世"品格和现实关切的"天下"观念。孔子、孟子或是其他儒学大师，忙忙碌碌地奔走各国游说，希望国君能够采纳他们的建议去治理国家，去达到他们心目中的理想世界，而不单单是为了思想而思想、为了学问而学问。关于个人与家庭、与国家的关系，他们将其归纳为"修身齐家治国平天下"，一步一步提升自己的修养，才能参与提升各级群体福祉的志业，才能安人安百姓；先安顿自己的亲人，使其能够彼此和睦相处，然后才可以安顿族群，才能治理好国家；最后的目标，则是天下太平。许倬云在《中西文明的对照》中这样描述孔子的"道"："道"在孔子心目中是永恒而且"普世"的原则，即使是至高无上的神明"天"也不过是

① 潘岳：《古老文明对话与人类命运共同体》，《人民政协报》2019 年 9 月 23 日。
② 赵汀阳：《惠此中国》，中信出版社 2016 年版，第 124 页。

道的显现，"天"和"道"是一体两称。"道"不仅存在于人与人的相处之中，它还存在于万事之中。因此，儒家思想落实在人间事务上，是主导人间关系的大原则，确立人和人之间相处的尺寸与尺度。孔子将中国后世几千年的思想脉络一锤定音，这是一个人间与社会的学问，而非今天学术界的认知学问。这个特点我们必须记得，他乃是中国和西方制度方向上最大的差异。① 这段话道出了中华传统文化之"道"，也是千年来中国社会维护的"道统"的基本特色。

　　儒家之"道"对先秦之后的中国产生了深远的影响。历代统治者借助儒家经典，兴教化、倡人伦、移风俗，使儒学成为伦理型社会的基本规范，儒家经典逐渐成为各级学堂的必用教材、成为朝堂议政的权威性论据。读书人通过学习儒学经典，进入国家各个层级的官员队伍，成为维护社会稳定、传播传统儒学、治理基层社会的中坚力量，儒家思想逐渐成为建立和巩固权威的重要治国指导思想。唐朝时期，佛教思想盛行，大有压过儒学之势。韩愈从儒者的立场出发，提出了儒学本身也有一个一以贯之的"道"，并在其《原道》中阐发了这个"道"的传承：尧—舜—禹—汤—周公—孔子—孟子。其后，宋代的朱熹更为明确地将"道"与"统"合在一起，从而确立起了儒家的"道统"。"道统"是在当时的文化背景下对自身文化的一种自觉认同，它使儒学得以更久远地传承和弘扬。

　　可以说，两千年"大一统"的封建帝制中国能够稳定发展的基础，就是建立在有持久生命力的儒家世俗伦理观念之上，古代王朝的政治权威也必然是建立在对儒家世俗伦理观念的理解之上。儒家讲求传承有序、"天下无外"，"无外"需要的是文化尺度，即由"夷夏之辨"所规范的内外关系。"圣人之教"的存与不存、接受与不接受，是"外"能不能向"内"转化的尺度。东汉经学家何休在解释儒家经典《春秋公羊传》时说："中国者，礼义之国也。"就是倾向于从文明秩序出发界定中国。例如，晋国是中原诸侯国，本属于典型的"中国"政权。楚、吴则是周王

---

① 许倬云：《中西文明的对照》，浙江人民出版社 2016 年版，第 50 页。

朝统治圈之外的"夷狄"。但随着三个国家各自表现的优劣，《春秋》逐渐将楚、吴提拔为"中国"而将晋贬斥为"夷狄"。也就是说，如果丧失了礼仪和道德，原本中国可能堕落为夷狄，而接受了文明教养，夷狄也可以中国化，文化认同塑造了民族认同。历史上，数千年来中华民族成员超越了种族、地缘、宗教，全靠文化认同而像滚雪球一样凝聚在一起，显示了中华文化独特的包容能力和对外来文化的消化之功。任何一种外来的文化或者宗教进入中国，都被接纳、转化并融入中华文化的大家庭。任何一个少数民族征服中原，最终都要主动选择融入和传承中华文明。传统中国社会对"道统"的高度重视可见于中国历史的诸多关键时刻。举例来说，1684年，清帝康熙拜谒曲阜孔庙，对孔子行三跪九叩之礼，这种对汉人文圣的尊敬、对汉族读书人阶层的心理震撼无疑是巨大的，此举顷刻间瓦解了汉族士大夫对异族统治的抗拒之心，自此之后满汉一炉，汉族士大夫阶层视清皇帝为正统并尽心尽力为其政府服务。封建的统治秩序、政治稳定得以延续，儒家文明得以不断传承。

延续发展几千年而从未中断的以儒家道统思想为主线的中华文化，有利于形成统一的政治局面、融合的多民族大家庭、丰富的民族精神、勠力同心反抗外来侵略和维护民族统一的坚强意志以及满足内部平衡的社会利益和社会关系。文化的丰厚滋养使中华民族拥有强大生命力，经磨难而顽强生存，历百代流传而生生不息。

二、遭遇：近代文化反思与变革的开端

我国古人讲求："天不变，道亦不变"。确实，近代以前，中国的封建制度和文化思想成熟而自信，中央集权统治能力达到极致。清朝所开创的"康乾盛世"一度造就了万邦来朝、四海升平的繁荣景象。当时清朝国土广大、人口众多，国内生产总值（GDP）在世界上遥遥领先。在文化心态方面也一直处于心理上的优越高位，以"天朝大国"心态君临其他国家和民族，中华文化也被普遍认为"怀远天下"。然而，这种幻梦终究在西方国家入侵下崩塌、破灭了。当经过工业文明改造的西方列强挟带

坚船利炮强势攻入时，古老的中华农耕文明第一次发现对于西方的文化制度，自己不仅无法同化，而且优势损失殆尽，确实是"天变了"，如李鸿章所言的"三千年未有之大变局"。西方的入侵造成中国塌方式崩裂，引发了近代严重的民族危机，民族危机与封建晚期的危机相交融又带来了剧烈的社会危机和政治危机。多重危机下，因传统文化难以提供解决现实问题的有效价值和理论支撑，导致了严重的文化认同危机。

传统文化的产生、形成和发展长期处于古代农耕社会阶段，自给自足的自然经济是我国传统社会的主要经济形式，自然经济形成了强大的自我循环，它的封闭性和守旧性使孕育其中的传统文化，不可避免地具有相当的自闭性和保守性，缺乏开放性和开拓性。正如马克思所说："一个人口几乎占人类三分之一的大帝国，不顾时势，安于现状，人为地隔绝于世并因此竭力以天朝尽善尽美的幻想自欺。这样一个帝国注定最后要在一场殊死的决斗中被打垮……这真是任何诗人想也不敢想的一种奇异的对联式悲歌。"[1] 鸦片战争的枪炮声惊醒了仍沉醉在"天朝上国"迷梦中的中国人，中国被迫打开国门，卷入资本主义世界市场。之后，林则徐、魏源等第一代先进的中国人开始提出"师夷长技以制夷"，强调通过学习西方先进的"器物"，来抵御西方的侵略。曾国藩、左宗棠、李鸿章等人将这一思想继承下来，主张在不改变封建制度的前提下学习西方先进的技术来抵抗侵略、维护统治。这一时期中国人仍坚持传统文化不动摇，固守传统，但当这种方式无法解决现实危机时，先进的中国人开始质疑传统文化。1897 年，梁启超在他的名文《过渡时代论》中，将 19 世纪末 20 世纪初的中国总结为"过渡时代"："在政治上，民众愤慨专制，却无法组织出更好的政体；学问上学者鄙视考据辞章，却不能建立起新学术而代之；风俗上社会普遍厌弃三纲五常，却开不出被普遍认可的新道德。"[2] 在社会变革的转折时期，必然会引发对旧的文化缺席的批判和反思。19 世纪末，

---

[1] 《马克思恩格斯文集》第 2 卷，人民出版社 2009 年版，第 631—632 页。

[2] 转引自陈延武：《万水朝东：中国政党制度全景》，三联书店 2011 年版，第 9 页。

为了学习西方资本主义制度的需要，资产阶级维新派纷纷著书立说批判中华传统文化。自此，掀起了此起彼伏的文化批判运动和潮流。当资产阶级革命派登上历史舞台之时，为了宣传革命思想，对中华传统文化更是进一步地否定，中国人开始彻底丢掉了文化自信。

一个时代的思想变革，是对旧制度及其矛盾的否定，也是对新制度基本框架的全面探讨，因而是漫长的递进的历史过程，中华文化在这个历史进程中经历了跌宕起伏的曲折历程。以儒学为主流的中国传统文化自从16世纪开始，就明显暴露出与社会发展不相适应的落后性，抑制了中国资本主义经济的发展。鸦片战争中国的失败表面上看是军事上的原因，实质上则反映了政治制度和国家体制的腐朽；表面上看是武器、装备方面不如西方，更深层的还有国民素质、文明水平的落后，归根结底体现于思想观念和文化教育上的落后。到了20世纪初，中国思想界将落后挨打归之于传统文化的倾向更加明显，由陈独秀领先发起的"新文化运动"将矛头指向儒学道统，这是思想变革的开端。新文化运动为了更好地宣传西方思想，涤荡封建文化糟粕，提出了非常激进的文化口号，诸如打倒孔家店、实行文学革命、提倡白话文，甚至更有甚者要废除汉字，对中华文化提出全盘否定，这无疑对于民族危亡之际的中国产生了更大的冲击。也正是在这种文化低谷中，中国积极求变，在不断失败中寻找到马克思主义，使中华文明得以"柳暗花明又一村"，走上了文化的现代化转型之路。

三、契合：马克思主义与中华文明

马克思主义理论体系产生于现代工业社会，并以批判的态度面对工业社会，反思资本主义现代性并努力实现超越，富有开放性、科学性和前瞻性。中华传统文化与马克思主义的关系，经历了一个复杂的演进过程。"19世纪末至五四运动前，马克思主义借助中华传统文化传入中国；五四运动至20世纪30年代前中期，马克思主义客观上对中华传统文化形成冲击；20世纪30年代后期至50年代末，马克思主义与中华传统文化开始有机结合；20世纪50年代末至十一届三中全会前，'左'倾错误对中华传统文化的批判与否定，严重破坏了马克思主义与中华传统文化的结合；1978 年党的十一届三中全会以后，马克思主义与中华传统文化重新结合。"[①] 简而言之，在百年互动中，马克思主义与传统文化经历了一个由相遇、对立、对话再到结合的关系发展过程。

马克思主义虽然也是来自于西方的思想，但与其他思想不同，它吸收了人类全部思想和文化发展中有价值的成分，其中包含着优秀的中华文化，这与中国优秀的民族文化具有一种天然的亲和力。众所周知，在以基督教传教士为媒介的中西文明交流开始后，中华文明对当时的西方社会产生了广泛影响，在西欧国家普遍掀起了对中华文化的崇拜和狂热，中华文明成为欧洲启蒙主义批判宗教蒙昧的思想资源。17 世纪欧洲的启蒙思想家们认为中国作为"自然神权"的国度，其基于道德理性的政府正是欧洲最缺乏的，他们赞美中国是真正的"哲学家"做王的理想国，代表了理想社会的形象。欧洲不仅吸收了中国的物质发明，也学习了诸如文官制度等具体政治制度。这些中国元素对于西方结束神权统治、走上现代化道路具有积极的作用。比如马克思说到中国古代发明对西方的贡献："火药、指南针、印刷术——这是预告资产阶级社会到来的三大发明。火药把骑士阶层炸得粉碎，指南针打开了世界市场并建立了殖民地，而印刷术则变成了新教的工具。总的来说变成了科学复兴的手段，变成对精神发展创造必要前提的最强大的杠杆。"[②] 对马克思思想启蒙和理论构成影响最大的德国古典哲学、法国启蒙思想都明显受到中国思想的巨大影响，对中国进行过推介和评论的思想家如魁奈、伏尔泰、孟德斯鸠、黑格尔等对马克思主义思想的形成具有直接的影响，可以说中华传统文化已经不可避免成为马克思主义的有机构成。英国著名科学史专家李约瑟博士说："现代中国知识分子所以会共同接受共产主义的思想，其中一个很重要的因素是因为新儒学家（二程、朱熹）和辩证唯物主义在思想上是密切联系的。"

[①]　丁俊萍、林建雄：《马克思主义与中华传统文化关系的历史考察及启示》，《思想教育研究》2017 年第 4 期。

[②]　《马克思恩格斯文集》第 8 卷，人民出版社 2009 年版，第 338 页。

"现代中国人如此热情地接受辩证唯物主义，有很多西方人觉得是不可思议的。他们想不明白，为什么这样一个古老的东方民族竟会如此毫不犹豫、满怀信心接受一种初看起来完全是欧洲的思想体系……中国的知识分子之所以更愿意接受辩证唯物主义，是因为，从某种意义上说，这种哲学思想正是他们自己所产生的。"①

中国近代以来的社会变革为马克思主义与中华传统文化的相遇提供了机缘。在救亡图存的时代潮流中，一代又一代先进的中国人前赴后继努力向西方国家学习，力图用西方文化来解决中国现实出路，以为此举能使中国走向独立、富强、自由的现代化之路，但最后都是以失败而告终，中国惨遭欺凌的命运没有改变，中国的文化也没有获得实质性的转换。而马克思主义的传入让当时的中国各派知识分子看到了一条文化发展的"新路"，得到了普遍的思想共鸣。这是因为马克思主义对理想社会的描绘与中国长久以来的理想传统不谋而合。马克思给共产主义社会设计的理想蓝图，除了要建立一个没有人剥削人的社会以外，也要求在经济上做到"各尽所能，各取所需"。从这一点来说，马克思主义与儒家思想追求的大同理想社会是一致的。儒家经典《礼记·礼运》向我们描述的大同社会景象就是天下为公，人与人和谐相处、各尽其责、各尽其力，社会风气井然有序。所以，在价值目标和追求上，马克思主义与儒家思想天然具有共同性。郭沫若先生在"五四"之后写过一篇小文叫作《马克思进文庙》，形象地勾画了中国先进分子在接受马克思主义时的心态。这篇文章假借孔子与马克思的对话，写到马克思讲了自己的思想后，孔子拍手称道：我的思想乃至我国的传统思想，根本和你一样，总要先把产业提高起来，然后才来均分。马克思感叹道：我不想在两千年前，在远远的东方，已经有了你这样的一个老同志！你我的见解完全是一致的。②

因此，中国之所以接受马克思主义并走上社会主义道路，决不是偶然

---

① ［英］李约瑟：《四海之内——东方与西方的对话》，三联书店 1987 年版，第 67 页。
② 郭沫若：《马克思进文庙》，《洪水》（第 1 卷第 7 号），1925 年 12 月 16 日出版。

的。朴素的社会主义思想深深植根于中华民族的文化土壤，凝结着中华民族的历史追求，渊源于中华民族的文化基因。马克思主义不仅能够满足中国民族独立的现实需求，而且与中华文明高度契合。中国共产党人在近一个世纪的奋斗中将马克思主义与中国传统文化的精髓成功结合起来，使中国传统文化在批判中继承、在创新中发展，实现了中华传统文化的现代化转型。

四、主旋律：坚持马克思主义的指导地位

一种文化的生命力是否强大，关键取决于其指导思想的生命力。以马克思主义为指导、以社会主义先进文化为引领，是中国特色社会主义文化区别于其他文化的鲜明特征，是事关中国文化建设的根本问题，是中国特色社会主义文化发展道路的旗帜和灵魂。中国既是一个有着悠久历史的国家，又是马克思主义在思想文化领域居于指导地位的社会主义国家，传统文化现代性转型与马克思主义指导地位之间有着密切的关联。

习近平指出："在人类思想史上，就科学性、真理性、影响力、传播面而言，没有一种思想理论能达到马克思主义的高度，也没有一种学说能像马克思主义那样对世界产生了如此巨大的影响。这体现了马克思主义的巨大真理威力和强大生命力，表明马克思主义对人类认识世界、改造世界、推动社会进步仍然具有不可替代的作用。"[1] 在纪念马克思诞辰 200 周年大会上的讲话中，习近平特别强调："近代以后，争取民族独立、人民解放和实现国家富强、人民幸福就成为中国人民的历史任务。在旧式的农民战争走到尽头，不触动封建根基的自强运动和改良主义屡屡碰壁，资产阶级革命派领导的革命和西方资本主义的其他种种方案纷纷破产的情况下，十月革命一声炮响，为中国送来了马克思列宁主义，给苦苦探寻救亡图存出路的中国人民指明了前进方向、提供了全新选择。"[2] 马克思主义

---

① 《习近平谈治国理政》第二卷，外文出版社 2017 年版，第 65 页。
② 习近平：《在纪念马克思诞辰 200 周年大会上的讲话》，《人民日报》2018 年 5 月 5 日。

揭示了人类社会发展的一般规律，为人类指明了从必然王国走向自由王国飞跃的途径，为人民指明了实现自由和解放的道路，是我们立党立国的根本指导思想，马克思主义为中国革命、建设、改革提供了强大思想武器，是中国这个古老的东方大国创造了人类历史上前所未有的发展奇迹。

马克思指出："人们的观念、观点和概念，一句话，人们的意识，随着人们的生活条件、人们的社会关系、人们的社会存在的改变而改变。"[1]近代中国面对变革和挑战，传统文化能否存续并焕发新的生命力，取决于其能否成功完成现代性转型。文化的现代化过程表征着对传统思想在面对西方文化冲击中的自我检讨和文化选择的价值尺度。从新文化运动至今，中国文化一直进行着现代性转型的探索，传统文化也一直走在现代性转型的路上。1919 年的五四运动和马克思主义在中国的传播，标志着中国文化新纪元的到来，在其指导下成立了中国共产党，这使得近代以来中西文化的交融达到一个新的阶段，促进中国传统文化实现了历史性的转换。正如毛泽东所说，因为有了马克思主义，中华民族"在精神上就由被动转入主动"。[2] 中国共产党是一个具有高度文化自觉的政党。中国共产党从成立之日起就既是中国先进文化的积极引领者和践行者，又是中华优秀传统文化的忠实传承者和弘扬者。在 100 年的奋斗历程中，党始终结合时代条件，围绕中心任务，不断推进马克思主义中国化，并与时俱进提出文化纲领、文化政策，坚持不懈推进文化建设，开辟了中国特色社会主义文化发展道路，有力推动了党和人民事业发展。

马克思主义的传入以及在与中国具体实际、中国传统文化的融合即马克思主义中国化的过程中，催生了新的中国主流文化的生成，中国化的马克思主义取代了统治中国两千多年儒家哲学的官方地位，成为新中国的指导思想和进行国民教育的价值核心，从而真正实现了中国文化由传统向现

---

[1] 《马克思恩格斯选集》第 2 卷，人民出版社 2012 年版，第 699 页。
[2] 《毛泽东选集》第 4 卷，人民出版社 1991 年版，第 1516 页。

代性的伟大转型。很显然，"如果没有马克思主义的本土化民族化、具体化即中国化的过程，原装的外来文化是不可能取得如此之成功的。且不用说非马克思主义的西方思想体系如资产阶级共和国的方案、天赋人权的理念以及近代西方的各种哲学体系都没能在中国文化土壤中牢固地扎根，就是以'百分之百'马克思主义自居的教条主义在中国革命面前也碰得头破血流……马克思主义中国化促进了中国传统思维方式的革命，解决了中华民族本位文化由传统走向未来的两难课题。"①

马克思主义是人民的理论，它第一次创立了人民实现自身解放的思想体系。马克思主义博大精深，归根到底就是一句话，为人类求解放。以马克思主义为指导，最重要的是坚持马克思主义立场观点方法，运用马克思主义中国化最新成果指导文化建设。早在革命年代，我们党就把荡涤封建文化，建设民族的、科学的、大众的新民主主义文化作为自己的文化纲领。新中国成立以后，党明确了坚持马克思主义唯物辩证法和唯物史观的指导思想，先后提出了社会主义文化为工农兵服务，为社会主义服务等基本方针，兴起了文化建设的高潮。新中国成立 70 多年来，我们党之所以能够坚持文化自信，不断推动社会主义文化事业繁荣兴盛，把社会主义文化建设推向新的发展阶段，就在于始终坚持马克思主义的指导地位。只有以马克思主义为指导，不断总结古今中外文化冲突与融合过程的经验教训，确立全球眼光，强化民族意识，谋求多元文化平等对话，才能走上健康发展的现代化道路。

党的十八大以来，以习近平同志为核心的党中央从坚持和发展中国特色社会主义、实现中华民族伟大复兴中国梦的政治高度，把我们党对文化发展规律的认识推向了新境界。新时代需要新思想，新时代孕育新思想，党的十九大概括和提出了习近平新时代中国特色社会主义思想，并将此确立为党必须长期坚持的指导思想写进党章。习近平新时代中国特色社会主

---

① 张允熠：《历史的抉择——中国人为什么要接受马克思主义》，人民出版社 2016 年版，第 206 页。

义思想是马克思主义中国化的最新成果，是党和人民实践经验和集体智慧的结晶，是中国精神的时代精华，也是新时代文化建设的根本指针和统领。

中国特色社会主义文化发展道路是中国特色社会主义道路的重要内容，是实现文化强国目标的必由之路。习近平新时代中国特色社会主义思想在文化建设上作出了一系列重要论述，比如强调始终牢牢掌握意识形态工作领导权，增强"四个意识"，坚定"四个自信"；持续深入培育和践行社会主义核心价值观，增强社会主义核心价值观建设的针对性、实效性，使之转化为人们的情感认同和行为习惯，保证文化建设始终沿着正确方向前进；广泛开展理想信念教育，深入实施公民道德建设工程，深化群众性精神文明创建活动，着力提高人民思想觉悟、道德水准、文明素养，提高全社会文明程度；坚持以人民为中心的创作导向，把创作生产优秀作品作为文艺工作的中心环节，把社会主义核心价值观贯穿文艺创作始终，在深入生活、扎根人民中繁荣发展社会主义文艺；坚持以人民为中心，坚持共建共享，坚持把社会效益放在首位，激发全民族文化创新创造活力，发展文化事业和文化产业，推动文化繁荣兴盛；等等。① 这些重要论述为不断推进文化强国建设、不断满足人民群众精神文化需求提供强大精神力量。习近平新时代中国特色社会主义思想是一个系统完备、博大精深的科学体系，蕴含着丰富的马克思主义思想方法和工作方法，既是世界观、历史观，也是认识论方法论。推进文化建设要把这些方法转化为具体的思想方法和工作方法。把实事求是作为基本的思想工具，认识新事物、研究新问题、拓展新事业，以思想上的朝气锐气开展文化建设工作中的新局面。强化问题意识，敢于正视问题、善于发现问题、科学分析问题、深入研究问题，担当起新的文化使命，在实践创造中进行文化创造，在历史进步中实现文化进步，不断铸就中华文化新辉煌。

---

① 《习近平谈治国理政》第三卷，外文出版社 2020 年版，第 32—34 页。

第二节　从明道德、行教化，到践行社会主义核心价值、塑造"社会主义新人"

"人"的发展和解放是社会运行的根本目的，同样也是思想文化服务的中心。"以文化人"显示了文化对营造人的社会化的关键作用。什么样的文化塑造什么样的人。传统中国强调"仁义道德"，规范的就是人和社会的关系。社会主义关注的是人的"真正的自由和解放"，在核心价值观的引领下塑造"社会主义新人"。

一、儒家的"礼"与封建宗法社会的"人"

黑格尔在《历史哲学》中写道："中国纯粹建筑在这一种道德的结合上，国家的特性便是客观的'家庭孝敬'。中国人把自己看作是属于他们家庭的，而同时又是国家的儿女。在家庭之内，他们不是人格，因为他们在里面生活的那个团结的单位，乃是血统关系和天然义务。在国家之内，他们一样缺少独立人格；因为国家内大家长的关系最为显著，皇帝犹如严父，为政府的基础，治理国家的一切部门。"① 传统中国给人鲜明的印象就是人伦道德秩序，这也是儒家思想的"礼"制所规约的、符合封建专制制度所需要的文化基础。

从理论上来讲，中华传统的精神文化蕴含着深刻的人文精神和美育品格，形成于"轴心时代"的"人文以化成天下"的命题奠定了这种文化精神的基础。"人文化成"的元典出自《易·贲》："天文也，文明以止，人文也。观乎天文以察时变，观乎人文以化成天下。"人是需要依靠"文"来培育、进化的，文化如绵绵细雨，润物细无声地改变人、塑造人。以"人"为本的人文倾向、以"止"为度的中和境界和以"化"为用的化育精神或美育精神构成了传统中华文化塑造理想人格的具体尺度。

---

① ［德］黑格尔：《历史哲学》，上海书店出版社 2001 年版，第 135 页。

首先是"循天道，尚人文"。在中华传统"人文"观念中，"文"以"人"为本位而人以"文"为本质，对人的理解不停留在人自身，而着重在由社会人伦关系构成的"文"，从而它就有别于以人的自然本性为出发点的人本主义。有了"人"方有这文化世界，而有了"文"方有人的合理生存。"人文"和"人本"一字之差，透露了中西方对人的文化思考上的不同的文化背景和文化精神。儒家将中和伦理化，强调以天地万物的中和来论证人事礼仪，而道家则使中和回归自然，以天地自然的中和为终极追求。两者思路有异，然对"止"的分寸与"中和"的境界的追求却是共通的。因此，可以说"文明以止"作为"人文化成"的一种尺度感，由"止"而达的"中和"境界，是中华传统文化的一种共通精神。①

那么，如何"化"？儒家讲求"崇礼乐，赞化育"。"化"者，内外融通，不免不强，自然流成之谓也。孔颖达说得很清楚："《诗》《书》《礼》《乐》之谓，当法此教而化成天下也。"② 这就使中华元典人文精神一开始就带上了浓厚深沉的人生现世色彩和人心化育品格。中华元典人文精神不仅重人道，而且重教化，即重人道的教化。这种教化，又必须借助礼乐诗书等形象化、情感化的形式。所谓诗教、乐教、礼教、艺教，都是艺术与道德的有机融合。这种"人文化成"精神决定了中国传统文化意念中对人的转化和人格的完成。其次是"致中和，得其分"，以"止"为度的中和境界。这个"止"，在儒家的典籍里往往等同于"中"与"和"，孔子所称"允执厥中""不偏不倚""无过不及"的中庸之道，所谓"乐而不淫"的中和尺度，所追求"从心所欲不逾矩"的规矩中有自由、自由中有规矩的境界，都与这个"止"相关，儒家和中华传统文化特别强调的就是这种恰如其分的分寸感，追求的是与万物和谐的中和境界。中华元典文化的这种中和境界，要求无论做人还是做事，都应该"各得其分"，恰到好处。"人文化成"精神也决定了道德和艺术是中国传

---

① 潘立勇：《"人文化成"传统与中华审美人文精神》，《南京师范大学文学院学报》2004年第3期。

② 《周易正义·上经随传卷三·贲》（孔颖达疏）。

统文化的两大基石，一方面，道德以艺术和审美为中介，并以艺术化的心理体验和生存状态为最高人格境界的标志，这就使中国传统的人文精神带上了浓厚的美育品格。另一方面，艺术和审美以道德为旨归，以人格的培养和人格境界的升腾为主旨，艺术与道德的有机融合，既体现了中国传统人文精神的深层的美育品格，也体现了中国传统审美文化的人文旨趣。所以，作为中华传统文化基石的道德，从来不是如康德所谓由"先验理性"或抽象的绝对的"道德律令"决定的意志自觉，而是融合在具体的人伦情境之中，由具体细微的"语默动静"来实践与体验的人生规范。

当然，到了具体的生活实践中，由于传统社会下文化和精神生活贵族化、精英化，是少数人的特权，带有极强的阶级烙印，绝大多数的劳动人民是得不到这种文化艺术浸润。文化艺术到了基层，就转化为适应统治需要、压抑个体个性、稳定社会秩序的封建礼教。儒家思想将"礼"作为一个道德规范，并用"礼"来约束人们，实现对人们思想和行为的控制。"礼"包含了社会的伦理纲常准则，也就成为调节社会成员与群体关系的规范。儒家思想将宗法家长式的统治与其政治上的仁爱观念相结合，提出了以"三纲""五常"为核心的礼节社会道德规范和社会等级服从意识。"礼"由此实现了社会规则对人的制约，规范人们的行为，构建统治者所需要的社会秩序。"君为臣纲、父为子纲、夫为妻纲"的纲常伦理和"男尊女卑"的不平等观念构成了这种礼教的主导思想。

所以，中国传统文化厚重人文、以人为本，但所重的"人"并非是个体的、自由的人，而是从属于宗法社会的人。在处理个人与社会的关系上，中国传统文化维护着家国同构的宗法关系，强调集体本位，与近代西方强调自由权利的个人本位呈现鲜明对比。家国同构中的宗法关系也深刻形塑了中国人社会交往的基本模式，即按血缘亲疏关系为主形成同心圆结构的差序格局。在家国同构之下，从"家"与"国"的集体本位出发，强调人的义务和责任，强调人情，但容易忽略个人的权利和自由，这与现代社会的精神和价值体系格格不入，也对现代化起到了极大的阻碍作用。因此，鲁迅先生在《狂人日记》里曾表达了对这种礼教的愤怒："我翻开历史一查，这历史没有年代，歪歪斜斜的每页上都写着'仁义道德'四个字。我横竖睡不着，仔细看了半夜，才从字缝里看出字来，满本都写着两个字是'吃人'！"① 封建礼教"吃"掉的是人的个性、自由和解放，中华文化要走向现代，就需要在马克思主义指导下必然要追求人的解放，摒弃封建文化的糟粕，重塑社会主义新人。

二、人的自由与解放：社会主义文化的根本目标

19世纪40年代中期，马克思恩格斯在系统阐述唯物史观基本原理时就已指出，"当人们还不能使自己的吃喝住穿在质和量方面得到充分保证的时候，人们就根本不能获得解放。'解放'是一种历史活动，不是思想活动，'解放'是由历史的关系，是由工业状况、商业状况、农业状况、交往状况促成的"②。只有彻底打破旧的统治秩序和生产关系，打造一个现代化的人民共和国，广大人民群众翻身成为国家的主人和独立的个体，才谈得上人的解放和全面发展。这是社会主义文化的基本价值，也是新中国成立的明确目标。

1949年9月21日，在为新中国成立奠基的中国人民政治协商会议第一届全体会议上，毛泽东充满自信地宣示"随着经济建设的高潮的到来，不可避免地将要出现一个文化建设的高潮。中国人被认为不文明的时代已经过去了，我们将以一个具有高度文化的民族出现于世界。"③ 中华人民共和国成立后，人民在政治上翻了身，如何让几亿的中国工农劳苦大众在文化上翻身，成为受到基础教育、有文化的人当务之急。为此，新中国有计划、有步骤地发展人民文化、人民教育、人民文艺，展开了轰轰烈烈的文化建设高潮。

在传统古代社会中，孔子早就有"有教无类"的理想，希望人人都能够接受教育。自隋朝以来，中国实行的科举制度也在一定程度上瓦解了

---

① 《鲁迅全集》第1卷，人民文学出版社1998年版，第425页。
② 《马克思恩格斯文集》第1卷，人民出版社2009年版，第527页。
③ 《毛泽东文集》第5卷，人民出版社1996年版，第345页。

贵族制度，开放了社会等级。但由于传统的劳作方式、自给自足的、闭塞的小农经济以及种种客观条件的限制，能够读书受教育的人只占极少的人口比例。绝大多数劳动人民被剥夺了受教育的机会，成了不识字的文盲，而且没有机会进入精英教育体系。明清科举制名额占全国人口的比例极小，由科举所推动的社会向上流动只在极为有限的阶层和人口中进行。1928—1949 年间中国累计有大学毕业生 18.5 万人，仅占全国成年人口的万分之七，比清代举人比例还低，各级教育均未普及。直到 1949 年，中国仍有 80% 以上的人口是目不识丁的文盲，农村的文盲率更是高达 95% 以上，有的地方甚至十里八村也找不出一个识文断字的人来。新中国成立以后，普通人民才能真正地获得均等受教育的权利，也有了通过统一标准考试进入大学接受高等教育的机会。

1950 年 9 月 20 日，新中国召开了第一次全国教育工作会议，提出工农教育以识字教育为主。会议对于工农业余教育的组织形式、教材、教学计划和经费等各方面问题进行了讨论，教育普及和"教育向工农开门"成为全国教育界最重要的口号和方针。国家不仅加快发展各级基础教育的规模，努力提高适龄青少年尤其是工农子弟受教育的机会，更直接出台了许多相应的照顾政策，保证各级学校中工农学生的比例。1949 年以后，在大学招生时国家也明确要求在考分相近的情况下，要优先录取工农毕业生、复员军人、烈士子女、少数民族学生和华侨学生。从 1949 年到 1976 年，中国学前儿童的入学率从新中国成立前的 20% 左右激增到 97.1%，成年人的文盲率则在这三十年间下降了近 60 个百分点，越来越多的国民通过正规教育达到了较高的文化程度。新中国结束了旧中国文盲半文盲占人口大多数、中国人被称为"东亚病夫"的历史，教育、科学、文化、卫生、体育等各项事业得到很大发展，人均预期寿命显著延长。

新中国成立之初的扫盲运动，是新中国的一次文化建设高潮，不但在文化上使广大人民特别是广大农民打开了知识文化的大门，从而实现了自身的解放，而且为广大人民通过技术革命改变城乡的落后面貌，缩小三大差别提供了重要的条件，打下了文化基础。扫盲运动，堪称一场无声而又影响深远的革命。教育事业优先发展战略的长期实施，极大提高了人民群众的生产生活能力。经济的快速发展，为教育事业发展提供了坚实的物质保障。2011 年至 2016 年，国家财政教育经费连续五年保持在 GDP 的 4% 以上，2016 年首次突破 3 万亿元。有了较为充分的资金保障，各项教育事业快速发展。截止到 2017 年，中国九年义务教育巩固率已达 93.8%，高中阶段毛入学率为 88.3%，全国高等教育学校 2914 所，占世界高等教育总规模的 20%，成为世界高等教育第一大国①。教育发展极大提升了劳动者的科学文化素质，为其提高就业质量和更好地生产生活提供了智力支持。

同时，新中国的文化事业取得了显著成就。1949—1979 年的中国注重在文学、艺术、考古、建筑、版画等领域，发掘、创造新的文化传统，即人民的文化。中国共产党始终坚持以人民为中心，把满足人民精神文化需求作为出发点和落脚点，让文化发展成果惠及全体人民，满足人民群众过上美好生活的新期待。一方面，党和政府着力解决文化发展不平衡不充分的问题，加快文化领域供给侧结构性改革，建设覆盖城乡、便捷高效、保基本、促公平的现代公共文化服务体系，重点加强对农村尤其是对革命老区、少数民族地区、边疆地区、贫困地区的扶助，提高基本公共文化服务标准化、均等化水平，促进城乡、区域均衡发展，以乡村文化振兴、促进乡村特色文化产业发展为抓手，重塑现代乡村发展的内生动力。比如，在偏远的西藏自治区，截至 2018 年底，广播、电视人口综合覆盖率分别达到 97.1% 和 98.2%。基本实现市（地）有图书馆、县有综合文化活动中心、乡有文化服务中心，每个行政村有文化室、农家书屋、电影放映室。这些具体举措无疑满足了广大人民群众多样化、多层次、多方面的精神文化需求，促进了文化消费增长。

社会主义制度为人的自由和全面发展开创了前提条件，在十几亿人口的国家全面推进文化事业的繁荣和发展，无疑为中国人的解放和幸福奠定

---

① 国家信息中心：《大数据看改革开放新时代》，商务印书馆 2018 年版，第 18 页。

了基础，这既是中国五千年文明活力在新中国的重新迸发，更是人类史上的发展奇迹。

三、社会主义核心价值观：当代中国精神的高度体现

任何一种文化要立起来、强起来，从根本上说，取决于凝结和贯穿其中的核心价值观的生命力、引领力。一个社会常常存在多种多样的价值观念和价值导向，要把社会意志和力量凝聚起来，必须有一套与经济基础、政治制度相适应并能形成广泛社会共识的核心价值观。核心价值观是一个民族赖以维系的精神纽带，是一个国家共同的思想道德基础和用来判断一切是非功过的标准，它承载着一个国家和民族的内在精神与道德追求，是文化最深层的内核，决定着文化的性质和方向，体现着一个国家、一个民族的文化理想和精神高度。党的十八大报告提出，要"倡导富强、民主、文明、和谐，倡导自由、平等、公正、法治，倡导爱国、敬业、诚信、友善，积极培育和践行社会主义核心价值观"，从国家、社会、个人三个层面出发，经过高度概括凝练后深刻地回答了当代中国要建设怎样的国家、建设怎样的社会以及要培育怎样的公民三个层面的问题。它同时为中国特色社会主义文化发展划定了边界、提供了思路、明确了方向。国家层面的富强、民主、文明与和谐为新时代中国现代化方向明确了目标，社会层面的自由、平等、公正与法治为新时代中国社会和群体组织发展提供了价值指引，个人层面的爱国、敬业、诚信、友善为新时代公民个人和中华民族提供了价值准则。

"价值观的自信，是一个国家和民族在推进文化发展的进程中有所依循、知所趋止、顽强进取的定力与韧性所在，也是一个国家和民族面对各种文明创造和文化滋养择善而纳、从容吞吐的气度与尺度所在。"① 核心价值观应该与一个国家和民族自身的历史文化一脉相承，与人民正在进行的奋斗相契合，与新时代需要解决的时代问题相适应。社会主义核心价值

---

① 沈壮海：《文化自信之核是价值观自信》，《求是》2014 年第 18 期。

观与中华优秀传统文化的价值内核是一致的。我国古人讲，礼义廉耻，国之四维，"四维不张，国乃灭亡"，核心价值观就是一个国家的"维"和"纲"，是国家、民族的发展方向和精神旗帜。古人提出的以"仁义礼智信"为主要内容的价值观，在巩固封建制度、维系封建社会2000多年统治秩序和社会秩序中起到了精神支撑作用。中国传统文化历来倡导"修身、齐家、治国平天下"，也是分别从国家、社会、个人三个层面出发，即从国家宏观层面的角度讲治国平天下，从社会中观层面的角度讲齐家，从个人微观层面的角度讲修身正心。对于理想信念的树立，中国传统文化崇尚"大道之行也，天下为公"的社会理想；对于道德修养的培育，中国传统文化主张正直仁义，从"仁者爱人"到"老吾老以及人之老，幼吾幼以及人之幼""扶危济困"和"守望相助"等价值理念，这为新时代提供了社会维度上的价值支撑；至于古人孜孜追求"君子"人格，强调"君子喻于义""言必信、行必果""诚者，天之道也"，这里"诚"与"信"是古人持家兴业的行为规范，也与新时代市场经济强调的诚信守法、加强道德自律一脉相承。古人所说的"先天下之忧而忧，后天下之乐而乐"的政治抱负，"位卑未敢忘忧国""苟利国家生死以，岂因祸福趋避之"的报国情怀，"富贵不能淫，贫贱不能移，威武不能屈"的浩然正气，"人生自古谁无死，留取丹心照汗青""鞠躬尽瘁，死而后已"的献身精神，这些体现了中华民族的优秀文化和民族精神的思想和理念，既随着时间推移和时代变迁而不断与时俱进，又有其自身的联系性和稳定性，充分体现了中华优秀传统文化的精华。所以，中华优秀传统文化与社会主义核心价值观涵盖的国家、社会、个人三个层面的价值目标在内核上保持着高度契合。弘扬社会主义核心价值观，深入挖掘中华优秀传统文化蕴含的思想观念、人文精神、道德规范，结合时代要求继承创新，让中华文化展现出永久魅力和时代风采。

同时，社会主义核心价值观是当代中国精神的集中体现，凝结着当代中国人共同的价值追求。社会主义中国是无数英勇奋斗的先进中国人通过艰苦卓绝的革命和牺牲奋斗得来的，在这一革命历程中，当代中国批判性地吸收了西方资本主义国家在反对封建统治过程中树立的自由、平等、博爱等现代价值观念，把它与社会制度下人的解放和全面发展结合起来，与弘扬中华文化精神，实现中华民族伟大复兴的目标结合起来，形成了自己的文化标识和价值标准。"富强、民主、文明、和谐，自由、平等、公正、法治"这些价值观既充分吸收了西方发达国家在现代文明建设中的先进理念和价值标准，又具有符合中国特色社会主义要求的独特内涵。比如说我们的富强，是要实现中国人民的共同富裕而不是由资本决定的财富差距；我们的民主体现的是通过多种方式组织人民共同参与，充分体现当代中国人当家作主的一系列制度安排，而不是西方那种几年一次的选举投票仪式；我们的自由也不是个人权利的无限张扬，而是在尊重大多数人民利益的基础上以法治来规约的自由；我们的法治充分体现依法治国，但又要和党的领导在政治上辩证统一起来，实现政治和法律的有效结合。可以说，当代中国的核心价值观集中体现了以爱国主义为核心的民族精神和以改革创新为核心的时代精神，体现了社会主义的本质要求，展示了社会主义制度在思想和精神层面质的规定性，凝结着社会主义先进文化的精髓，是全国各族人民价值观的最大公约数。

当今世界正处于大变革大发展大调整的历史时期，各种思想文化交流交融交锋日益频繁，各种社会思潮激荡碰撞不断加剧，各种价值观之间的竞争依然激烈。一些西方发达国家利用自己的科技优势和话语强势，以所谓的"普世价值"诱导人们"以西为美，唯西是从"。一些西方势力抱着意识形态偏见和冷战思维，把中国的发展壮大视为对西方制度模式和价值观的威胁。所以，我们将长期面对西方遏制的压力，而意识形态渗透、价值观念颠覆则是西方敌对势力对我推行西化、分化战略的主要手段。在这种国际背景下，如果我们自己的价值观不鲜明、不自信，就会在思想文化上败下阵来，不打自垮，成为别人价值观的附庸。所以，中华民族要走向伟大复兴，必须要有价值追求上的"定海神针"。

"培养什么样的人"是社会主义核心价值观建设的根本问题。党的十九大报告指出，培育和践行社会主义核心价值观，要以培养担当民族复兴大任的时代新人为着眼点。核心价值观建设，说到底是人的思想建设、灵魂塑造，造就具有正确世界观、人生观、价值观的社会主义建设者和接班人，因此，社会主义核心价值观的培育和践行要贯穿于新时代中国特色社会主义事业的全过程。具体地，就是"要以培养担当民族复兴大任的新时代新人为着眼点，强化教育引导、实践养成、制度保障，发挥社会主义核心价值观对国民教育、精神文明创建、精神文化产品创作生产传播的引领作用，把社会主义核心价值观融入社会发展各方面，转化为人们的情感认同和行为习惯"。① 每一个公民，从国家、社会、个人层面来加深对中华民族伟大复兴内涵的理解，将有助于民众实现理论自觉和实践自觉。在让自我人生"出彩"的同时，为实现中国梦贡献力量。针对新时代青年大多文化程度高、眼界开阔、思维活跃，但部分存在个人发展功利化、责任意识淡化、实践能力弱化等新情况新问题，要在立德树人上下真功夫、长功夫。在培育路径上，强化教育引导、实践养成、制度保障，发挥社会主义核心价值观对国民教育、精神文明创建、精神文化产品创作生产传播的引领作用，把社会主义核心价值观融入社会发展各方面，转化为人们的情感认同和行为习惯。在培育方式上，坚持全民行动、干部带头，从家庭做起，从娃娃抓起。真正发挥社会主义核心价值观所具有的凝神聚气、汇聚强大正能量的引领功效，把多元化甚至碎片化的思想、观念和想法从总体上汇聚到一个大的共识下，即实现中华民族伟大复兴。

第三节　从祖述尧舜、宪章文武到社会主义文化建设的"双百""二为"

"祖述尧舜，宪章文武"，推崇先王之道，这是历代儒家普遍的思想特点。新中国成立以来，我们党始终坚持文化建设扎根人民、扎根生活的

---

① 习近平：《决胜全面建成小康社会　夺取新时代中国特色社会主义伟大胜利——在中国共产党第十九次全国代表大会上的报告》，人民出版社 2017 年版，第 42 页。

价值取向，从坚持"百花齐放，百家争鸣"，到"以人为本"，再到坚持"以人民为中心"的工作导向，共同构成了我们党建设社会主义文化的核心理念。

一、定于一尊的"先王之道"

周朝以前，中国曾经出现过天下一统的局面，在创制建章上成就斐然，尤其是周王朝，孔子赞之为"郁郁乎文哉"的典盛。周人建立了一套新的政治制度，创建了一种"道德化的国家"。王国维先生在《殷周制度论》中指出："周人制度之大异于商者，一曰立子立嫡之制，由是而生宗法及丧服之制，并由是而有封建子弟之制、君天子臣诸侯之制；二曰庙数之制；三曰同姓不婚之制。此数者，皆周之所以纲纪天下。其旨则在纳上下于道德，而合天子、诸侯、卿、大夫、士、庶民以成一道德之团体。"但到了春秋战国，周王室衰微，诸侯坐大，维护封建宗法等级制度的"周礼"遭到极大破坏，礼崩乐坏，王道也受到冲击。东周后期开始中国社会进入大变革、大动荡的转型时代，诸侯争霸，社会处于动荡之中。这种划时代的变革为代表各方利益的知识分子思想异常活跃和崛起提供了时代背景。"士"成为一支重要的社会力量，他们纷纷登上历史舞台，著书立说，提出解决社会现实问题的方法，形成了诸子百家争鸣的繁荣局面。正如班固在《汉书·艺文志序》中载："王道既微，诸侯力政，时君世主，好恶殊方。是以九家之术，蜂出并作，个引一端，重其所善，以此驰说，取合诸侯。其言虽殊，辟犹水火，相灭亦相生也。"《汉书·艺文志》将"百家争鸣"时期的主要思想学派分为十家——儒、墨、道、法、阴阳、名、纵横、杂、兵、小说。西汉人刘歆在《七略·诸子略》中将小说家去掉，称为"九流"。俗称"十家九流"就是从这里来的。这一历史时期是中国学术文化、思想道德发展的重要阶段，奠定了中国传统文化体系的基础。

先秦诸子百家争鸣，构成了中华民族历史上的华彩乐章。诸子百家历时300多年之久的跨世纪大辩论，儒墨争雄，儒道争锋，儒法争用，可谓纵横捭阖、智慧纷呈，为后世留下了多姿多彩丰富宝贵的思想文化遗产，留下了建设家园的美好理想、应对变革的思想资源、凝聚民心的价值体系和指导人生的智慧结晶，其中的儒家思想更是孕育了我国传统文化中的政治思想和道德准则。可以说，中华文化的主要精神轮廓在先秦就已经基本完成，虽然在后来的历史长河中发生过多次大幅度的流变，但是其核心都没有脱离原来的主轴。在历史转折时期"离经叛道"、背离"道统"一个时期之后，紧接着总是有对"道统"的回归过程和恢复过程，这是中华文化生命力的自我表现。

孔子、孟子等先秦儒学大师推崇先王之道，将儒家的诸多核心价值归之于尧舜、文武。早期儒家孜孜不倦地追溯、阐发、倡导"先王之道"，这些"道"的思想内容是什么？应该说，三代先王在治理天下时，积累了包括礼乐制度、德治观念、中道方法在内的政治经验和思想文化。早期儒家将其中的核心价值、思想精华概括为"先王之道"。"礼之用，和为贵。先王之道，斯为美。"① 在早期儒家诸子、传记典籍中，能够成为"先王之道"的内容，其实正是儒家许多重要的思想理念如仁义、民本、中庸的原始形态。儒家学说的理论核心是"仁"，就是要爱人、要求人与人之间、相互爱护，融洽相处。要实现"仁"，就要做到待人宽容，"己所不欲，勿施于人"。而体现仁的制度或行为的准则是"克己复礼"。孔子首创私人教学，主张"有教无类"，认为不分贫富，人人都有受教育的权利。孔子主张"为政以德"，"节用而爱人"，使百姓"足食"，国家"足兵"，取得"民信"。这种思想包含了民本思想，也是孔子所提倡的道德观和伦理观。但在春秋战国时期，孔子及其儒学的主张根本没有人接受，为宣传他的学说而四处碰壁的孔子被司马迁形容为"累累若丧家之犬"。而随着群雄争霸局面的进一步激化，以富国强兵为主旨的法家思想适应时代需要，一度得到统治者们的重视，直至秦横扫六合、一统天下后成为官方意识形态。秦始皇"焚书坑儒"，终结百家争鸣而一任于法，但

---

① 《论语·学而》。

二世而亡，表明思想上的高度集权，既不符合天下统一后社会发展的需求，也违背了思想文化本身发展的规律，最终没有维持住秦朝的一统天下。汉代是中国封建社会统一中央集权制发展的关键时期，也是意识形态选择和思想文化建构的关键时期。汉朝统治者汲取了秦朝严刑峻法、惟尊法术的教训，在思想文化上采取了较为宽松的政策。儒家代表性人物董仲舒力倡儒学，指出："《春秋》大一统者，天地之常经，古今之通谊也。今师异道，人异论，百家殊方，指意不同，是以上亡以持一统；法制数变，下不知所守。臣愚以为诸不在六艺之科孔子之术者，皆绝其道，勿使并进。邪辟之说灭息，然后统纪可一，而法度可明，民知所从矣。"① 建议汉武帝"罢黜百家，独尊儒术"，汉武帝接受了他的建议，从而开启了中国古代两千余年的儒家治理。自此，儒学取得独尊地位，从先秦诸子之一一跃为一尊，成为官方"御用"思想，并逐渐成为中华民族文化精神的核心，深刻影响了传统社会政治、经济、文化等的发展。

董仲舒的"独尊儒术"表明了汉朝创建"大一统"体制在文化与精神上的取舍。"儒学"在这一过程中被定为"一尊"，并非是先秦儒学的简单复归，而是在思想上吸取法家、道家思想和阴阳五行说的同时，对先秦儒学有所改造和发展的结果。自孔子始，儒学一直以经世致用、高度关注现实为己任，形成了丰富的有利于维护专制统治的思想文化。特别是儒家把伦理道德作为社会治理的关键因素，更有利于在政治统一局面下调整人与人之间的关系，维护社会秩序的稳定。另一方面，儒学具有兼容并蓄的品格，能吸收各家所长，不断适应时代需要改变自身，具备了为封建专制统治提供理论依据并承担社会教化的功能，满足了封建皇权实施仁政、德治的政治需求，保证了全国政治的统一和领土的完整，维护了中央集权制度，使中国形成民族多元而又一体的复杂大国。同时，独尊儒术又扼杀了生动活泼的百家争鸣气氛，影响中国学术发展达千年之久。

---

① 《汉书·董仲舒传》。

二、"百花齐放，百家争鸣"：社会主义文化建设的原则和方法

1940 年，毛泽东在《新民主主义论》里提出要发展民族的、科学的、大众的文化。新中国成立伊始，我们党就把文化建设放在了重要位置，积极探究最符合国情的文化创建之路、开展各种活动去尽快提高劳动人民的科学文化素质。随着社会主义改造的基本完成，为了适应生产力的发展和工业化建设，推动文化发展、提高文化素养成为我国社会主义建设面临的重要任务。在马克思主义指导下，毛泽东创造性地提出，一花独放不是春，万紫千红春满园，并以"百花齐放，百家争鸣"作为文化的发展方针。当时，新中国百废待兴，文化产品单一、国民整体文化素养低、封建思想束缚还很严重。为了解决这些问题，毛泽东在 1956 年 4 月 28 日的中央政治局扩大会议上创造性地提出，"艺术问题上的百花齐放，学术问题上的百家争鸣，我看应该成为我们的方针。"① 他主张，艺术上不同的形式和风格可以自由发展，科学上不同的学派可以自由争论，鼓励文艺作品自由创造、大胆创造，学术探讨不设禁区，通过优秀的文艺创造及自由的学术争鸣，开阔眼界，活跃思想，打破思想僵化和文化专制。"百花齐放，百家争鸣"方针充分反映了新中国成立初期社会主义文化建设的客观规律，贯彻了社会主义民主的原则和方法，激发了广大文艺工作者的创作热情，带来了文化艺术发展的春天，促进了思想的解放和不同领域文化的发展和繁荣。

改革开放后，我们党在思想领域拨乱反正，纠正轻视教育科学文化和歧视知识分子的错误观念，提出"尊重知识、尊重人才"，更加自觉地、坚定不移地贯彻落实"双百"方针。1982 年 9 月召开的党的十二大，把努力建设高度的社会主义精神文明确定为我国社会主义现代化建设的一大战略方针。精神文明建设的根本任务是培养"有理想、有道德、有文化、有纪律"的社会主义公民，提高整个中华民族的思想道德素质和科学文

---

① 《毛泽东文集》第 7 卷，人民出版社 1999 年版，第 54—55 页。

化素质。1986 年 9 月，十二届六中全会讨论并通过了《关于社会主义精神文明建设指导方针的决议》。《决议》明确要继承新中国成立初期的"双百"方针，为发展社会主义文化提供正确的指导思想。1997 年，在党的十五大报告中，第一次将建设中国特色社会主义文化概括为"综合国力的重要标志"，并指出"坚持为人民服务、为社会主义服务的方向和百花齐放、百家争鸣的方针，重在建设，繁荣学术和文艺。建设立足中国现实、继承历史文化优秀传统、吸取外国文化有益成果的社会主义精神文明。"2012 年，党的十八大报告中强调"建设社会主义文化强国，必须走中国特色社会主义文化发展道路，坚持为人民服务、为社会主义服务的方向，坚持百花齐放、百家争鸣的方针，坚持贴近实际、贴近生活、贴近群众的原则，推动社会主义精神文明和物质文明全面发展，建设面向现代化、面向世界、面向未来的，民族的科学的大众的社会主义文化。"

党的十八大以来，文化发展进一步推进，"双百"方针深入开展。在文艺工作座谈会上，习近平指出："要坚持百花齐放、百家争鸣的方针，发扬学术民主、艺术民主，营造积极健康、宽松和谐的氛围，提倡不同观点和学派充分讨论，提倡体裁、题材、形式、手段充分发展，推动观念、内容、风格、流派切磋互鉴。"[1] 2017 年，党的十九大报告将文化自信的重要性提升到一个新的高度，强调指出，文化是一个国家、一个民族的灵魂。文化兴国运兴，文化强民族强。没有高度的文化自信，没有文化的繁荣兴盛，就没有中华民族伟大复兴。习近平在报告中向全党全国人民发出了"坚定文化自信，推动社会主义文化繁荣兴盛"的伟大号召，指出"要坚持为人民服务、为社会主义服务，坚持百花齐放、百家争鸣，坚持创造性转化、创新性发展，不断铸就中华文化新辉煌"[2]。这些重要论述，明确了新时代文化建设的基本方略。

"百花齐放，百家争鸣"开创我国文化发展的新局面。当前，我国文

---

[1]　习近平：《在文艺工作座谈会上的讲话》，人民出版社 2015 年版，第 11 页。

[2]　习近平：《决胜全面建成小康社会　夺取新时代中国特色社会主义伟大胜利——在中国共产党第十九次全国代表大会上的报告》，人民出版社 2017 年版，第 23 页。

化建设呈现出空前繁荣的景象，文学、戏剧、电影、电视、音乐、舞蹈、美术、摄影、书法、曲艺、杂技、民间文艺、文艺评论、群众文艺、艺术教育和网络文化都取得丰硕成果，各方面的文艺人才不断涌现，为人民提供了丰富精神食粮，向世界展示了中华文化魅力。在学术领域，各种思潮、各种理论竞相迸发，学术讨论的自由氛围、世界眼光前所未有，各种理论都可以在中国得到充分讨论、交流，不同的思想、观点得以充分展示、比较。出现这种繁荣昌盛的文化景象，根本在于我国的文化制度和文化治理是鼓励文化繁荣的制度体系和治理体系。创新是文化的生命。在我国的文化制度和文化治理下，创新已成为文化的共同追求，不同观点和学派充分讨论，体裁、题材、形式、手段充分发展，观念、内容、风格、流派切磋互鉴，新技术、新媒体、新类型不断丰富。注重培养人才、发现人才、珍惜人才、凝聚人才，文化界思想活跃，创造力充沛，济济多士，英才辈出。真正造就出一个学术大国、文艺大国、人才大国，展现中国文化独特的生命力和影响力。

三、为人民服务、为社会主义服务：新时代文化发展的落脚点

"为了谁、依靠谁"，这是文化建设首先要回答的根本性问题，文化，究其根本，是关乎人的文化。人在一方天地内所依存的、信仰的、学习的、遵循的人生观、价值观、世界观等构成了文化的重要内涵。如何建设社会主义文化，关键所在就是要始终坚持以人民为中心的工作导向。源自人民、为了人民、属于人民，是社会主义文化最根本的立场和最鲜明的特征，也是社会主义文化繁荣发展的关键所在。早在 1942 年毛泽东就明确提出，"我们的文学艺术都是为人民大众的，首先是为工农兵的。" 1980 年我们党明确提出"文艺必须坚持为人民服务，为社会主义服务"的方向。从那时开始，"二为"方向不仅成为文艺工作的根本原则，而且成为文化建设的根本原则。"二为"方向鲜明表明我们的文化是社会主义的，而不是什么其他主义的；是为大多数人服务的，而不是为少数人服务的。在这一根本性问题上我们不能有丝毫模糊，不能有丝毫动摇。要坚持以人

民为中心的工作导向，不断满足人民群众多样化的精神文化需求。充分发挥文化引领风尚、教育人民、服务社会、推动发展的作用，为中国特色社会主义事业提供坚强思想保证和强大精神动力。①

文化为人民服务，是因为人民对精神文化生活的需求时时刻刻都存在。人民群众在劳动生活中凝聚了美好的理想，经历了悲欢离合，充满了对社会进步和幸福生活的憧憬。人民把文化艺术作为沟通内心体验、交流生活经验的重要媒介，作为抒情明志、传情达意的重要方式，同时人民的生产生活又是文艺创作的源头活水，一旦离开人民文化艺术就会沦为无根的浮萍、无病的呻吟、无魂的躯壳。一切优秀的文化艺术作品都来源于人民群众的社会生活，因此人民的需要是文化艺术存在的根本价值所在。社会主义文化艺术之所以焕发勃勃生机，正在于它与人民之间的血肉联系。

文化为社会主义服务，在今天就是要为新时代的中国特色社会主义服务，为建设新时代的中国特色社会主义提供强大精神力量和文化支撑。1992 年 10 月召开的党的十四大，确立了邓小平关于建设有中国特色的社会主义理论在全党的指导地位，强调"物质文明和精神文明都搞好，才是有中国特色的社会主义"。1991 年 7 月，江泽民在庆祝中国共产党成立 70 周年大会上的讲话中，提出"有中国特色社会主义的文化"。1997 年 9 月召开的党的十五大，专题论述了"有中国特色社会主义的文化建设"。2000 年 10 月召开的党的十五届五中全会，提出将文化产业列入国家发展战略。从"五讲四美三热爱"活动到开展文明城市、文明村镇、文明行业创建活动；从培育"四有"公民、公民道德建设到社会主义核心价值体系建设，文化事业与文化产业双轮驱动发展，中国特色社会主义文化成果丰硕。不仅成为坚持和发展中国特色社会主义的强大精神力量，而且通过个性化、形式多样的文化产品，为广大人民群众提供了丰富多彩的精神食粮。

---

① 全国干部培训教材编审指导委员会组织编写：《推动社会主义文化繁荣昌盛》，人民出版社、党建读物出版社 2019 年版，第 21 页。

坚持"二为"方向，就是以人民群众的根本利益为出发点和落脚点，以最广大人民为表现主体与服务对象，以人民欢迎的各种创作形式创造出反映人民呼声、体现人民情感、表达人民愿望的文化艺术作品，不断满足人民群众不断增长的文化需要；就是直面社会主义建设的客观现实，密切关注改革开放的时代风云，积极投身社会主义先进文化建设实践，真正把艺术追求融入新时代中国特色社会主义的历史潮流之中，创作出符合新时代要求的优秀文艺作品。

进入新时代，我国社会主要矛盾已经转化为人民日益增长的美好生活需要和不平衡不充分的发展之间的矛盾。随着人民生活水平迈上新台阶，人民对实现自身文化权益的要求和对精神文化生活的期待越来越高。我国文化供给的主要矛盾已经由"缺不缺、够不够"的问题转变为"好不好、精不精"的问题，这就对社会主义文化建设提出了更高要求。中国共产党人的初心和使命就是为中国人民谋幸福，为中华民族谋复兴。社会主义文化本质上是人民大众的文化。要把让人民享有健康丰富的精神文化生活、增进人民文化福祉作为社会主义文化建设的出发点和落脚点。站在新时代的高度，习近平对社会主义文化的本质问题进行了科学回答和深刻阐释，强调"社会主义文艺，从本质上讲，就是人民的文艺"，重申了坚持以人民为中心的创作导向和"二为"发展方向，既与马克思主义文艺观一脉相承，又具有丰富鲜明的时代内涵。满足人民过上美好生活的新期待，必须提供丰富的精神食粮。当前和今后一个时期，要加快构建现代公共文化服务体系，丰富群众性文化活动，提高标准化均等化水平，同时充分激发市场活力和社会创新创造能力，推动文化产业快速发展，引导文化企业等主体大力提供优质文化产品和服务，满足广大人民群众新时代的精神文化需求。

第四节　汲取人类一切优秀文化成果

马克思恩格斯认为，文化作为上层建筑，植根于"一个民族或一个时代的一定的经济发展阶段"①。近代以来，随着传统中国小农经济的衰退，中国传统文化也在不断发展变迁。可以说，人类历史上任何一种新制度战胜旧制度，文化都以潜移默化、润物细无声的方式，指引方向、激发活力、启迪思想，为社会变革提供强大精神支撑。近代中国是在不断学习其他国家先进文明的过程中走进现代化的，我们深知"吸收外来"的重要性，同时在汲取人类一切优秀文化成果的过程中，绝不照抄照搬西方文化，而是根据自身的国情和发展需要，不断坚定自己的文化道路，完善自己的文化制度。

一、不忘本来：优秀传统文化是中华民族的根与魂

在正处于大发展大变革的当今世界中，作为民族凝聚力和创造力的重要源泉，文化在综合国力中的重要地位越来越突出，文化软实力的国际竞争也越来越激烈。在这样的背景下，许多国家都把提高文化软实力作为增强国家核心竞争力的重要战略。"求木之长者，必固其根本；欲流之远者，必浚其泉源。"② 中华优秀传统文化体现着中华民族的文化基因和精神命脉，是中华民族传承和发展的根本和灵魂，也是中华民族不断战胜灾难、渡过难关的强大力量和文化自信的底气。

优秀传统文化始终是中华文化不断发展繁荣进步的母体。历朝历代的古圣先贤创造了大量丰富多彩的文化思想、道德传承和精神观念。从先秦的诸子百家到绚烂的唐诗宋词元曲，从古丝绸之路到影响世界的四大发明，从天文地理、农耕文明的自然领域到人文精神、家国情怀的社会领域，中华优秀传统文化源远流长。蕴含其中的"自强不息"的奋斗精神和"天下兴亡，匹夫有责"的担当意识，弘扬"舍生取义"的牺牲精神和"精忠报国"的爱国情怀，提倡"革故鼎新"的创新思想和"扶危济困"的公德意识，秉持"君子坦荡荡"的价值理念等，始终都是中华民

---

① 《马克思恩格斯选集》第 3 卷，人民出版社 2012 年版，第 1002 页。
② 魏征：《谏太宗十思疏》。

族修身齐家治国的思想渊源。这些中华优秀传统文化传承下来的价值和理念，已深深浸润到国人的血脉之中，塑造了中华民族特有的国民性格和独特的精神世界，潜移默化地影响着中国人的行为方式，是中国人思想观念、风俗习惯、生活方式、情感伦理的集中表达，滋养了中国人独特丰富的文学艺术、人文学术，深刻地影响着中国人的思维方式、情感认同和基本理念，成为民族精神的纽带和民族情感的共同记忆，也影响着中国的政治实践和国家、社会治理的模式构建，是民族进步、国家发展的宝贵财富和精神支撑。正是出于对自身文化价值的高度认同和对自身文化生命力的坚定与自豪，新时代塑造文化自信也有了力量源泉。

中国共产党人是中华优秀传统文化的继承者和弘扬者。新中国成立以来，我们一直坚持在文化制度建设上弘扬传统文化。比如在中国科学院设立中国近代所、中国历史所、文学所等，影印了《楚辞》等大量经典作品，大面积发行了四大名著、《资治通鉴》《史记》。还建立了人民文学出版社、古典文学出版社等。1951—1966 年间共整理出版中国传统文类图书约 1500 种。1957 年和苏联关系破裂之后，新中国在文化领域也明确提出中国化、走中国道路，推进了古籍整理和汉译世界名著两大影响至今的文化事业。1958 年 2 月，国务院科学规划委员会在北京成立了古籍整理出版规划小组，负责整理和出版中国古代名著基本读物、重要古籍的集解、总集或丛书、古籍的今译本，重印、影印古籍、阅读和研究古籍的工具书。1958 年 6 月，文学、历史、哲学三个小组分头起草的《整理和出版古籍计划草案》，完成其中文学部分 3383 种，历史部分 2095 种，哲学部分 1313 种，合计 6791 种，成为新中国古籍整理出版历程的重要见证。1981 年中共中央发布了《关于整理我国古籍的指示》，古籍整理扩展到少数民族的古籍，为弘扬优秀传统文化做出了不懈的努力。

改革开放以来，我们党对中华传统文化的认识不断深入，传统文化的复兴之路日渐明朗。党的十八大之后，习近平高度重视中华传统文化的作用，针对传统文化的发展曾多次发表重要讲话。经过历届中央领导集体的努力，我们逐步找到中华传统文化的重塑之路。中国共产党始终坚持在马克思主义指导下，对中华传统文化进行批判继承，形成具有民族特色、民族品格的社会主义文化。中国共产党不仅重塑了中华文化，而且确立了对中华文化的自信。

"不忘本来"即坚守中华文化立场，坚持古为今用、推陈出新，全面认识中华优秀传统文化，深入挖掘中华优秀传统文化蕴含的核心思想理念、传统美德、人文精神，旗帜鲜明地反对文化虚无主义，又要推动中华优秀传统文化实现创造性转化与创新性发展。习近平指出："弘扬中华优秀传统文化，要处理好继承和创造性发展的关系，重点做好创造性转化和创新性发展。"[1] 何为"创造性转化"，就是要"按照时代特点和要求，对那些至今仍有借鉴价值的内涵和陈旧的表现形式加以改造，赋予其新的时代内涵和现代表达形式，激活其生命力"[2]。何为"创新性发展"，就是"要按照时代的新进步新进展，对中华优秀传统文化的内涵加以补充、拓展、完善，增强其影响力和感召力"[3]。在"两创"的时代背景和坚定文化自信的现实要求下，中华优秀传统文化不仅需要传承和弘扬，与时俱进、不断创新发展才能迸发活力，壮大文化生产力。要坚定文化自信，使其成为激励整个华夏儿女砥砺前行的精神力量，成为促使中国昂扬迈入新时代的强大精神命脉，也必然离不开中华优秀传统文化的时代性丰富与充实。

二、吸收外来：积极学习世界其他民族的先进文化

交流互鉴是文明发展的本质要求。习近平强调指出："文明因多样而交流，因交流而互鉴，因互鉴而发展。"[4] 中华文明是在中华大地上产生的文明，也是在与其他文明不断交流过程中逐步丰富、成熟、壮大的文

---

① 习近平：《在文艺工作座谈会上的讲话》，人民出版社 2015 年版，第 25 页。
② 中共中央办公厅、国务院办公厅：《关于实施中华优秀传统文化传承发展工程的意见》，《人民日报》2017 年 1 月 26 日。
③ 习近平：《决胜全面建成小康社会　夺取新时代中国特色社会主义伟大胜利——在中国共产党第十九次全国代表大会上的报告》，人民出版社 2017 年版，第 41 页。
④ 《习近平谈治国理政》第三卷，外文出版社 2020 年版，第 468 页。

明。社会主义文化本身就是面向世界的文化。纵观人类文明史，任何一个国家、一个民族，都是在承前启后、继往开来中走向未来的，世界也是在人类各种文明交流交融中不断发展壮大的。中华文化之所以生生不息经久不衰，就在于其具有博采众长、兼收并蓄的传统。历史上，虽然我们也有过封闭时期，有过闭关锁国、抱残守缺的教训，但开放包容、兼收并蓄始终是中华文化发展的主流。正是由于包容、开放、积极学习，中华民族的队伍在不断扩大，文化不断丰富多彩。无论是丝绸之路、遣唐使大批来华还是玄奘取经、郑和下西洋都是中外文明交流互鉴的生动写照。近代以来，先进的中国人更加积极地学习西方的制度和文化，不仅引入了民主、法治、科学等积极因素，更推动了现代教育、现代文学、现代国家的成型。在中华人民共和国的成立、建设、改革过程中，革命文化、社会主义先进文化都是不断学习外来文化的结晶，这些优秀的元素已经融入中华文明的基因，成为中华文化不可分割的部分，推动现代中华文化走向世界。

历史已经昭示我们，一个国家、一个民族的文化，只有广泛吸收外来文化的优秀元素，才会更丰富、博大，具备更旺盛的生命力。反之，在文化上封闭保守、妄自尊大，必然导致僵化、停滞和落后。早在新中国成立初期，毛泽东就提出，"一切民族、一切国家的长处都要学，政治、经济、科学、技术、文学、艺术的一切真正好的东西都要学"。[①] 对比资本主义国家，邓小平反思道："社会主义制度的优越性表现在它的文化、科学技术水平应该比资本主义发展得更快、更先进，这才称得起社会主义，称得起先进的社会制度。"[②] 这一论述集中体现了改革开放之初中国共产党对于社会主义文化建设的规律性认识。对人类社会创造的各种文明，我们都应该学习借鉴，积极吸纳其中的有益成分，使人类社会创造的优秀文化与中国当代的文化相适应，与中国的社会发展相协调，把跨越时空、超越国度、富有永恒魅力、具有当代价值的优秀文化精神弘扬起来。

---

① 《毛泽东文集》第 7 卷，人民出版社 1999 年版，第 41 页。
② 《邓小平年谱（1975—1997）》（上），中央文献出版社 2004 年版，第 200 页。

"吸收外来"，就是要放眼世界，吸收借鉴国外优秀文明成果，坚持"以我为主、为我所用"，以此丰富和发展中华文化，这是我国文化发展的重要原则与遵循。当今文化的发展，全球意识和民族意识的结合，只有充足的民族文化自信，才能更加积极宽容有效地学习外来文化、不断破除狭隘的心态。网络时代的多元化信息，必将改变过去的文化生态，这样的现实格局也必将改变我们的民族性格，开放而包容的文化心态将使中华文化与世界文化更好地交融，培养出具有时代特征的文化性格，从而与时俱进地扬弃、吸收其他民族文化的力量。过去，我们曾经争论过姓资姓社的问题，这种争论最后历史地统一到中国的发展上来；我们也讨论过文化姓中姓西的问题，它其实最终也还是要统一到中华文化的发展上来。

三、面向未来：坚持文化自信

2017 年 5 月 14 日，习近平在出席"一带一路"国际合作高峰论坛并发表主旨演讲时强调："要以文明交流超越文明隔阂、文明互鉴超越文明冲突、文明共存超越文明优越。"① 党的十八大以来，中国始终坚持不同文化和不同文明间的平等对话，不断提高文化开放水平，广泛开展文化交流，广泛参与世界文明对话，展示中华文化独特魅力；中国始终秉持普惠、平等、开放、包容的新型全球治理观念，提出"一带一路"倡议、人类命运共同体等中国方案。这些理念反映了求和平、谋发展的时代潮流，贯彻了中国"和而不同"、互利共赢的共生思维，超越了意识形态、价值观的对立，极富建设性和创新性，充分体现了当代中国面向未来充满自信的文化姿态。

"面向未来"，指的是中华民族创造了源远流长的传统文化，也一定能够创造出中华文化新的辉煌。我们要传承中华优秀传统文化独一无二的理念、智慧、气度、神韵，同时准确判断世界文明发展趋势，善于融通古

---

① 习近平：《在"一带一路"国际合作高峰论坛开幕式上的演讲》，《人民日报》2017 年 5 月 15 日。

今中外各种资源，不断推进中华文化创新、推动中华文化走出去。随着中国日益走近世界舞台中央，成为举世瞩目的世界和平建设者、全球发展贡献者、国际秩序维护者，必然要求讲好中国故事、提升中华文化影响力，实现国家软实力和硬实力相得益彰。传播力决定影响力，话语权决定主动权。目前，我国对外传播综合实力偏弱，在世界上缺乏话语权，经常处于有理说不出、说了传不开的困境。中国真实形象与西方主观印象的"反差"、软实力和硬实力的"落差"、贡献与认可的"逆差"仍然广泛存在。要努力推动观念创新、思路创新、体制机制创新和方式方法创新，坚持不懈抓顶层设计，按照政府统筹、社会参与、市场运作的思路，逐步激发各类社会主体参与热情，讲好中国共产党治国理政的故事、中国人民奋斗圆梦的故事、中国坚持和平发展合作共赢的故事，让世界更好读懂中国，了解一个更真实、更立体、更全面的中国。为推动中华文化走出去、全面服务"一带一路"建设、提高文化开放水平做出贡献。

在当今经济全球化、政治多极化、文化多元化和社会信息化的时代，不仅科学技术对人类文明构成重要挑战，而且人类的政治、经济、社会、文化生活本身也正在发生难以预计的变化，正在经历"百年未有之大变局"。英国的脱欧公投、德国的难民危机、法国的"黄马甲事件"等，引起了欧洲各国对近几十年来以欧盟为代表的欧洲观念的新反思。全球性金融危机发生频率的日益加快和资本主义高福利社会的难以维系，使人们不得不正视文明冲突的各种可能。诸如此类的情况无不昭示着近代以来占据世界统治地位的西方思想理论已无力解释和应对现实的世界问题。在这一大背景下，中华文化显示了自身对世界极其有益的文明资源。中华传统文化中的天人合一思想、人己相合理念、求同存异观念等，有助于解决当今世界日益紧张的人与环境的关系、自我与他人的关系、本社群与他社群的关系等一系列问题。更为重要的是，中华文化对人的理解，超越了宗教性的理念。它正视其他生命的存在权利和人的共生关系，可以突破与消弭歧视与误解，而给予各种生命以恰当的位置。当今世界变化之剧烈、各种局部冲突之持续不断，使得中华文化和而不同、美美与共的天下观念，更加具有重要的思想价值。它可以使人们反思民族国家观念的局限，而从全人类、人类命运共同体的角度来思考世界的未来，这样真正的全球化才是可能的，不再是某一种文明类型的全球化，而是全人类的全球化。

中华文化中的很多"思想和理念，不论过去还是现在，都有其鲜明的民族特色，都有其永不褪色的时代价值"。[①] 在当今这个时代，我们有责任、有义务把中华文化的世界意义，即"中华文化可以向世界贡献什么"这个问题讲清楚、说明白。在积极参与全球治理给出中国方案，彰显中国智慧和中华文化魅力，也是传统文化开放性和国际化的重要体现。因此，新时代中华文化要"面向未来"，就必须站在新的历史起点上，以构建人类命运共同体为指引，以中华传统文化的优秀基因和海纳百川的博大胸怀，吸收和汲取世界各种文明的精髓，努力打造和构筑平等对话、理性交流的平台，达成和谐包容的价值共识，要立足于对中华优秀传统文化深入挖掘和阐释，紧扣人类共存和未来发展方向，将中华优秀传统文化的价值观念、理想信念、道德理念等科学系统地梳理出来，升华为富有时代吸引力和鲜活生命力的发展价值观，转化为现实可行的发展战略、实践路径和价值目标，不仅面向中国，同时还要放眼世界，为世界贡献中国智慧，展示中国道路，提供中国方案，让中华优秀传统文化在世界舞台上绽放更加夺目的光彩，进一步加深世界各国人民对于中华优秀文化的认同度，使中华文明成为走向未来的价值引领。

---

① 习近平：《在北京大学师生座谈会上的讲话》，《人民日报》2014 年 5 月 5 日。

第 五 章

因礼俗、施仁政
与中国特色社会主义社会治理制度

　　人民群众生长、生活在基层草根，政治国家成长、巩固和发展的基础因而也在于基层草根。"民为邦本，本固邦宁。"① 在中国，无论是传统的民本政治、还是现当代持续不断推进的民主政治，都厚重、倚赖基层社会的治理，以及由此而来的源自国家与社会根系深处的公序良俗，它们是社会秩序、国家制度的生长点。基层草根的生活以及由此而自然展开、运转的社会治理，也是秩序建构与制度实践间双向互构的重要领域。在秩序理念、制度运转之间的，是社会公众/人民群众的行为和习惯，以及由此而来的具有规范特质的惯例——从行为而习惯而惯例，或从惯例而习惯而行为，这当中贯穿的，是个体、群体以及社会生活的现实需要，是历史、时代与文化演进的内在逻辑；也是国家、民族共同体的政治意志，是权力、权利循着伦理与法律而彼此影响的政治过程。关于秩序生产、制度维护，这是国家治理与社会生活各自运行而又相互渗透的产物，也是政治共同体整体与其草根交互影响和共同作用的结果。在古代中国，县以下长期存在着广泛的乡村自治，皇帝及其官僚政府的刚性权力在这里得到某种程度上的"钝化"。官府将一部分权责委托给士绅，形成并借重于（主要是依托了血缘宗亲关系的）乡村自治，这也是降低政治成本、提升统治效能的明智

---

① 《尚书·五子之歌》。

选择。在这里，政权保持一定的自我克制但并不放弃必要的直接干预，士绅在不违背官府意志和承担相应责任的条件下主理乡村事务，以宗法、礼俗以及血亲温情取代权力的刚性来面对基层小共同体及民众，更有利于古代社会在基层维持稳定、保持活力，也更贴近儒家保民、养民和教民的王道政治理念——这也应当就是通向天下为公政治理想的实践的起点。当然，官僚国家往往又会因为皇权"私天下"的冲动而失去克制，士绅与普罗大众也毕竟不是同一个阶级。所以，"兴，百姓苦；亡，百姓苦"这样的历史困境，并不会仅仅是因为有这样一种合理的、理想的社会治理模式而走向终结。千百年来，既能传承基层自治优秀传统、又可能真正走出兴亡周期率的，是中国共产党领导的中国特色社会主义社会建设。在现当代中国，国家及国家治理的起点在于基层和草根的生活、在于社会治理，而社会治理的重心又在于乡村、社区的治理。在现当代中国，一种党委领导、政府负责、社会协同、公众参与、法治保障，共治共建共享的新型社会治理模式/制度体系已然成型，国家与公民和社会良性互动合作的格局基本稳定，天下为公社会主义的理论和实践也给人民群众带来了更多的自由与福祉。

第一节　仓廪实而知礼节：欲治民、教民，先养民、富民

在中国，一切政治都可以归结为生活的政治、基层的政治，也都应当是以人民为中心的政治。邓小平很早指出，党和政府制定各项方针、政策，都要看"人民拥护不拥护""人民赞成不赞成""人民高兴不高兴""人民答应不答应"。人民最关心自己的生活，人民总是从自己的利益福祉出发来对这些方针、政策做出判断和反应。所以，以人民为中心，首先就要聚焦关注人民的生活、人民的权利和利益。习近平指出："让老百姓过上好日子是我们一切工作的出发点和落脚点"①。让老百姓过上好日子、

---

① 《十八大以来重要文献选编》（下），中央文献出版社 2018 年版，第 744 页。

全心全意为人民服务，这是对中国共产党自身使命与宗旨高度凝练的概括，也是中国传统民本思想与现代政治理念融会的结晶。古今中外的任何政府要想维持巩固的统治，都不可轻忽人民的生活，特别是不能无视人的需要。正如马斯洛相关研究所揭示的那样，人人皆有不同层次的需要，包括生存的、安全的、归属与爱、尊重的需要，以及自我实现的需要。这些需要之所在，同时也就是人民利益或利益预期之所在。而我们惯常所谓的民生问题，也就是要从肉体到灵魂地去满足人民的权利和利益需要。在满足这些需要的过程中，物质的、生活资料的生产和提供是最为基础的方面。文明需要物质基础的支撑，生活资料的匮乏则总是伴生蒙昧和野蛮。由此，一个为人民服务的政党要让老百姓过上好日子，那么它所领导的政府就首先要解决好基本的民生问题，而其相关制度建构和实践也必须将此视作涉及政府正当性、稳定性的关键领域。概言之，民生保障在社会治理、国家治理中都具有基础性地位和价值。

一、传统及现代生活中有关民生政治重要范畴的探讨

中国历史上很早就有了民生思想、民生政治的萌芽。据《尚书·尧典》载，舜掌天下时命禹为司空，又令稷、契和皋陶分理司农、司徒和司寇之事，以救民于洪水饥困、以教民以五伦敦睦、以防寇贼及奸宄，此时即已有了一种民生乃是治理之本的初始理念。又，《尚书》讲"惟王子子孙孙永保民"①"怀保小民，惠鲜鳏寡"②"德惟善政，政在养民"③，又较早提及"利用""厚生"④。对此，宋蔡沈《书经集传》中注疏道："利用者，工作什器，商通货财之类，所以利民之用也。厚生者，衣帛食肉，不饥不寒之类，所以厚民之生也。"至此也已基本揭示出了古代中国民生政治的基本内涵。及至春秋，《左传·宣公十二年》中载有"民生在

---

① 《尚书·梓材》。
② 《尚书·无逸》。
③ 《尚书·大禹谟》。
④ 《尚书·大禹谟》。

勤，勤则不匮”一句，民生语词开始正式出现于中国典籍中。中国早期民生思想一方面关注百姓生计、认为人民需要以自身勤勉努力来维持生计，另一方面也认为民生问题不只是人民之事——它也是统治者的责任。作为长期统治中国的主流理论形态，儒家思想比较忠实地承继了上古民生政治理念。基于天下为公的大同理想，孔子提出其仁学思想，后者一语以蔽之也就是“爱人”——当然这个“爱人”是有差等的，是遵循了克己复礼、忠孝悌义原则的①。人通民，爱人自然就是要爱民，就是要“人不独亲其亲，不独子其子，使老有所终，壮有所用，幼有所长，矜、寡、孤、独、废疾者皆有所养。”② 怎样仁爱万民？一方面是反对阻断山林、横征暴敛，以致断绝了民众的生路。譬如，对于晋灵公不君、因戕贼百姓而被杀一事，孔子就对被史家判为“弑君”的晋正卿赵盾持一种暧昧、同情态度。③《礼记》记载，孔子说“苛政猛于虎也”④，这才是孔子的真实态度。正因如此，所以孔子虽也批评管仲“器小”“不俭”“不知礼”⑤，但却对其能养民富民教民、“博施于民而能济众”大为赞赏，并继而认可其“一匡天下，民到于今受其赐”，甚至讲“微管仲，吾其被发左衽矣。”⑥ 孔子以其直觉敏锐地把握到，仁爱礼治的根本、关键，就在于善待民生，因为只有在养民、富民的基础上才可行礼制教化。“子适卫，冉有仆。子曰：庶矣哉！冉有曰：既庶矣，又何加焉？曰：富之。曰：既富矣，又何加焉？曰：教之。”⑦ 自孟子以降，历代儒家后学都基本传承了孔子的此种民本思想，偶或有所发展——由此，儒家政道也一直

---

① 《论语·樊迟仲弓问仁》：“樊迟问仁，子曰：‘爱人。’”

② 《礼记·礼运》。

③ 孔子曰：“董狐，古之良史也，书法不隐。赵盾，古之良大夫也，为法受恶。惜也，越竟乃免。”见于《左传·宣公二年》。孔子在这里并没有认为董狐对赵盾的评判有错，而只是对赵盾避灵公之祸时未跑出晋国边境表示惋惜。否则，即便是赵盾的子侄杀死了晋灵公，而他本人身在国外也就不再与此有任何干系。

④ 《礼记·苛政猛于虎》。

⑤ 《论语·八佾》。

⑥ 《论语·宪问》。

⑦ 《论语·子路》。

被认为是厚重民生的王者之道。

道家、墨家、法家也都思考过民生政治的问题。老庄都主张"不争"，主张"无为而治"，他们不喜欢儒家的仁义圣知，认为这都是些易为大盗窃据的东西。在他们看来，恰恰是所谓的圣人之道破坏了人民自然纯朴、无知无欲的状态。所以，对道家而言，"绝圣弃智，民利百倍"①"我无事，而民自富"②。所以，君王们要"事无事"，不要劳民伤财，少些搅扰干预，这样老百姓才能有时间、精力自己养活自己，才能自然富足。老庄在民生政治上都倾向于小国寡民，甚至于是某种无政府状态。但他们无疑是把握到了基层百姓千年一贯渴望摆脱国家强制和压迫的社会、政治心理。墨子讲"非攻""兼爱"——此爱无差等；又讲"节用""节葬"——这是冲着儒家隆礼厚葬的老本行来的。总之，其民生主张是要为生民请命，是要"兴天下之利，除天下之害"③。早期法家人物、被孔子毁誉参半的管仲也有丰富的民生政治思想。《管子·版法解篇》讲："凡众者，爱之则亲，利之则至。是故明君设利以致之，明爱以亲之。徒利而不爱，则众至而不亲；徒爱而不利，则众亲而不至。"如此则"遂滋民、与无财而敬百姓，则国安矣。"④ 所以，治国应"厚民生""匡民急""振民穷"，又得行"九惠之教"："老老""慈幼""恤孤""养疾""合独""问疾""通穷""振困""接绝"⑤ ——这些惠民举措大约就是中国最早的社保政策了。当然，《管子》最脍炙人口的一句语录，莫过于"仓廪实则知礼节，衣食足则知荣辱"⑥。这里，"仓廪实""衣食足"显然是被视作充分必要条件的，似乎也有些过了，所以后世司马迁将"则"改成"而"字——民生是王道礼制的出发点、必要条件，仍然非常重要。《管子》又讲："政之所兴，在顺民心；政之所废，在逆民心。民恶忧劳，

① 《老子·第十九章》。
② 《老子·第五十七章》。
③ 《墨子·兼爱中》。
④ 《国语·齐语》。
⑤ 《管子·入国》。
⑥ 《管子·牧民》。

我佚乐之；民恶贫贱，我富贵之；民恶危坠，我存安之；民恶灭绝，我生育之。"① 政之兴废、民心之顺逆，在于是否施仁政、顾民生，这是很高明的政治意识、统治艺术。然而后世法家还是逐渐轻忽了民生政治。荀子还好，他虽预设了人性本恶，但还是接着儒家讲以民为本，认为"天之生民非为君，天之立君以为民"②，仍然认为君民之间的关系是"水则载舟，水则覆舟"③，故君主应行"爱民""利民"和"裕民"的"宽政"："轻田野之税，平关市之征，省商贾之数，罕兴力役，无夺农时，如是则国富矣，夫是之谓以政裕民。"④ 荀子后学李斯、韩非等则不然，他们片面发展了其师教化而外之刑罚的另一面，反倒集商鞅、申不害、慎到等人"法""术""势"思想之大成。始皇帝将之全面付诸实践的后果，就是秦的枉顾民生、二世而亡。综上，中国早期民生政治相关思想基本上也还都是在民本主义框架中展开讨论的。儒家思想所以成为主流并一贯为中国社会认同和接受，正是因为它最早且也一贯最明确、最透彻地在讲民本。而历代政治兴衰也充分表明，若没有了民本主义、以人为本，那么自然也就无所谓民生政治了。

民生政治也是一个世界性的范畴。古希腊、古罗马时期，思想家们将民生与伦理融为一体，认为德性的目的即在于幸福的生活，而幸福本身则既要有一定的物质基础，更要有精神上的快乐——亦即伊壁鸠鲁所讲的"身体上无痛苦和灵魂上无纷扰"⑤。梭伦是著名政治家，他认为幸福在于善始善终。亚里士多德思想集古希腊伦理学与政治学之大成，出于城邦政治的本位，他认为政治是要为共同体谋至善的、城邦本身即导向至善，他因而超越了寻求个体之善的伦理。概言之，城邦至上，但它又要为公民、共同体的福祉而承担不可推卸的责任。这在逻辑上与中国传统的民生政治

① 《管子·牧民》。
② 《荀子·大略》。
③ 《荀子·王制》。
④ 《荀子·富国》。
⑤ 周辅成：《西方伦理学名著选辑》（上卷），商务印书馆1987年版，第104页。

思想还是相通的。文艺复兴以后，特别是启蒙运动以降，由于人的发现、个体的觉醒，个体及其权利本位逐渐取代了传统共同体本位在西方政治伦理中的主流地位——但后者仍保有相当的影响。16—19 世纪，伴随西方资产阶级革命和资本主义的自由发展，同时也深受基督新教思想影响，基于人的权利框架的功利主义、福利社会思想次第地赢得了主导地位。思想家、政治家们着力寻求能够兼及或统一个人利益与社会幸福的途径。在相关政策领域，从英国 1601 年颁布《贫穷法》，到 19 世纪德国俾斯麦政府的社保尝试，再到 1941 年《贝弗里奇报告》及其所现代福利国家建设主张的问世，民生政治实践在西方最终以广泛推行（主要聚焦国民收入再分配的）社会政策的形式呈现出来。在西方，社会政策甚至会被等同于政治本身①，毕竟西方人对于政治的一种理解也就是：谁得到什么、何时及怎样得到②。整体来看，西方福利社会模式的民生政治虽然基于再分配，但并未触动和改变资本主义按资分配的制度，因而不可能从根本上解决好民生问题。

现当代中国的民生政治是基于科学社会主义立场的，其基本的实践取向也是要努力融汇古今中西的。孙中山是现代中国民主政治的奠基者，民生主义在其三民主义思想体系中地位突出。在深入思考中西相关理念实践的基础上，他指出：民生就是人民的生活——社会的生存，国民的生计，群众的生命。③ 在他看来，政治革命离不开深刻的社会变革，民生问题的关键则在于平均地权、节制资本。这与此后中国共产党的民生政治理念是基本一致的。共产党人通过唯物史观来把握民生问题，开始书写民生政治新篇章。马克思恩格斯指出："一切人类生存的第一个前提也就是一切历史的第一个前提，这个前提就是：人们为了能够'创造历史'，必须能够

---

① ［英］格伦内斯特：《英国社会政策论文集》，商务印书馆 2003 年版，第 132 页。

② 参见［美］拉斯维尔：《政治学：谁得到什么？何时和如何得到？》，杨昌裕译，商务印书馆 1999 年版。

③ 《孙中山选集》，人民出版社 1981 年版，第 802 页。

生活。但是为了生活，首先就需要衣、食、住以及其他东西。"① 这就是说，人们首先必须吃、喝、住、穿，然后才能从事政治、科学、艺术、宗教等；所以，直接的物质的生活资料的生产，因而一个民族或一个时代的一定的经济发展阶段，便构成为基础，人们的国家制度、法的观点、艺术以至宗教观念，就是由此发展起来的，也必须据此来解释。中国共产党在创造性推进马克思主义中国化的过程中形成了中国特色社会主义民生观。新中国成立之初，党和政府就把社会主义经济建设的奋斗目标定为建设富强、强盛和具有高度文化的国家，使几亿中国人生活好。改革开放后，邓小平强调指出，真正的马克思主义政党执政以后，一定要致力于发展生产力，并在此基础上逐步提高人民生活水平。② 进入新时代，在"站起来""富起来"已历史性实现了诸多民生政治目标的基础上，"强起来"又使得更高层次、水准的民生政治站到了新起点上。习近平指出，带领人民创造美好生活，是中国共产党始终不渝的奋斗目标。③ 以人民为中心要求不断改善民生和创新社会治理，不断满足人民日益增长的美好生活需要，不断促进社会公平正义，使人民获得感、幸福感和安全感更充实、更有保障、更可持续。概言之，在中国政治生活中，从古代到今天，从革命到建设，向来都有一个重要范畴，那就是民生、民生政治。

二、民生幸福是政治和平稳定、社会健康发展的要务

人类一般所理解的幸福，基本上就是从肉体到精神获得满足的一种状态、感受。人民的生活总是以满足自身需要为现实主题。而其自身各种需要是否能得到满足，又是人民获得感、幸福感的直接源泉。根据马斯洛的需求理论，在特定条件下，人类的个体或群体总是会同时有若干种不同层次和内容的需要，但总会以某些特定的需要为主轴；需要是分层次的，任

---

① 《马克思恩格斯全集》第 3 卷，人民出版社 1960 年版，第 31 页。
② 《邓小平文选》第 3 卷，人民出版社 1993 年版，第 28 页。
③ 习近平：《决胜全面建成小康社会　夺取新时代中国特色社会主义伟大胜利——在中国共产党第十九次全国代表大会上的报告》，人民出版社 2017 年版，第 51 页。

何高层次需要的满足，都必须以低层次需要的满足为前提；人类的需要又是有刚性的，人们总是会产生、会去追求更高层次的需要，已基本得到满足的需要尽管仍然存在，但却不再具备激励性、它对人类行为的影响也因而减弱。结合此种人本主义的需求理论框架来思考民生问题，人们可以从中得到这样的启示：民生幸福基于需要的满足，民生事业就要致力于满足需要，而民生政治则决定着满足谁的需要、怎样来满足他们的需要。概言之，诚如孙中山在总结中外历史经验教训基础上所讲的，民生关乎群众生命、社会生存和国民生计。因此，它既是关键的经济社会问题，也是重大的政治问题。

现当代中国政治生活为什么要尤其重视和突出民生？因为民生关联着民心。民生不仅是关乎民众生活的水平和质量，更是关系民心向背、社会稳定。现当代中国政治接续了注重民心的历史传统。周代殷商而立后，政治家的理论探索就已经深刻触及了天命存留和民意毁誉的关系问题，其所谓"敬天""保民"理念的本质，即在于人心的向背。孟子较早明确提出民心向背概念，也较早将民心问题与民生相关联。他讲，"得道者多助，失道者寡助"①，他并且结合齐国伐燕的战争从始于得民心到终于失民心的过程，来说明民心与天命一样并非永远都站在特定统治者一边。孟子以降，历代统治阶级或会在政策上倒行逆施，但起码在认识上都还是关注到了民心问题的。民心为什么总是会流转？因为统治阶级任何的作为或不作为都会造成社会上不同个体、群体利益的损益。整体看来，历朝历代的得道者所以能多助、失道者所以会寡助，直接原因就是给社会上大多数人造成了广泛且深重的利益伤害。而这里所谓的道，对任何中国政权而言，也无非就是养民、富民、教民——搞好经济、民生，让老百姓过上好日子。考察现当代中国民心与民生的关联，也总是离不开类似的政治—经济视角。政治生活、统治活动带给民生最大的影响，恐怕也还就是利益的分配取舍。中国共产党在现代社会中深谙这一点，同时在政治实践中也都处理

---

① 《孟子·公孙丑下》。

得很好。在革命和建设各个时期，它都相应提出了关于统筹兼顾社会各方面利益的理论原则和实际政策——愿意且能够给最大多数人民以看得见的利益，这是其最终赢得最广泛群众拥护的关键原因。传统政治受制于不患寡而患不均的经济—社会心理，往往不是从总量方面而是惯于从份额上面做文章，要么"损有余以补不足"，要么"损不足以补有余"，民生问题总难有令人满意的解决。改革开放后，中国共产党形成并长期坚持了科学、正确的基本路线，始终以经济建设为中心，大力解放和发展生产力，不断满足人民群众日益增长的各方面需要的基本路线，彻底超越了传统思维、在根本解决民生问题上取得突破性进展，从而也使自身领导、执政的民意基础空前稳固。

现当代中国社会的全面健康发展为什么尤其要重视和突出民生？因为民生关联着民力。人类社会的不断发展、人类需求的不断满足，这是互为前提和条件的。社会发展整体上体现为政治、经济、文化、社会和生态这么几大领域，各个领域的发展也都对应着人民群众各方面的具体需求及其满足。需求的满足具有刚性，需求的满足必须尽可能地全面，所以社会就得不断发展、全面发展。衡量社会是否得到了全面的发展，最突出、最直观的标准就是：人民物质文化生活水平高不高，以及社会上有没有足够资源与价值来满足人民更高标准的、更全面的各方面需求。社会发展的结果，是人类本质力量的不断增强。这些力量不但属于人类个体，而且属于社会共同体。现实生活中，人类本质力量具体体现为相当数量和质量的人力、物力和财力——它们都是一般人类劳动的结果和体现，都是有价值的，本身也都形成社会发展的某种资源。这些力量，或曰价值、资源，虽然都是在人民群众个体的、具体的生产生活中形成积聚起来的，但它们的调配和使用向来都具有更强的社会性。关于它们的开发、流通、分配和使用，越是以人民为中心，越是聚焦民生、向基层和一线群众的生产和生活倾斜，就越是能带来更可观的社会效益、发展绩效。中国古代就有藏富于民、民殷国强的政治认知，同时也有因政府涸泽而渔抑或民间财富高度集中而导致政亡人息的历史教训。在人财物力当中，人的力量特别是智力的创造在推动社会发展中最为灵动、也最具有革命性。放眼世界，现代市场经济更有利于优化资源配置、释放人类个体的创造活力，它所形成的现代产权制度，特别是知识产权保护制度，也的确非常有利于创新发展。现代社会厚重民生民力、保护和鼓励个体发明创造的结果，不只是创新者本人受益，而且也整体地、空前地改善了大众的生活。反过来，人民不断地要求全面改善生活的强烈愿望，又极大地推动和个体创造、社会创新的进程。

人民有力量社会才能有进步，社会有进步人民力量才会更强大。正是在鉴古知今且深刻认识到贫穷不是社会主义、短缺不是社会主义的基础上，现当代中国党和政府在制定路线方针政策时，才更加注重改善民生与全面发展内在的逻辑关联，而中国特色的社会主义建设也才能整体深化、全面推进，并不断取得世人瞩目的新的成就。进入新时代，坚持和完善统筹城乡的民生保障制度，成为党和政府践行人民服务根本宗旨的具体体现，它同时又是适应我国社会主要矛盾转化的必然选择、是实现"两个一百年"奋斗目标和中华民族伟大复兴的重大目标。为此，作为共产党领导的社会主义国家，中国就必须始终以天下为公、民生幸福，实事求是、努力进取、锐意创新，建立、巩固和发展一种合乎社会主义平等价值、适合中国现实国情而又极具活力和效率的新型民生社会保障体系。

三、坚持和完善统筹城乡的民生保障制度

尽管社会保障是一个现代概念，但人类的生老病死穷困废厄等需要接济、救助，这是任何时代和任何政府都得常态化面对的问题。传统中国确有不少接近或类似现代社会保障的政治理念/公共行为。中国向有"家国一体""大政府"的社会和政治传统，国家与老百姓的关系被当作"父母""子民"来看待，思想家们很早就强调了政府对基本民生的责任，而历代统治者也大都自觉地将济贫扶弱视作自己的责任。在古代中国，对于需要救济的人们，国家必须负责、家族亦须襄助，此种立基于宗法伦理的政治和社会行动在古代西方是不多见的。据文献记载，中国大约自周代起

就有了带民生保障性质的"保息六政""荒政十二策"①。秦以后，荒政政策为历代官府所延续并逐渐趋于完备。至汉代，积谷备荒的仓储制度得以建立。唐宋时，官府推行居养制度，民间慈善业也比较活跃。至明清，各项相关政策基本成熟，社会救助、社会保障相关制度的设计也已比较齐备。但要指出的是，由于皇权官府固有的专制和压迫的性质，由于治乱循环、生产力总是难能发展起来，又加之天灾人祸连绵不断，中国传统官办、民办的救济扶助事业，其实并未从根本上免除老百姓的"兴亡之苦"。古代西方也差不多。近代以前，社会保障并非西方政府政治的传统，它们多由教会组织民间力量来举办。在 1601 年英国《伊丽莎白济贫法》颁行之前，西方国家对社会保障事务的介入基本上都是比较随意的。即便 19 世纪以后，因应了马克思的批判西方国家相继、逐渐拓展了福利国家建设，但主要国家政府的目的却也不是要承担无限责任，而是要勉力维持劳、资力量的均衡②。西方学者深刻揭示出了它的本质：从资本家角度来看，福利国家为积累资本的持续努力做出了贡献，它有助于把劳动和资本搅和在一起，以控制工人阶级反抗和革命的潜力……社会保障制度是同再生产一个劳动后备军、家长制家庭和劳动力纪律相联系的。作为缓和贫困和提供收入保障的手段，它仅仅起一种次要的和偶然的作用。③ 即便如此，当今大多数的西方福利国家也都陷入了程度不等的困境，高福利、高税收以及接踵而来的所谓"福利陷阱"，且也每每被视作当代世界性经济危机的缘由。

中华人民共和国民生保障制度的确立、完善和发展，至今已走过七十多年的历程。以毛泽东为领导核心的中国共产党第一代中央领导集体领导完成了社会主义改造，初步形成了独立自主的工业体系。这使得农业集体

① "保息六政"即慈幼、养老、振穷、恤贫、宽疾、安富，"荒政十二策"，一曰散利，二曰薄征，三曰缓刑，四曰弛力，五曰舍禁，六曰去几，七曰眚礼，八曰杀哀，九曰蕃乐，十曰多昏，十有一曰索鬼神，十有二曰除盗贼。见《周礼·地官司徒》。
② ［英］吉登斯：《第三条道路及其批评》，孙相东译，中央党校出版社 2002 年版，第 52 页。
③ 参见［英］金斯伯格：《阶级、资本和社会政策》，伦敦麦克米兰出版公司 1979 年版，第 2 页。

经济得到发展和巩固，奠定了根本解决民生问题的坚实的经济基础。这一时期中国的民生保障着力于恢复基础，强调自力更生、自给自足，确保能基本保障人民群众物质生活，使之能在一定程度上享有基本公共服务。改革开放后，自以邓小平为核心的第二代领导集体开始，党和政府始终坚持发展就是硬道理，强调以经济建设为中心、大力发展生产力，通过确立和发展社会主义市场经济新体制，为全面建设小康社会谋篇布局，让一部分人先富起来、推动先富带后富和致力共同富裕，着力摆脱整体贫困、改善人民生活。在此基础上，党和国家赋予民生事业发展更高的要求，更突出强调以人为本以及经济和社会协调发展，着力完善基本公共服务体系、不断刷新小康社会的建设目标，努力实现充分就业、提高人民收入水平、丰富公共服务内容，让人民群众真正能够学有所教、劳有所得、病有所医、老有所养、住有所居。中国特色社会主义建设进入新时代，以习近平同志为核心的党中央明确提出，人民对美好生活的向往，就是我们的奋斗目标。① 这一目标也就是当代中国民生改善的前进方向。鉴于当前我国社会主要矛盾已发生深刻变化，已是人民日益增长的美好生活需要和不平衡不充分的发展之间的矛盾，中共中央明确了创新、协调、绿色、开放、共享的新发展理念，并以此来推动破解民生发展难题、增强民生发展动力、厚植民生发展优势。为此，党和国家积极倡导以人民为中心，通过全面深化经济体制改革、实现更高质量和水平的发展，使社会主义市场经济体制更加成熟，使就业和收入分配更加公平、基本公共服务更健全且质量更高，努力推动实现幼有所育、学有所教、劳有所得、病有所医、老有所养、住有所居、弱有所扶，不断提升人民群众的幸福感、安全感和获得感，也因而把民生工作推进到了更新的阶段、更高的层次。

总结经验，现当代中国民生保障建设的基本要求是：第一，实实在在地满足人民群众不断增长的各方面需要、顺应他们对于更美好生活的新期待。第二，持之以恒地促进社会公平正义。公平正义关系到共同富裕目标

---

① 《习近平谈治国理政》，外文出版社 2014 年版，第 424 页。

的实现，是社会主义制度的内在要求，也是保障和改善民生的核心价值，要保障好人民群众基本的民生权益，健全国家基本的公共服务体系，努力实现权利公平、机会公平、规则公平，让改革发展成果更多更公平惠及全体人民。第三，实事求是地量力而行和尽力而为。对于民生保障，党和政府责无旁贷，必须积极主动作为、做出最大努力；同时又必须高度警惕陷入西方式片面追求高福利的"福利陷阱"，因此就要始终兼顾效率和公平，充分考虑到中国的国情实际和特定的发展阶段、发展水平，必须一切从实际出发，不能好大喜功、寅吃卯粮。第四，坚决兜牢民生底线。充分发挥社会政策托底功能，着力全覆盖、保基本，注重加强普惠性、基础性、兜底性民生建设，聚焦困难群体，围绕民生短板，织密扎牢"安全网"，认真防范和化解重大风险，牢牢守住保障人民群众基本民生、基本权益的底线。第五，充分激发社会各方面的积极性。党和政府承担首要职责但不能包打天下，要充分调动社会各方面积极参与、广泛参与，鼓励社会力量兴办公益事业，最大限度调动人民群众奋斗精神、尊重群众首创精神，不断激发民智、汇聚民力，创新公共服务提供方式，促进全体人民各尽其能、各得其所。

着眼发展，当代中国民生保障建设所要长期面对的基本内容、各方面任务是：

第一，健全有利于更充分更高质量就业的促进机制。坚持就业是民生之本，不断扩大就业、创造更多就业岗位是当代中国重大的战略问题。促进充分就业、更高质量就业，也是劳动者体面劳动、全面发展的重要基础。为此就要实施就业优先政策，促进经济增长与扩大就业良性循环，创造更多就业岗位。要健全公共就业服务和终身职业技能培训制度，提供普惠性、均等化的终身职业技能培训，提高劳动者技能，健全就业援助制度，完善重点群体就业支持体系。要建立促进创业带动就业、多渠道灵活就业机制，优化政策环境，降低创业成本，形成政府激励创业、社会支持创业、劳动者勇于创业的格局。要坚决防止和纠正就业歧视，营造公平就业制度环境，消除城乡、性别、身份、行业等一切影响平等就业的制度障碍。要健全劳动关系协调机制，完善政府、工会、企业共同参与的协商协调机制，保障劳动者合法权益，构建和谐劳动关系。

第二，构建服务全民终身学习的教育体系。百年大计，教育为本。构建服务全民终身学习的教育体系，是当代中国坚持和完善教育体制的总目标。为实现这一目标，就要全面贯彻党的教育方针，坚持教育优先发展，聚焦办好人民满意的教育，完善立德树人的体制机制，深化教育领域综合改革，加强师德师风建设，培养德智体美劳全面发展的社会主义建设者和接班人。要推动城乡义务教育一体化发展，健全学前教育、特殊教育和普及高中阶段教育保障机制，完善职业技术教育、高等教育、继续教育统筹协调发展机制。要支持和规范民办教育、合作办学。要构建覆盖城乡的家庭教育指导服务体系。要发挥网络教育和人工智能优势，创新教育和学习方式，加快发展面向并适合每个人、更加开放灵活的教育体系，建设学习型社会。

第三，完善覆盖全民的社会保障体系。社会保障是民生安全网、社会稳定器，与人民幸福安康息息相关，关系国家长治久安。随着我国人口老龄化加速，迫切需要进一步增强社会保障制度的可持续性。为此，完善覆盖全民的社会保障体系成为我们坚持和完善社会保障制度的总目标。实现这一目标，就要完善覆盖全民的社会保障体系。坚持应保尽保的原则，健全统筹城乡、可持续的基本养老保险制度、基本医疗保险制度，稳步提高保障水平。加快建立基本养老保险全国统筹制度。加快落实社保转移接续、异地就医结算制度，规范社保基金管理，发展商业保险。统筹完善社会救助、社会福利、慈善事业、优抚安置等制度。健全退役军人工作体系和保障制度。坚持和完善促进男女平等、妇女全面发展的制度机制。完善农村留守儿童和妇女、老年人关爱服务体系，健全残疾人帮扶制度。坚决打赢脱贫攻坚战，巩固脱贫攻坚成果，建立解决相对贫困的长效机制。加快建立多主体供给、多渠道保障、租购并举的住房制度。

第四，强化提高人民健康水平的制度保障。增进人民健康福祉，关系到社会主义国家里人的全面发展、社会的全面进步。随着自然环境、社会生活的多方面变化，当前我国医疗卫生事业发展还面临突出矛盾，群众看病就医也还存在不少难题。为此必须把强化提高人民健康水平的制度保障视作坚持和完善我国卫生健康制度的总目标。实现这一目标，就要坚持关注生命全周期、健康全过程，完善国民健康政策，实施健康中国战略，让广大人民群众享有公平可及、系统连续的健康服务。要深化医药卫生体制改革，健全基本医疗卫生制度，提高公共卫生服务、医疗服务、医疗保障、药品供应保障水平。要加快现代医院管理制度改革。坚持以基层为重点、预防为主、防治结合、中西医并重。要加强公共卫生防疫和重大传染病防控，健全重特大疾病医疗保险和救助制度。要优化生育政策，提高人口质量。要积极应对人口老龄化，加快建设居家社区机构相协调、医养康养相结合的养老服务体系。要聚焦增强人民体质，健全促进全民健身制度性举措。

第二节　有恒产方有恒心：仁政善治之端始、保护群众权益之根由

先秦时期，孟子最为全面和深入地继承、发展了孔子仁学的思想。他旗帜鲜明地反暴政，公开否定和谴责罔顾民生、戕害百姓的暴君："贼仁者谓之贼，贼义者谓之残，残贼之人，谓之一夫。闻诛一夫纣矣，未闻弑君也。"[1] 他重申、倡导"仁者爱人"的思想，明确主张以民为本、施行仁政。孟子认为一国之内"民为贵，社稷次之，君为轻"[2]。由此，他不仅认同可以推翻暴君，同时也反对兼并战争。在孟子看来，因为人皆有"四端"——"恻隐之心，仁之端也；羞恶之心，义之端也；辞让之心，礼之端也；是非之心，智之端也"[3]，故人性本善，这就构成了其仁政学说的心理学基础。同时，性善论也使通过争取民心（以取代战争）而赢

---

① 《孟子·梁惠王下》。
② 《孟子·尽心章句下》。
③ 《孟子·公孙丑上》。

得天下成其为可能。仁政的重心是民本，而其关键则在于轻徭薄赋、使"民有恒产"。孟子讲："五亩之宅，树之以桑，五十者可以衣帛矣。鸡豚狗彘之畜，无失其时，七十者可以食肉矣。百亩之田，勿夺其时，八口之家可以无饥矣。谨庠序之教，申之以孝悌之义，颁白者不负戴于道路矣。老者衣帛食肉，黎民不饥不寒，然而不王者，未之有也。"① 孔子讲过"君子喻于义，小人喻于利"②。其实，无论君子小人，只要其有所需求，那就一定会有自己的利益。人们可能为坚守某种原则、信念而暂时放下特定的利益，但却根本不可能全然、永远不要一切利益。这一点孟子当然是看到了，为此他明确反对君王们伪善地打压人们逐利之心的做法，明确提出人民有权去追求自己的利益："无恒产而有恒心者，惟士为能。若民，则无恒产，因无恒心。苟无恒心，放辟，邪侈，无不为已。及陷于罪，然后从而刑之，是罔民也。焉有仁人在位，罔民而可为也？是故明君制民之产，必使仰足以事父母，俯足以畜妻子，乐岁终身饱，凶年免于死亡。然后驱而之善，故民之从之也轻。"③ 有恒产方始有恒心，这大概是早期儒家思想为人民的利益/权利正名的最强音了。

一、从民利到民权：传统仁政理念与实践的现代转换

其实，关于怎样对待老百姓及其权利，古代中国统治阶级的治理理念存在两种影响最深远而又在意趣上针锋相对的理念，其一就是儒家的民本仁政思想，其二则是先秦法家原教旨主义的极端思想。法家主观上是倾向于彻底粉碎（此前普遍存在的）人民对家庭/家族小共同体的忠诚，并使之转而忠于君国的，此即所谓"为君绝父"。成书于战国至秦汉的《管子》思想杂博，其中《国蓄》一篇就强调国家是否能收天下之利使出于一孔的利害："利出一孔者，其国无敌；出二孔者，其兵半屈；出三孔者，不可以举兵；出四孔者，其国必亡。先王知其然，故塞民之养，隘其

---

① 《孟子·梁惠王上》。
② 《论语·里仁》。
③ 《孟子·梁惠王上》。

利途。故予之在君，夺之在君，贫之在君，富之在君。故民之戴上如日月，亲君若父母。"当代有学者考证，认为此篇乃是汉代人总结商鞅、韩非思想的文字。①《商君书》中同样对应有较为类似的语调："利出一孔，则国多物；出十孔，则国少物。守一者治，守十者乱。治则强，去物者弱。"② 法家持"性恶论"立场，故其"利出一孔"，自然是要寻求国家权力相对于（本性为恶的）人的绝对地位、压倒性优势。这也就为法家一部分极端主义者推出包括"壹民""弱民""疲民""辱民""贫民"等"强国弱民"政治主张、政策实践提供了依据。后者的结果，当然是暴政肆虐后终于被推翻。但在历朝历代，那些意欲"私天下"的统治者们却又都乐此不疲、欲罢不能。儒家理论和实践基本上是不赞成或者是反对暴政的。当然，它的内部也还有不同的意见。其中就有一种比较主流的看法，它在本质上其实是君本论的东西——它也希望统治者不要与民争利，从而在长远上有利于君权永固。但其终极立场还是认为等级、君权在任何情况下都不容置疑。另一种主流看法则是更加强化了民本立场，它比较倾向于"为父绝君"或"从道不从君"，主张君命唯有与天理民心一致时才是正当的——此种倾向算是比较接近现代民权思想的了。孟子以降，此种民本理念经常不受专制主义待见，但却也一直没有断流过。宋陆九渊就认为，孟子的民贵君轻说就是明确了"人主的职分"，倘其违背了这个职分，以致轻重易位、本末倒置，那么人民便可以起义、诛暴君，因为汤放桀、武王伐纣，即"民为贵，社稷次之，君为轻"之义。③ 及至明清，思想家更是毫不留情遣责君王们私天下、罔顾民生的暴政，黄宗羲讲，"天下为主，君为客""为天下之大害者，君而已矣"④。谭嗣同也讲，"因民而后有君，君末也，民本也""中国所以不可为者，由上权太重，民权尽

①　参见罗根泽：《管子探源》，岳麓书社 2010 年版，第 83—88 页。
②　《商君书·弱民》。
③　《陆九渊集·荆州日录》。
④　《明夷待访录·原君》。

失"，因此，就得"废君统，倡民主，变不平等为平等"①。

整体来看，古代中国确有不绝如缕的民本主义思想，但其基本制度却是君本主义的；中国的传统民本主义的确触及了人民权利的边界，但也只是从下限上界定了这一权利——它最多的时候也只是一种能够生存下去的权利，而且此种"民权"又往往是与君子的"治权"相对待的。诚如梁启超所讲，孟子仅言"保民"，言"救民"，言"民之父母"，而未尝言"民自为治"。在西人所谓"民有、民享、民治"的三原则中，孟子未能发明"民治"之义。② 概言之，传统中国有民权思想的基础，但没有支撑相关实践的"民治之制"。在这里，民权根本上就是一种中国特色的共同体所享有的权利，它与西方很早就得到较多伸张的基于个体本位的人权还是有所不同。西方人讲得更多的权利就是这种人权。自亚里士多德以降，人权，特别是财产权利、自由权利，就是人所以为人而非野兽或奴隶的关键所在。古希腊、罗马虽然也很早就搞过民主，但就其阶级本质而言，很难说它就真正实现了民治。从起先劳动者连人身权利都没有，到后来有了此种权利；从老百姓只有一点点经济权利、没有政治权利，到获得比较广泛的经济、政治权利；从人民更多地只有名义上的权利，到他们能实实在在地拥有和行使这些权利——这是一个一直延伸到了现当代社会的漫长历史过程，这在中西方都是概莫能外的。近代以后，中国人藉由一步一步深入下去的革命，以及后续的一点一滴积累起来的建设，逐步完成了传统仁政理念与实践的现代转换。传统中国民本的底色，就是君子的治权、百姓的民权的均衡统一，也就是以保民、养民为中心的权力—责任关系。中国民主革命先行者孙中山正是从这一角度切入，完成了民本理念与实践近代化的初步转换。正如在西方，当专制君王毁坏契约且不尽义务、侵害人民自然权利时人民可以诉诸革命一样，在中国，当皇帝及其官僚政府罔顾责任，危及人民生存的权利时人民也可以揭竿而起。孙中山倡导三民主义，

---

① 谭嗣同：《仁学》。

② 梁启超：《老孔墨以后学派概观》，见《梁启超文存》，江苏人民出版社 2012 年版。

其中最重要的一方面就是民权主义。在他看来，权力就是力量、就是威势，所以民权就是"人民的政治力量"，而不是西方人所谓的天赋的、自然的权利。孙中山为中国天下为公的传统民本政治思想增添了自由、平等和博爱的新鲜血气，他并且矢志不移、坚持通过人民的政治力量，并坚决以革命行动来推翻帝制专制、建立民国。他系统擘画了民国建政如下的基本原则、基本内容：一是关于从军政到训政继而宪政的基本建政路线；二是关于"共和政治""代议政体"和"政党政治"的基本民主运行；三是关于主权在民（权）、治权在政府（能）的"权能"分疏，以及五权宪法、地方自治的基本政权体系。孙中山最突出的历史贡献在于，将传统民本政治推进到了革命民主主义的新阶段，并且第一次尝试构建一种从根本上维护人民利益的民权制度。当然，这些努力和尝试又都有其历史的局限性——孙中山在继承中国传统民本主义时，也接受了先知觉后觉的旧式精英政治思维，他在吸收近代西方政治思想、政治制度精华时，也未能免于其资产阶级的立场、秉性和局限。这些历史局限当中的一些方面，在蒋介石南京国民政府统治时期的确是被片面地突出和放大了，以致民权主义并未能真正走出纸面、落定为现实，而民利——老百姓各方面权利和利益自然也无从得到真正的保护。

中国共产党发展了孙中山先生的志业。以毛泽东为核心的中国共产党第一代领导集体最大的历史贡献，就是将旧民主革命导向新民主主义的方向并且取得了这一革命的伟大胜利，建立了真正属于人民、真正全心全意为人民服务的新型民主政权。在此基础上，中国共产党又领导中国人民完成社会主义革命，消灭了阶级剥削和压迫的经济社会基础，确立和巩固了新型民主制度，并且开始了中国特色社会主义的初步探索。总结中国革命和建设的经验和教训，人们深刻意识到：对于维护、实现人民权利和利益而言，政治的、社会的革命以及相关制度的建构和确立无疑非常必要，但却并不充分。邓小平深刻指出，不重视物质利益，对少数先进分子可以，对广大群众不行，一段时间可以，长期不行……要切实保障工人农民个人的民主权利，包括民主选举、民主管理和民主监督。不但应该使每个车间主任、生产队长对生产负责任、想办法，而且一定要使每个工人农民都对生产负责任、想办法。① 和平建设时期增益民利、发展民权的根本，还在于解放生产力、发展生产力，要以经济建设为中心、以物质财富的生产与充沛为实力基础，支撑实现社会生活各方面的全面、协调和可持续发展。概言之，社会主义不是要空谈、虚构的权利和利益，它们只是些不切实际的欲望或愿望；社会主义更是要让人民群众切切实实具备并熟练掌握实现自身利益、权利的条件和手段，这样得来的利益和权利才是现实的、真实的。

二、维权就是维稳：保障经济社会权利方得长治久安

中国共产党第十九届四中全会文件在提及社会主义法治时明确要求：健全社会公平正义法治保障制度。坚持法治建设为了人民、依靠人民，加强人权法治保障，保证人民依法享有广泛的权利和自由、承担应尽的义务，引导全体人民做社会主义法治的忠实崇尚者、自觉遵守者、坚定捍卫者。这一要求全面涉及了我国国家权力与人民权利的关系。在现当代中国这样有浓郁东方传统政治文化特质的社会主义国家中，国家与社会实质上是合作关系而非对抗性关系，国家利益与人民利益从根本上讲是一致的，党和政府的权力与人民群众的权利也基本上是相辅相成的。但是，此种合作、一致、相辅相成本身，却并不意味着国家及其权力就可以取代以至湮没社会及其权利。权力的配置和运行是为了国家实现和维护基本的秩序，权利的生成和实现是为了公民满足自身必要且合理的需求。围绕权利和权力，社会主义的中国国家与公民之间彼此负有对称的、相辅相成的关系：一方面是要规范权力的运行、保护人民自由权利的法治，它意味着公民的权利、国家的责任；另一方面是要规范权力的行使、维护国家权威与尊严的法制。在现当代中国，中国共产党的领导国家、依法治国的根本目的，都在于支持和保障人民当家作主。这是法治中国的关键所在，也是政治中

---

① 《邓小平文选》第 2 卷，人民出版社 1994 年版，第 164 页。

国、国家和社会治理的重心和根本所在。换言之，不仅在司法领域，而且在立法、行政及监察领域，切实和有效地维护公民权利、维护人民群众的合法利益都在体现以人民为中心的社会主义国家的政治特质；不仅在政治理念、治理理念上，而且选举、协商、决策、执行和监督的全部政治行为与政治过程中，不仅在政治上，而且在经济社会和文化生活的各个方面，维护公民权利、人民群众合法利益都是最基本的公共原则。

切实维护公民权利、人民群众根本利益，已经是当代中国宪法和法律的基本精神，忠实践行这一基本精神是国家权力高效能运转的关键所在。现代政治完全超越传统政治的根本所在，就是确立和实践人民主权或主权在民的政治价值，就是以宪法形式集中体现人民的意志、明确保护公民权利和人民利益。在国家被视作人民主权的体现时，国家至上和人民至上是统一的，国家利益的实质内容也就是人民的权利和利益。现实生活中人们一要生存、二要发展，所以都离不开、也都非常关注自己的利益。有思想家曾以夸张的语言这样来讲：人们或会忘记杀父之仇，但却难解夺财之恨。① 这个意思的表达尽管是有些过了，但却值得社会生活的所有主体特别是各方面的统治（或治理）主体深思。即便在中国这样的社会主义国家中，这也是不例外的。国家权力的运行唯有得民心，才能够在政策过程中较少遭遇阻力甚至抵抗，才能以较低的政治成本付出赢得较高的、更广泛的政经社会效益。在这个过程中，最大多数的人民群众怎样才不至于不认同、不接受甚至是挑战政府的政策？关键在于要合乎他们的切身利益。同样，公民们怎样才会有主人翁意识，自觉地遵纪守法、维护国家所期待的基本价值基本秩序？关键在于他们的宪法权利得到了保护。这两方面的关键，恰好构成现代国家统治/政治正当性的基础。现代国家所要求的服从，主要不是透过权力的强制来实现，而主要是通过权威的说服来实现。怎样的说服才有权威、才更容易被认同和接受？让公民、让人民群众很明显很切实地感受到：国家对自己的种种要求皆系直接或根本地出于自身权

---

① ［意］马基雅维利：《君主论》，潘文典译，商务印书馆 1985 年版，第 81 页。

利和利益。

切实维护公民权利、人民群众根本利益，向来是中国国家治理、社会治理的主题、主线，也是衡量、检验我国治理现代化能力与水平的关键指标。国家当然会认为自己所做的一切都是为了人民。但毕竟国家的政策思维、政治行为与公众自己的认知和期待之间还是有一定的差异。此外，社会生活中也还存在着一些国家刚性权力不宜直接介入或发挥作用的空间，譬如非公共的、私人领域的一些事务，以及需要公民或基层群众自治的领域等，则是尤其要尊重当事主体、自治主体的权力意志和利益诉求。不仅如此，即便是在公共领域，公民个体或人民群众基于自身直接利益需要而参与到政府政策的形成、执行与监督过程中，也是非常必要的。从这个意义上讲，国家的权威、成功的说服不仅来自于自身合乎人民权利、利益的属性，同时也来自于公众的直接、有效的参与。公众直接参与到政策过程中来，亲自了解政策活动的方方面面，特别是了解各种政策产品到底是怎样生产出来的，这比任何说教都更容易为国家赢得同情的理解；公众通过亲身参与使自己的权利和利益诉求得到满足，并从中感受到政府对自己的理解、善意和尊重，这比任何其他资源的付出都更有利于国家赢得人民坚定的支持。怎样的政治生活/政策过程能使得国家、人民都能从中各有所得且相得益彰？片面强调政府权力控制的传统统治的理念、实践显然无法做到这一点，因其相关体制机制很容易轻忽人民的真实意愿，它的相关政治过程也很容易在刚性权力的压制、强制中损伤人民的权利和利益。为此，现代国家治理、社会治理尤其注重公众的政治参与，尤其注重公众自主、平等的政治主体地位，尤其注重公众与政府通过持续的协商合作来共同主导和推进政治过程。协商治理或曰协治（Governance），这恰好是传统中国固有的"天下为公"价值取向的一种体现，而此种价值取向也使中国政制较早就具备了现代政治一般性，或曰政治现代性的某些气质。如此，则无论是从规范意义上讲，还是从政治实践上看，现代协商治理都是中国政治现代化中的关键一环。

因为一切是以人民为中心、以公民权利和人民利益实现为出发点，所以国家权力高效能运转，以及国家和社会治理的现代化，也就自然意味着国泰民安、长治久安。当然，我们也要承认，传统中国政治并非完全地具备了现代性，我们要全面实践理性、成熟的现代治理，要实现此种治理的制度化、高效能，这将需要一个长期的历史过程。当前我们已经完成了不少阶段性历史任务，包括依托市场经济转型搞好经济建设，为民生政治打好和巩固物质基础；也包括依托经济建设成就搞好社会建设和文化建设，为发达的民权政治——社会主义民主政治创造和准备充分必要的现实条件。在这一过程中，一方面是社会主义市场经济的深入发展、人民群众日益增长的美好生活需要对于现代治理不断提出更高的标准和要求；另一方面是不断提升的现代治理能力和水平也能更好地帮助实现、切实保障人民群众与时俱化的权利和利益要求。在这一过程中，有些过去满足不了或满足不好的要求，现在已经可以很好地予以满足了；一些当前仍然满足不了或满足不好的要求，未来也可望在社会的全面协调发展中逐步予以满足。譬如由于计划经济时代的认识问题及其滞后效应，对于非公有制经济及私有财产的保护曾长期缺乏必要的力度。那么今天，我们已充分认识到了相关经济成分在国民经济中不可替代的地位和作用，也深刻体会到了保护产权特别是知识产权对于激发人民创新活力的决定性影响，所以已完成了宪法、法律的相关修改，并先后制定、颁行了《物权法》《民法典》，逐步加强了对人民财产权利的保护力度。今后，围绕宪法和法律所明确承认或赋予公民个体及群众集体的各项权利和利益，中国国家和社会治理的体系、能力和水平仍将继续得到提升，不断实现更加全面、更具创新性和更为精致化的改进和发展。概言之，对于现代中国社会而言，发展离不开创新、离不开稳定，维权是维稳的基础，也是创新的保障，而维稳的根本就在于维权。在当代中国，依宪治理、依法治国，从而切实体现以人民为中心的价值原则，这就是最新也是最大的仁政。国家治理、社会治理都要切实保障公民权利、维护人民利益，后者会给老百姓带来公义，能给政府带来权威，因而也能根本上有利于国家、社会的稳定和发展。

第三节　权力的文化网络：中国社会基层治理的传承及现代转换

要切实维护和发展人民群众的权利和利益，现当代中国对于良政善治的追求既发生在宏观政治生活领域，也发生在微观政治生活领域——也就是人民群众生产生活在现实中得以具体展开的基层的自治、治理领域。在这里，人民群众相互间发生权利和利益关系；在这里，人民群众及其权力利益同刚性的国家权力发生关系；在这里，中国传统一体多元、多元一体的共同体逻辑得以不断地生长和贯穿，从而不断生长出支撑中国式现代共和与民主的蓬勃力量。总揽古今中外的政治经验，国家所掌握的刚性权力及其效能总是有一定的限度。事关草根民众的生活，面对万般变化的需求和矛盾，社会的基层其实并不适合刚性权力的直接控制。一方面，国家事实上是无力于或者不及于基层社会生活的全部细节的——尽管它只要有意愿也还是可以直达每一个细节，但这些细节的体量太过庞大、为此要付出的政治成本就会高昂到不可想象；另一方面，刚性权力天然也有更多地去追求一致性的偏好，缺乏灵动性和适应性，因而更容易在基层激发大量的、直接的矛盾与冲突，这也是任何政府都难能轻松负担得起的。所以，古代中国就有"为政宽简"的理念，越是往基层、草根，就越是要简政、弱化刚性权力的存在，从实寻求更有效率、成本更低的替代选择。当然，也要宽而不纵、简而不劣。在这方面，传统中国治理还是很有一些先天优势的。与中国长期作为文明型国家的政治特质相适应，在近代及以前的中国基层（乡村）社会中，天然存在一种所谓"权力的文化网络"（Culture Nexus of Power）①，或曰某种社会资本，它基于中国社会基层所特有的宗亲、宗教，或与市场交换、兴修水利等事项相关自愿团体，以及其他的一些非正式的人际关系网络，主要是由乡村社会内部的各种组织体系及其运

---

①　参见［美］杜赞奇：《文化、权力与国家》，王福明译，江苏人民出版社1994年版。

行规则所构成，彼此之间又相互渗透、交叉，并且贯穿或是借助特定的象征符号、思想意识和价值观念，得以形成权威、生成权力，继而支撑起对乡村社会的有效控制。此种权力文化网络的存在，使得中国基层社会称其为一种礼俗自治的人情社会，它的历史影响也一直延续至今。

一、有别于西方的中国自由理念和自治精神

人类是从小共同体走向国家、走向世界或天下的，所以一切统治或治理关系也就从人类个体、小共同体所处的乡土基层及其日常生活开始。一语以蔽之，一切政治都是地方的/乡土的政治（Local Politics）。刚性的国家权力并不适宜直接控制丰富且又杂乱的基层生活，且容易招致积极或消极的抵制，那么相应地也就会有所柔化、钝化，转而（间接地）依托那些在乡土层面上因由自组织而来的权力与权威。依据为马克思恩格斯所认同的摩尔根有关原始社会研究的成果，人类社会的政治生活其实也是以早期较初始的自治状态为开端的。此种自治所依托的就不是文明社会的制度，而是基于某种"集体无意识""日用而不知"的、带有诸多非正式性的习惯或惯例。这些习惯、惯例当然有其野蛮和蒙昧的另一面，但整体来看则是虽属粗疏却又不乏合理的成分。随着后世文明程度的不断提高，乡土政治中制度化的分量逐渐有所加重，但基于直接人际交往以及特定文化网络的自组织、自治却始终都是基层政治生活的主流。自组织、自治之所以会为基层社会生活所必需，是因为人们总是看重与自己直接相关的事务、总是珍重自己独立自主处理这些事务的空间和权利。概言之，社会生活越是接近草根、个体，人们内心深处也就越是强烈地想望自由、越是期待更广阔的选择空间。这一点，无论是在东西方社会中也都是一致、相似的。

然而，由于活法上、文化上的差异，中国人、西方人对于自由的看法向来都有所不同，故而围绕基层自治的想法和做法也就有明显的差异。在西方自由主义的故乡，所谓的自由在现当代基本上已经是个体本位的东西。英文中，无论是 Freedom 还是 Liberty，都带有个体不受束缚（消极的

自由）、按自己意愿行事（积极的自由）的意思。从语源上讲，Freedom 中带有源自原始印欧语中的亲爱或挚爱的意思，语义从爱偏转向自由，似是指家庭成员（对应奴隶）的自由状态。此外，Freedom 在意蕴上也同 Kingdom 有所对应，后者指的是被神（自然）或王完全掌控的状态。至于 Liberty，其拉丁语源意义更强调的是公民自主的意志、状态，而由这一语源同步演化来的法语词汇 liberté 则带有较多公正、平等之意。西方的这个自由范畴显然在古代很早即已完成了从部落村社阶段（共同体本位意味）向城市（邦）市民阶段（个体本位意味）的转换。及至日耳曼人及其新生的文明遍布和统治了欧洲以后，自由就是个体本位的自由，就是可以免于压迫和侵害、自主地去追求自身权利和利益的自由。中世纪过后，近代文艺复兴、启蒙运动也都在不断地强化着这一精神。由于生产方式的关系，古代西方政经社会和文化生活的主轴基本上都是在城市而非乡村。"城市的空气使人自由"，城市市民为了自己的权利、为了自身及其生产关系的再生产也不得不自由。为摆脱封建主的全面操控和无尽压榨，城市市民自组织起来，以暴力或赎买的方式向国王或封建主挣得自治权利，这就形成了西方的自治传统。同教会权利、贵族权利一样，城市的自治权利一直都是中世纪以来使王权遭遇牵制的重要方面。当然，此种自治及其具体形式都取决于一种微妙的力量均衡——国王仍保留对于城市的主权权利但不至于强大到了专制的地步，城市保留自治权力但又不至于强度达到了可以脱离王权管制的地步。在不同地方，此种均衡的结果是不一样的。基于这些不一样的均衡结果，自治也逐渐分疏形成了两大传统模式。一种模式是英美模式的自治，以"人民自治"理论为基础，认为自治权利是天赋的、人民固有的，国家非但不能干涉且应予保护。另一种模式是（欧洲）大陆模式的自治，以团体或社群自治为基础，认为地方自治的权利不是天赋的、人民固有的，而是由主权国家所赋予的，国家可随时收回这种权利。此即所谓的"钦定模式"。这两种模式在授权的法理基础上相左，但在具体运作的体制、形式上却又有很多相似之处。

　　我们不好说传统中国早就有了政治上的自由主义——毕竟后者即便在

西方也都是一个相对晚近的事物。但是，在传统中国确实存在着类似的有关于自由的思想的基础、萌芽。相应地，千百年来，中国也的确存在着实质上有利于草根民众赢得或保有自由的某种安排。① 传统中国社会一直属于马克思恩格斯所讲的东方社会，因此也接近或具有东方社会的某些特质：生产力整体落后的亚细亚生产方式，没有西方式的土地私有制，彼此隔绝、作为专制主义基础的东方村社，以及历史的长期少进步、无突破。然而古代中国社会又实在是一种"非典型性"的东方社会：古代中国的土地更像是一种混合所有；村社似非传统社会组织的基础单元，在其下、之上又分别有中国式的家户和乡里；独特的所有制和家户、乡里的存在使得传统中国社会中仍然顽强地存在着属于民众的某些自由和多样性空间；前述这些方面又进一步使得中国社会不断积累创新的潜力，但演进整体上则呈现出某种震荡的而非停滞的态势。单就古代中国专制政治的特点而言，它显然就不是完全的和彻底的。尽管皇权官府可以透过乡里将其权力影响直接深入到家户，但在另一个向度上，家户之上主要是由宗亲关系构成的村社和乡里却又成为缓冲刚性权力压力的天然屏障。由此，皇权往往只在涉及钱粮、兵马和贼盗时向乡里以下渗透，而农民和家户则往往还能保有其"纳完粮，自在王"的自在、自为之境。正所谓"日出而作，日入而息；凿井而饮，耕田而食。帝力于我何有哉！"② 这是一种传统的被称作"在宥"的中国式自由，一种依托了宗亲人伦关系及其规范的共同体本位的自由。此种自由也不止于一种不直接与皇权发生关系的"消极的自由"，它也还有其积极自为的另一面。譬如有当代学者在田野调查后

① 本段相关内容中参考并部分地吸收了徐勇教授在其《从中国事实看"东方专制论"的限度》（《政治学研究》2017 年第 4 期）以及《东方自由主义传统的发掘——兼评西方话语体系中的"东方专制主义"》（《学术月刊》2012 年第 4 期）等系列相关文章中的一些看法、论据。笔者赞同徐勇教授关于马克思恩格斯所归结的东方社会特点同中国传统社会并不完全吻合，所谓东方专制主义并不能涵盖传统中国政治全部，以及古代中国社会也向来都有某种自由空间的存在等基本观点，但对其太过看重家户的地位和作用，以及其所谓的"东方自由主义传统"，则持保留意见。

② （先秦）佚名：《击壤歌》。

指出，东方社会特有的孕育出专制主义的政府主持大型水利工程的特质，在中国南方水稻种植区往往就可能被农民各种形式自组织、自治的协作所替代。此外，在社会文化和政治生活中，在中国社会生活各领域所演绎出来的"一体多元""多元一体"通用结构中，即便常态化偏向专制大一统的"一体"往往主观上意欲彻底地湮没、压服"多元"，但一直到古代史的终了也还都是未竟其功。

二、基层自治模式的生发以及它的历史演变

在传统中国，绝大多数人口都是生活在农村的。即便有少量城市，它们也不过是农业经济的"赘疣"，且城市与乡村也往往呈现"无差别的统一"。① 究其原因，主要是古代的中国城市明显不同于西方城市，它们更重军政功能（往往是王宫的堡垒、官府和军队驻地）而非工商业功能，有时甚至是"有城无市"。由此，中国传统的自治是以乡村为主轴的，尽管近代以来有所分疏，但在此前，其内容与形式于城乡之间的差别却并不大。文明之初，人类社会基础的组织形式从氏族公社过渡到家族公社、农村公社。农村公社（村社）是定居农业带来血缘关系与特定地域发生紧密关联的结果。村社一般是由一个或数个家族聚居而成。古代中国长期保持了以家族、家户为基础构造的村社结构，村社沟通家与乡，共同形成中国数千年来家户/家族—村社—乡里的农村生活空间、经社关系网络。从中国国家生成和演进的历史来看，中央王朝基本上都未能完全地渗入这样的空间、网络。

有夏一代，夏后氏不过是最强大的姒姓部落中的一支，它甚至一度失去过自己在本部落的共主地位（太康失国），这就更不用说其能够深入控制到其他"万方""万邦"（其他与之结盟的或敌对的部落）之下的各个氏族单元了。殷商国家仍是方国联合体。作为共主的商王居于国、直接领有王畿之地，同姓或异姓的侯伯居于都邑、各有领土。在国都大邑之外，

---

① 参见《马克思恩格斯全集》第46卷（上），人民出版社1979年版，第480页。

就是有宗庙、有贵族宗长居住的村邑，以及小民居住的村落了。商代基层的控制主要就是依托了这样的邑落体系。在这一体系中，族长们或邑子们直接控制所属的宗邑和村落。周代确立了完备的宗法制度，以血缘关系为纽带、以君臣关系为纲纪，通过嫡子继承制、等级分封制以及王室与诸侯联姻等形式，将王、国君以至于士庶百姓都纳入了相同的宗法血缘系统当中，建构起"亲亲尊尊"的礼制、礼治，一度强化了王廷中央的权威。周礼的原则和内容源自家庭生活，以宗统（宗族权和统治权）合一为基本特点，有较强的亲和性、认受性，也因而成其为中国传统基层治理的主要依据。周的统治适用国野乡遂之制，颇有类于后世的军事殖民统治，周王、诸侯及其卿士大夫据守国、都、邑，基层仍然控制在贵族宗族长（宗子）手中。周的基层治理更加制度化、更加组织严密。譬如"封圻之内六乡、六卿治之"，依周礼："方千里曰国畿。六乡地在远郊以内。五家为比，五比为闾，四闾为族，五族为党，五党为州，五州为乡，乡老二乡则公一人，乡大夫每乡一人。"① 党以下族、闾、比、家都属基层，基层是平民宗族、种族奴隶所在的地方，尽管有宗族、受宗法影响，但无严格的宗法制度。周人心目中已有村社的概念，他们将之称作"书社"②。村社内部在宗族首领（不同于宗子，只是被统治群体的头目）主持下从事生产生活。村社之外，又有直接效命于统治者的邻长、里正等胥吏，负责监视、监督以及催缴赋税等。自周代开始，士阶层开始出现，并逐渐活跃在基层治理当中。士是周代分封制的产物，处于宗法制的末梢上。"士，事也。数始于一，终于十。从一从十。孔子曰：'推十合一为士'"。③ 古人心目中，凡能言事任事者谓之士，凡能通古今、辩然否者谓之士（士之精神：博学、审问、慎思、明辨、求是、笃行）。在其源头上，士是周代最低等的贵族、后来又落定为最高等级的平民（四民之

---

① 《周礼·大司徒》。
② 书社者，书其社之人名于籍。《周礼·司民》：自生齿以上皆书于版。所以，书社也就是一定数量、单位的登记在册的人口。
③ 段玉裁：《说文解字注·士》。

首），他们身份特殊——既可与贵族言事、又与平民有共同语言，因而是介于贵族与平民之间的桥梁和纽带。

周的宗法制、分封制作为制度在春秋战国时期即趋于崩废，所以至秦时废封建而行郡县也就是很自然的事。秦力图通过齐户编民、军事体制严密控制基层，于是创制了乡里制度：在县以下设乡、乡下又设里，里之下则是代军事化色彩的什、伍，什伍之间若有犯法则要连坐。此外，又在集镇设置主责治安监督的亭，形成了严厉的控制网络。事实表明，严控这张权力之网，自是适宜争战，但却不适宜民生和治理。由于制度失效，乡里百姓很自然地就会转向"父老"们寻求照护，而像陈胜、刘邦等一部分乡里胥吏也都据此积聚了反秦所必需的权威和力量。汉承秦制，虽然在分封制上一度有所反复，但郡县制终于得以底定。汉在基本保留了秦制的基础上，又弱化了它对于基层的权力控制、适当强化了柔性教化的方面。汉将秦代已置的三老进一步制度化，依汉制，"乡有三老、有秩、啬夫、游徼。三老掌教化。啬夫职听讼，收赋税。游徼徼循，禁盗贼。"① 这当中，三老②不像有秩（有秩在小乡对应的是啬夫，小乡只置啬夫，不置三老、游徼）、游徼一般是食禄的基层职官，他们有官方确认的身份，但又是由乡里推举出来的。三老选举的标准一般需要"年五十以上，有修行，能率众为善"③。三老见多识广、德高望重，方能掌乡里教化。他们深受百姓、官府礼敬，除可免役之外，也还常受皇帝米帛、爵级等赏赐。三老对基层、地方乃至国家政治都能产生影响。他们可以在民间议政、左右乡党舆论，在乡举里选、察举征辟中起到关键作用。三老可以监督地方政府，有时甚至可以直接上书皇帝，而郡县以至朝廷制定、实施政策法令，也往往会预先征求其意见。三老非官非民、亦官亦民，位卑而权重，以民间的身份而掌基层的治理并赋予其某种"自治"色彩。汉代基层治理不仅在地域上倚重三老，也还在血缘上依托宗亲。汉接受儒家政治主张后强调以

---

① 《汉书（卷十九）·百官公卿表上》。
② 三老是一个职位，汉制在县、郡、国亦都曾设置过三老之职。
③ 《汉书·高帝纪上》。

孝治天下，虽则没有重新恢复到周的宗法之制，却也在一定程度上恢复了作为小共同体的宗族及其族长的权威，因而确立了传统中国基层治理中与地域维度相辅相成的另一个基本维度。

一定意义上讲，秦汉乡里制度建构了传统中国基层社会治理的基本框架，它有其强调大共同体、强调一致性的一面，同时却也没能完全摒除小共同体天然要求的多样性的另一面。秦汉以后，虽然世易时移，但县以下传统基层自治的主体结构、组织形式和治理内容还是逐渐稳定了下来。统治者们也逐渐明白：基层治理要留有余地，给草根人民留下一定的自由、自治空间；要刚柔相济，以血亲的温情与权威来填补刚性权力的空白。秦汉以后基层治理这一基本架构的历史演变，又陆续经过了魏晋南北朝三长制、隋唐邻保制、宋保甲制、元社制，以及明清里甲、保甲制等若干具不同历史特点具体形态。整体来看，在这些不同形态的运作和变化中，官府权力与民间权利的合作性/非合作性博弈一直都是存在的。国家、朝廷在面对内忧外患时，往往会强化对于基层的资源提取、保甲控制；反之，每逢国泰民安，国家控制也往往会展现出更高弹性，而基层草根也往往会获得更多宽松、自主的空间。这当中最关键的，就是贵族很早就成了被打击和消灭的对象、逐渐淡出了政治舞台，他们对地方和基层的直接控制也长期不再有官方认可的正当性。由此，宗亲领袖、士人的地位和作用又得以不断凸显。唐宋至于明清，科举制度逐渐成熟、发达起来，它也为士绅、乡绅的再生产和稳定存续提供了必要的条件。不论是作为早期的乡官，还是作为后来的职役，作为基层精英的士绅、乡绅（也就是我们今天所说的乡贤），他们天然可以代理官府以及基层民众这两方面的事务，也因而成为基层治理中不可或缺的主体、缓冲。一方面，由于其生活以及利益与乡里、乡亲不可分割，他们有归属感、有守护基层利益的责任和动力；另一方面，他们与社会各阶层特别是统治阶层（甚至最高统治者）都可能发生或存在种种（诸如地缘、血缘、学缘）关系、织就了一张人伦关系与社会资本的网络，他们实际上也就掌握了某种非正式的权力或政治影响力，这又保障了他们在基层治理中面对地方官府时仍能得到一定的礼遇、重视和信任。官府、士和乡里的关系一旦稳定下来，一种有极具生命力的基层组织和治理模式也就更加趋于定型和成熟了。

传统基层治理模式的总体特征，也就是为后世一些学者们所津津乐道的"皇权止于郡县"：国权不下县，县下惟宗亲，宗亲厚自治；自治靠伦理，伦理造乡绅，乡绅宜家国。① 在乡贤们的主导下，除了兵马、钱粮和贼盗等直接关乎王朝统治的公共事务而外，传统基层生活中的教化治安、祭祀仪礼、宗亲敦睦、水利工程、社会救助，以及其他公益事业，基本上都是经由草根民众的自组织／自治来完成的。这样一种传统模式为什么能历久弥新、具有坚韧的生命力？应当在于其独特构造所实际发挥的治理效能，在于它能够同时满足基层／草根的需要，以及王朝／官府的期待。关于前者，宋代乡约中提及的"德业相劝，过失相规，礼俗相交，患难相恤"② 一句，就是一个很好的概括。老百姓更关心的是自己切身的利益、福祉、安全，是从乡里生活中直接满足自己的各方面需要。皇帝或是官府则有不同的考虑。它们更关心的，永远都是统治秩序的维护，以及国家对于社会与公众的资源汲取。及至近代南京国民政府时期，政府在推行乡村自治、城市保甲时，就曾明确提出它们应有"管教养卫"责能，这也是对于传统基层自治模式及效能一个较好的概括：所谓"管"，就是自治治事（自我管理）；"教"，是自信信道（礼俗教化）；"养"，是自养养人（民生利用）；"卫"即自卫卫国（护卫家国）。自民国后期以来，中国的基层自治开始从形式、内容上逐渐趋于现代化，虽然几经曲折、仍然充满国权与民权的博弈甚至冲突，但终于还是落定为现当代民主政治的一个基本方面、基础领域。

---

① 当然，也有不同的看法，譬如就有学者认为，古代政治生活中国家始终可以直接控制到每一个家户、臣民。从制度建构的逻辑来看，古代中国国家权力的确可以在基层生活的每一个细节中直接发挥作用。但若从具体的实践来看，官府只是在必要时才会这样去做。更多的时候，它仿佛就是西方政治学研究中所讨论的"睡着的国王"，他拥有权力、随时可能运用这些权力，但却又并非时刻都在行使其权力。

② 《宋史·吕大防传》。

1949 年 10 月，在原民国时浙江杭州市第十八、十九保的基础上，杭州市也是全中国第一个居委会（今上城区紫阳街道上羊市街社区）成立了；1954 年 12 月，《城市街道办事处组织条例》《城市居民委员会组织条例》通过。相比较而言，农村村民自治组织的出现相对要晚。1980 年，因当地部分村民有赌博等不良习惯，且外来人员多、治安混乱导致人心不安，广西宜山县三岔公社合寨大队（三县交界处）村民恢复乡约、制定"村规民约"和"封山公约"，成立了新中国第一个村民委员会。1982年，新宪法写入了有关农村村民自治、城市居民自治的专门条款。改革开放以来，村民自治、居民自治得到了蓬勃发展。当前，在经济、社民族、地域和地方文化不同的 67 万行政村和 320 万自然村，以及 84689 个社区里，普遍存在着基层人民群众商量办事、自力自主的自治，这无论是在体量上，还是质量上，都是举世罕见的伟大民主实践，为我国现代政治发展提供了坚实的力量基础。

三、公众参与治理：坚持和完善共建共治共享的社会治理制度

传统中国的社会治理基本上是适合中国基层/草根人民生活特点的，也具有一定的治理效能。但是，它也的确是造成了官民相隔的政治、社会后果，造成了民不知有国的严重政治冷漠的消极后果。民国时期，南京政府为践行孙中山民权思想，曾一度全面推广县乡自治，虽也使得一部分地区的基层治理具备了某些现代气象，但毕竟还是因为中央政权的大地主、大资产阶级的反动性质而难能有真正实质上的突破。况且，自晚清废科举以后，士绅阶层的再生产无以为继，县乡自治遂逐渐为土豪劣绅所把持。这样，从中央到地方和草根基层，民权主义、政治参与形同虚设，人民权利无从伸张、人民自治也还是有名无实。相形之下，反倒是开倒车的保甲制度因国民党反动派的内战需要而不断强化。历史经验告诉我们，若想从根本上改变政权性质，不彻底地变革经济社会基础、人民不能真正当家作主，那么，即便是在基层最草根的地方也无法真正满足群众的权利利益要求，那就更遑论内容和形式上更加广泛、更加现代化的社会治理了。中国

共产党领导中国人民完成新民主主义革命后，一种全新的社会治理制度迎来了它的历史起点。长期以来，党和人民坚持探索和不断推进中国特色社会主义建设，使得中国现代文明成果的积累到达了一个空前雄厚的时期。由于各种条件基本具备，一种更广泛全面、更具实质性的真正取向天下为公的社会治理制度已然趋于定型和成熟。

社会治理是现当代中国国家治理的重要方面，也是基层人民群众出于自身权利和利益需要，直接参与政治、参与公共事务管理的主要领域。人民是现当代中国国家与社会生活的主人翁，中国共产党及其领导的人民政权始终都要以全心全意为人民服务为宗旨，这就从根本上决定了中国社会治理的人民性，决定了它当然要继承和超越我国传统仁政、民生的思想和实践，要全面且真实地展现天下为公、中国特色社会主义的本质及特征。在现当代中国，由于家国一体同构传统的生命延续，由于中国共产党、社会主义国家与人民在根本利益上的一致性，一个一体多元的、多元主体协和一致的社会治理结构（或曰社会治理共同体）几近于是浑然天成。经过70多年革命和建设，特别是伴随改革开放、传统计划经济向社会主义市场经济的深刻转型，党和政府与人民已经逐步探索出了一条比较成熟、高效的社会治理新路。要走稳、走好这一新路，根据中国共产党十九届四中全会决定精神，它在当前及今后一个时期的基本要求就是：不断加强和创新社会治理，完善党委领导、政府负责、民主协商、社会协同、公众参与、法治保障、科技支撑的社会治理体系，建设人人有责、人人尽责、人人享有的社会治理共同体，确保人民安居乐业、社会安定有序，建设更高水平的平安中国。

——完善正确处理新形势下人民内部矛盾有效机制。在正确区分敌我矛盾、人民内部矛盾两类性质矛盾的基础上，着眼团结与发展，以社会主义核心价值观为引领，正确认识、理性把握、依法依规合情合理地解决人民内部矛盾。要坚持和发展新时代"枫桥经验"，努力建章立制、规范程序，畅通和规范群众诉求表达、利益协调、权益保障通道，完善信访制度，完善人民调解、行政调解以及司法调解联动的工作体系，健全社会心理服务体系和危机干预机制，完善社会矛盾纠纷多元预防调处化解的综合机制，努力从源头上减少尖锐的矛盾和冲突，努力将矛盾化解在基层。

——完善社会治安联防防控的体系。坚持专群结合、群防群治，完善重点领域监控和安保，实现社会治安综合治理的立体化、法治化、专业化、智能化，形成联防、联控、联治、联动、联创的工作机制，提高预测、预警和预防各类风险能力，增强社会治安防控治理的整体性、协同性、精准性。

——健全实现和保卫公共安全的体制机制。完善和落实安全生产责任制和相关管理制度，建立安全隐患排查、预防和控制体系。构建统一指挥、专常兼备、反应灵敏、上下联动的应急管理体制，优化国家应急管理能力体系建设，提高防灾减灾救灾能力。健全跨部门、跨地区的安监联动机制，完善交通安全管理制度、确保道路交通安全，加强和改进食品和药品安全监管制度，保障人民身体健康和生命安全。

——完善国家安全体系。坚持总体国家安全观，统筹发展和安全，坚持人民安全、政治安全、国家利益至上有机统一。以人民安全为宗旨，以政治安全为根本，以经济安全为基础，以军事、科技、文化、社会安全为保障，健全国安体系，增强国安能力。完善集中统一、高效权威的国安领导体制，健全相关法律制度体系。加强国安人民防线建设，增强全民国安意识，建立健全风险研判、防控协同、防范化解机制。提高防范抵御国安风险能力，高度警惕、坚决防范和严厉打击敌对势力渗透、破坏、颠覆、分裂活动。

——构建基层社会治理新格局。完善群众参与基层社会治理的制度化渠道。坚持和完善党组织领导的自治、法治、德治相结合的城乡基层治理体制，健全并推行网格化的管理和服务，发挥群团组织、社会组织作用，发挥行业协会商会等的自律功能，实现政府治理和社会调节、群众自治良性互动，夯实基层社会治理基础。加快推进乡村、市域社会治理的现代化。建立健全重心下移、力量下沉、保障下倾的工作机制。推动社会治理、社会服务的重心向基层下移，使得更多资源到达基层，为基层提供更精准化、更精细化的服务。维护公序良俗，发挥家庭家教家风在基层社会治理中的重要作用。加强边疆治理，推进兴边富民。

第 六 章

合天人、法自然
与中国特色社会主义生态制度

生态文明是继物质文明、精神文明、政治文明之后的第四种社会文明形态，是现代社会文明体系的重要标志之一。生态文明体现的是人与自然、人与人、人与社会之间和谐共生、良性循环为基本宗旨的文化伦理形态。中国特色社会主义生态制度，就是以马克思主义中国化为指导，全面落实"以人为本、执政为民、可持续发展和尊重自然、顺应自然、保护自然的生态文明理念"，最终实现具有中国特色社会主义特点、长期和谐发展的生态文明。生态文明建设是关系中华民族永续发展的根本大计，保护生态环境是关系党的使命宗旨的重大政治问题，也是关系民生的重大社会问题。党的十九大报告中指出，生态文明建设功在当代、利在千秋。我们要牢固树立社会主义生态文明观，推动形成人与自然和谐发展的现代化建设新格局，为保护生态环境作出我们这代人的努力。中国特色社会主义生态制度，传承传统"天人合一"文化的精髓，将天、地、人作为一个统一的和谐整体来考虑，既要注意发挥人的主观能动性，改造自然和利用自然，又要尊重自然界的客观规律，在保护好自然资源和生态环境的基础上进行人类的生产活动，从而建立一种人与自然共存共荣、和谐发展的关系。

第一节 齐万物、天人相合不相分：人与自然 和谐思想的现代价值

我们生活的地球已经有 46 亿年的历史，而人类有记载的文明历史只有几千年。人类早期基本上以动物的生存方式适应自然，茹毛饮血、逐水草而居，随着对自然的发现把自己同动物分离出来，逐步产生了以自我为中心的自觉意识，从而开启了与自然界的复杂关系。无论人类文明如何发达，生态环境始终是人类赖以生存和发展的基础。

建设有中国特色生态文明的理论和实践，还得从中国的历史文化传统和中国现实的国情出发。习近平在全国生态环境保护大会上的讲话中强调："中华民族向来尊重自然、热爱自然，绵延5000多年的中华文明孕育着丰富的生态文化。"① 我国古代贤哲对"天人关系""人地关系"不仅有深刻的认识，提出过极为丰富的生态文明思想，在先秦及两汉时期就形成了较为成熟定型的社会生产和自然协调可持续发展的理念，并且以此指导人们的实践，为后人留下了宝贵的精神遗产。

一、天人合一：中国古代朴素的生态文明思想

在浩如烟海的中国传统文化中，蕴含着内容极其丰富的自然生态思想。中国传统生态文化源远流长、博大精深，至今仍然焕发着保护自然的思想智慧和建设生态的精神光芒，是我们今天生态文明思想的重要来源和独特优势。

早在周代，我国就有先哲提出："早春三月，山林不登斧，以成草木之长。夏三月，川泽不入网罟，以成鱼鳖之长。"② 东周的管仲不仅认识到保护生态环境的重要性，主张对山泽林木实行国家垄断，提出"敬山

① 《习近平在全国生态环境保护大会上强调　坚决打好污染防治攻坚战推动生态文明建设迈上新台阶》，《人民日报》2018 年 5 月 20 日。
② 《逸周书·聚篇》。

泽林薮积草，夫财之所出，以时禁发焉"① 的观点，而且把保护山泽林木作为对君王的道德要求，提出"为人君而不能谨守山林菹泽草莱，不可立为天下王"的思想②。五千年中国传统文化的主流，是儒释道三家，儒释道三家都在追求人与自然的和谐统一。两千多年前，中国道家提出了"天人合一""道法自然"的思想。所谓天人合一，说的是人与宇宙自然之间的关系，认为二者相通而不相隔，相合而不相分，相谐而不相胜，强调人与自然和谐共生，劝诫人类遵循自然规律。道家反对人为造作，老子提倡"道法自然"，《老子》曰："道生一，一生二，二生三，三生万物"③，这被历代的研究者看作是道家天、地、人宇宙生成论的总纲。庄子认为自然界存在着不以人的意志为转移的客观规律，人类要顺应客观规律，要"不以心捐道，不以人助天""无以人灭天，无以故灭命"，这样才有可能达到"畸于人而侔于天"的境界。

儒家提出"仁民爱物"，倡导可持续发展。孔子"钓而不纲，弋不射宿"④。他说："天何言哉，四时行焉，万物生焉。天何言哉！"⑤ 就是天不曾说过什么，但却化育生养了万物。其实这就是自然之"天"的基本功能和规律。这里的"天"是有生命力的自然之天而非被神化了的人格神，也就是大自然。孟子主张"使民以时""不违农时""斧斤以时入山林"，他说："尽其心者，知其性也；知其性，则知天矣。"认为人要存心养性以事天。荀子则提出"制天"的思想，在其圣王之制的构想中，提出对于山林、鸟兽、鱼类要可持续的利用，"不夭其生，不绝其长"。《易》则综合了庄子的"顺天"思想和荀子的"制天"思想，提出了"天人合一"说，强调人要"与天地合其德，与日月合其明，与四时合其序，与鬼神合其吉凶，先天而天弗违，后天而奉天时"⑥。其中的"先

---

① 《管子·立政》。
② 《管子·轻重》。
③ 《道德经·第四十二章》。
④ 《论语·述而》。
⑤ 《论语·阳货》。
⑥ 《周易·文言传》。

天"是指在自然变化未发生以前加以引导，而"后天"是指遵循自然的变化，尊重自然规律。佛教提出"佛性"为万物本原，万物之差别仅是佛性的不同表现，其本质乃是佛性的统一，众生平等，"山川草木，悉皆成佛"①。

秦以后的历代思想家又进一步丰富和发展了先秦时期的"天人合一"思想。西汉时期的董仲舒明确提出了"天人之际，合而为一"的哲学命题。提出"何为本？曰：天、地、人，万物之本也。天生之，地养之，人成之……三者相为手足，合以成体，不可一无也。"②董仲舒把天、地、人看作万物的根本，三者分工不同，彼此相辅相成，合成为一个有机的整体，缺一不可，使"天人合一"思想发展到一个新阶段。唐代刘禹锡提出了"天与人交相胜，还相用"③的辩证思想，认为天人之间既有对立性又有统一性。北宋张载提出了"民吾同胞，物吾与也"④的观点，认为世间万物都是我们的朋友，人类要尊重万物，友善对待自然。宋明理学的程朱学派、陆王学派都提出过"人与天地万物一体"的思想，并对"万物一体"论作了系统全面的论述，认为人与万物、自然处于和谐、均衡与统一之中，人和自然都遵循统一的规律，天人协调是最高的理想境界。

总之，"天人合一"思想的实质是主张将天、地、人作为一个统一的和谐整体来考虑，既要注意发挥人的主观能动性，改造自然和利用自然，又要尊重自然界的客观规律，在保护好自然资源和生态环境的基础上进行人类的生产活动，从而建立一种人与自然共存共荣、和谐发展的关系。所以，保护生态环境、热爱自然的思想一直孕育在中华传统文化之中。追求人与自然的和谐、相信道法自然、追求天人合一、信奉众生的平等、关注文明的延续一直是中华传统文化的精髓。以此精神为基础，中国传统的哲学宗教、文学艺术、医学养生、棋艺茶道，无不展现着人与自然的亲合关

---

① 潘岳：《中华传统与生态文明》，《瞭望新闻周刊》2009年第1期。
② 《春秋繁露·立元神第十九》。
③ 《天论》（上）。
④ 《正蒙·乾称篇》。

系，无不表现着深刻睿智的生态文明，无不浸润着天地人文的和谐美感。① 我们的文化理念蕴含着更加深刻的生态智慧，我们的伦理与制度充满着这种深刻的生态智慧，我们的生活方式实践着这种深刻的生态智慧，我们的历史传统延续着这种深刻的生态智慧。

二、"生生不息"：古代生态发展观的核心理念

与世界上其他地区相比，中国由于地理环境和人口、制度的因素，自古就有了较发达的农业文明。而土地又是农业的根本，因此中国古代许多农学家非常重视土地的养护，提出了种地与养地相结合、合理使用土地、维护土壤养分平衡的理论主张。中国古代早期文化中的生态思想将生物、生产、生活联系起来，作为一个有机的整体予以考量，给予其长远的规划以及和谐共生的措施。

《中庸》有曰："能尽其性则能尽人之性，能尽人之性则能尽物之性。能尽物之性则可以赞天地之化育，可以赞天地之化育，则可以与天地参矣。"② 这强调的是一种在深入认识"人"和"自然"各自本质性规律的基础上，人类参与自然、利用自然总的原则。那么，这种总的原则是什么呢？《易传·系辞传上》说，"天地之大德曰生""生生之谓易"③，第一是以天地为万物之母、生养之源；第二是生命的生养是永不止息、连绵不绝的，也只有"生生"不息，万物及人类才会得以持续发展。孟子提出"取物以时"的生态伦理主张，"不违农时，谷不可胜食也。数罟不入洿池，鱼鳖不可胜食也。斧斤以时入山林，材木不可胜用也，谷与鱼鳖不可胜食，材木不可胜用，是使民养生丧死无憾也，王道之始也"④。按照自然规律进行生产劳动，人们就会有充足的粮食、鱼肉、木材等为生活所用，而且是一种维持政治长治久安的"王道"，其本身也是一种可持续发

---

① 潘岳：《环境文化与民族复兴》，《管理世界》2004 年第 1 期。
② 《中庸·第二十二章》。
③ 《周易·系辞上》。
④ 《孟子·梁惠王上》。

展的生态思想。《吕氏春秋》提出"地可使肥，又可使棘"的土壤肥力辩证观。儒家从"仁民爱物"的核心价值观出发，要求统治者按季节节律来役使民众，避免对土地的超负荷使用。汉代王充提出土地的肥瘠不是固定不变的，"性恶"的土地需要"深耕细锄，厚加粪壤，勉致人功，以助地力"①。此后的许多农学家进一步发挥了种地与养地相结合的思想，主张因地制宜，实行农牧结合、豆谷轮作、农林牧相结合。

另外，古人还提出过要保持资源再生能力的思想，反对采取灭绝性的方式开发利用生物资源。《礼记》中有："土反其宅，水归其壑。昆虫毋作，草木归其泽"。② 意思是说让土壤回到本身应在的田地里，让水回到沟壑里去，昆虫不要作害，草木才会茂盛而复有生长的光泽。《史记》曾载孔子之言曰："刳胎杀夭则麒麟不至郊，竭泽而渔则蛟龙不合阴阳，覆巢毁卵则凤凰不翔。"如果射杀母兽从它们的肚子里剖出兽胎，那么祥瑞的麒麟就不会来到国都的郊外；抽干水池的水来抓住大小一切的鱼，那么蛟龙就不会繁育生长；把鸟巢打翻毁掉鸟的卵，凤凰就不会飞来。《吕氏春秋·义尝》中写道："竭泽而渔，岂不获得，而明年无鱼；焚薮而田，岂不获得，而明年无兽。"根据《汉书》记载："凿地数百丈，销阴气之精，地臧空虚，不能含气出云。斩伐林木亡有时禁，水旱之灾，未必不繇此也"。③ 表明采矿时向下挖地数百丈，把地下阴气聚集的生态系统的精华都破坏了，地下空虚，天地水汽循环受到影响。砍伐林木的时候又不按照自然季节的时令，严重的水旱灾害未必不是由此而引发的。④ 汉代刘安在《淮南子》中指出："孕育不得杀，壳卵不得采，鱼不长尺不得取，彘不其年不得食。"唐代名相陆贽在他的《翰苑集》中说："取之有度，用之有节，则常足；取之无度，用之无节，则常不足。"这些都包含有浓厚的可持续发展的生态思想，颇有见地地主张人类的生产活动要建立在维护

---

① 《论衡·率性》。
② 《礼记·郊特牲》。
③ 《汉书·贡禹传》。
④ 潘俊杰、李季鸽：《中国古代早期文化中的生态思想探析》，《三峡论坛》2018 年第 6 期。

资源再生能力的基础之上，体现了保护生态环境、维护生态平衡、永续利用自然资源的生态文明思想。这些思想即使是放在当代来看也是文明的、科学的。

三、古代生态智慧的现代价值

中国古代生态文明思想尽管产生于农业文明时期，但其中所蕴含的人与自然的和谐共生、尊重自然的珍贵价值和敬畏生命的实践取向，为当代生态文明建设提供了丰厚的精神滋养和重要的历史自信。习近平在党的十八届中央政治局第六次集体学习时的讲话中说："我们中华文明传承五千多年，积淀了丰富的生态智慧。'天人合一''道法自然'的哲理思想，'劝君莫打三春鸟，儿在巢中望母归'的经典诗句，'一粥一饭，当思来处不易；半丝半缕，恒念物力维艰'的治家格言，这些质朴睿智的自然观，至今仍给人以深刻警示和启迪。"[1] 他在省部级主要领导干部学习贯彻党的十八届五中全会精神专题研讨班上的讲话中说："我们的先人们早就认识到了生态环境的重要性。《论语》中说：'子钓而不纲，弋不射宿'……这些关于对自然要取之以时、取之有度的思想，有十分重要的现实意义。"[2] 丰厚的古代生态思想充分反映了中国人礼俗文化的主流，奠基了中国人与天、地、物的辩证和谐理念，为当代中国追求生态和谐、建设生态文明提供了充足的底气和无比的自信。

中国的现代化是在充分学习和借鉴西方工业文明的基础上进行的，在这一过程中，工业文明所带来的消费主义、无节制的欲望膨胀必然会对一个十几亿人的大国带来资源、环境与人口的承载压力和紧张关系。而秉承着千年传统的中华民族古代生态智慧上连天道自然、下通人伦日用，在世代传承的个人修养中不追求物质享受的最大化，而是追求生命之美和人生

---

[1] 习近平：《在省部级主要领导干部学习贯彻党的十八届五中全会精神专题研讨班上的讲话》，《人民日报》2016 年 5 月 10 日。

[2] 习近平：《关于〈中共中央关于全面深化改革若干重大问题的决定〉的说明》，《人民日报》2013 年 11 月 16 日。

意境，使得中国人的日常生活能够超越现实的功利追求、达成人格的圆满诗意，这也正是现代生态文明所需要的健康文明的生活方式，通过这种方式节制人的无限欲望、追求充实饱满的精神追求，必然能够纠正物质主义和虚无主义对现代人的困扰。

充满生态智慧的中华道统在现代社会实现创造性转化，这是中国建设生态文明的思想文化基础。儒家把环境管理作为"圣王之制"的内在规定和"王者之法"的具体内容。"政教之本"在于"礼"，"礼"之本在于"理万物"。这样，"政教""礼""万物"，就成为一个内在统一的整体，环境管理的职能通过"礼"，被纳入到了政治体制之中。对于当今来说，生态文明建设也应当注重生态文明制度。生态文明制度建设并不是单一、分散和独立的政策工具的简单设计，它是一套完整制度体系的构建，需要由政府引导、市场推动和公众参与来共同完成。政府要综合运用必要的法律、行政和经济手段，制定长期的生态文明发展战略，利用各种制度和政策工具，弥补市场、企业与社会的缺陷和不足，同时依托于市场，相互结合，规范和推动生态文明建设和发展。①

从中国古代生态思想的发展脉络来看，生态环境问题并不是一种仅发生于当代的外源性输入现象，也就是说，它不是伴随着经济社会现代化的进程而产生的，而是一种在我国历史上曾多次发生过的自然生态环境失衡失序失调现象，比如春秋战国时期的垦伐无度和晚清时期的山林沙漠化。由此可以看出，当代中国生态环境问题有自己的形成历史和独有特点，而环境问题的最终或实质性解决，只能取决于我们自身的持续不懈而创造性的努力，我们并不缺乏最终或实质性克服这一时代挑战的文化与民族自信。中华传统文化话语与思维有助于我们自主思考和构建当代中国生态文明建设的理论话语体系与制度框架、战略举措，或者说促进生态文明及其建设话语与实践的中国化或"内部化"，它应该是当代中国经济社会政治与文化环境之下的诸多因素交互作用的结果，这种融汇古今的理论阐述，

---

① 陶良虎：《中国古代生态文明思想及其当代价值》，《管理观察》2013 年第 36 期。

在一定程度上深化或"中国化"了我们对于生态文明及其建设的理论与政策意涵的既有认知。基于这样一种理论阐述的生态文明的自然观、经济观和社会观，不仅具有更强的理论说服力和艺术感染力，而且有着更为鲜明的中国化自主性表达——对于绝大多数中国人来说，"天人合一"理念要比"深层生态学"更容易阐明或使之体认尊重自然、顺应自然、保护自然的当代环境哲学与伦理意蕴。

当然，我们今天生态文明思想的核心内容是建立在当代环境自然（生态）科学、环境人文社会科学基础上的一种辩证唯物主义和历史唯物主义阐释，即在人与自然关系、社会与自然关系的经济、社会与文化重构过程中走向一种新型的人类生存与生活方式或文明形态，也就是继工业文明之后的生态文明，而这显然不是传统文化（哲学）中的儒家、道家等思想所能概括或涵盖的；经济观的核心内容在于对现代（工业与城市）经济的生态化转型或重构，因而并不是完全抛弃建立在现代工业、技术与能源体系基础上的经济生产和生活方式，更不是简单否定人类经过现代工商业经济时代而得以大大丰富与拓宽的物质文化生活需要，而古代社会的农业或其他前现代文明之下的家庭（地方）自足或田园经济的生态智慧与感知只具有非常有限的直接应用价值；社会观的核心内容在于从"人与自然是生命共同体"和"构建人类命运共同体"的理论自觉生态化重构现代社会的主要构成元素比如国际社会、国内（地域）社会、城市、乡村、社区（邻里），使之转变成为承载与呈现人与自然和谐共生关系的社会性实体平台，而不是简单主张回归到古代的小国寡民状态或浪漫化那种无人欣赏或参与其中的美丽荒野。① 因此，中国古代生态智慧中的一些普遍性价值可以成为我们今天生态文明的重要精神资源和情感话语纽带，对现代人具有修身养性、顺应自然的精神启迪，但现代生态文明无疑内涵更为丰富、制度更为复杂、思维方式也更为多元。

---

① 郇庆治：《习近平生态文明思想中的传统文化元素》，《福建师范大学学报（哲学社会科学版）》2019 年第 6 期。

第二节　天人交胜、制天命而用之：节约资源、保护生态的经验实践

中国古代就在漫长的历史实践中形成了自己的"环境文化"，不仅提出了生态文明的思想，而且建章立制、设置专门政府机构、颁布法律法令等措施，创造了一系列的行动来实现生态文明的理想。早在 4000 年前的夏朝，就规定春天不准砍伐树木，夏天不准捕鱼，不准捕杀幼兽和获取鸟蛋；3000 年前的周朝，根据气候节令，严格规定了打猎、捕鸟、捕鱼、砍伐树木、烧荒的时间；2000 年前的秦朝，禁止春天采集刚刚发芽的植物，禁止捕捉幼小的野兽，禁止毒杀鱼鳖。中国历朝历代，皆有对环境保护的明确法规与禁令。[①] 中国今天的环保事业，既是对中国传统文化中人与自然和谐精神的继承与发展，同时也是中国经济现代化建设经验教训的深刻总结。

一、古代圣贤对于保护生态环境的实践探索

我国古人在生产生活的实践中逐渐认识到保护自然环境的必要性，并通过一系列的措施去约束人们的行为、倡导人们的环保意识。从而形成了一系列的制度、规范和具体行动。

首先，我国古代的"虞衡"制度是政府用来保护自然资源和生态环境而设置的专门机构。虞衡是我国古代掌管山林川泽的政府机构的泛称，其职责主要是保护山林川泽等自然资源，制定相关方面的政策法令，虞衡官执行这种政令法令。吕思勉在《中国制度史》中记载了周代的虞官设置："山虞'掌山林之政令，物为之厉，而为之守禁'，林衡'掌巡林麓之禁令，而平其守'，柞氏'掌攻草木及林麓'"[②]。秦汉时期，虞衡转称

---

① 卜晓军、任保平：《中国古代的朴素生态文明思想及其实践》，《光明日报》2009 年 6 月 16 日。

② 《周礼·地官》。

少府，但其职责仍为管理山林川泽，具体分管的有林官、湖官、陂官、苑官、畴官等。隋唐时期，虞衡职责有了进一步的扩展，管理事务范围不断扩大，据《旧唐书》记载，虞部"掌京城街巷种植、山泽苑圃、草木薪炭供顿、田猎之事"。宋元以后，除元朝设有专门的虞衡司以外，其他各朝都由工部负责资源与环境保护方面的工作。由少府到虞衡司再到工部，表明古代当政者对环境保护重要性的认识已上升到了新的高度，并开始从系统性的角度来考虑和管理自然资源与生态环境的保护问题。虞衡制度及其机构基本延续至清代，可以说这一制度是中国对世界自然资源管理做出的历史性贡献。

其次，在法律法令上面，我国古代具有丰富的保护自然资源与生态环境的法令。周文王时期曾颁布《伐崇令》被誉为"世界最早的环境保护法令"。《伐崇令》规定："毋坏屋，毋填井，毋伐树木，毋动六畜，有不如令者，死无赦。"此外，周代还制定了保护自然资源的《野禁》和《四时之禁》。1975 年湖北云梦出土的大量秦代竹简中的《田律》是秦代保护自然的法律文书，记载了秦代关于"农田耕作"和"山林保护"的相关法律制度。律文中对于生态的保育颇为重视，是迄今为止保存最完整的古代环境保护法律文献。吕锡琛在《中国古代的环境保护法规及思想》一文中指出，宋元时期特别是北宋十分重视资源与环境保护方面的立法、执法，官府屡次颁布这方面的禁令，保护的对象包括山场、林木、植被、河流、湖泊、鸟兽、鱼鳖等众多方面。明清两朝的法律则多沿用唐律，都有资源和环境保护方面的法令并有所发展。如清代还设有专管水利的官员，并设堡专门保护水道、河堤，这种办法一直沿用至今。总之，历代都颁布了一系列保护自然资源与生态环境的政府法令，统治阶级通过制度的形式把人与自然和谐相处的一系列思想主张固定下来，通过强制性的手段来具体实施这些思想，约束人们的行为，规范社会生产活动。

再次，通过建立类似"自然保护区"的实践来保护自然环境。在汉唐时期，自然资源和生态环境保护方面的理论和实践已发展到较高水平，当朝统治者将泽、苑囿、打猎、城市绿化、污水排放、郊祠神坛、五岳名山等都纳入政府管理的职责范围。《唐律》详细、具体地规定了保护自然环境和生活环境的措施及对违反者的处罚标准。据《旧唐书》记载，当时的政府还把京兆、河南两都四郊三百里划为禁伐区或禁猎区，通过设置"自然保护区"的方式来保护自然资源与生态环境。经济与文化的繁荣与发展，使大唐不仅成为中国古代封建经济空前繁荣的朝代，而且也成为当时闻名于世的大帝国。毋庸置疑，唐代的生态文明思想与环境保护措施在其中所起的作用也不容忽视。① 清朝嘉庆年间，宁夏将军兼甘肃提督苏宁阿在《引黑河水灌溉甘州五十二渠说》中认为："黑河出山后，至甘州之南七十里，上龙王庙地方，即引入五十二渠灌田。甘州永赖以为水利，是以甘州少旱灾者，因得黑河之水利故也。黑河之源，不涸乏者，全仗八宝山一带，山上之树多，能积雪融化归河也。河水涨溢溜高，方可引以入渠；若河水小，而势低不高，则不能引入渠矣。所以八宝山一带山上之树木积雪，水势之大小，于甘州年稔之丰歉攸关。"他在《八宝山松林积雪说》中云："甘州人民之生计，全依黑河之水……甘州居民之生计，全仗松树多而积雪。若被砍伐，不能积雪，大为民患。自当永远保护。"提出"永远禁止樵采"，保护八宝山森林，充分反映了清代地方官员对祁连山生态保护的远见卓识。②

总之，中华文明五千年生生不息，认识到人类与天地万物的整体性和统一性，肯定自然的内在规律，强调了生态环境变化与文明兴衰演替的关系，主张要把天地人统一起来、自然生态同人类文明联系起来，积淀了丰富的生态智慧和实践经验，验证了"生态兴则文明兴"的朴素道理。同时，正如习近平全国生态环境保护大会上的讲话中所说："生态环境衰退特别是严重的土地荒漠化则导致古代埃及、古代巴比伦衰落。我国古代一些地区也有过惨痛教训。古代一度辉煌的楼兰文明已被埋藏在万顷流沙之

---

① 卜晓军、任保平：《中国古代的朴素生态文明思想及其实践》，《光明日报》2009 年 6 月 16 日。

② 谢继忠：《明清以来河西走廊生态环境保护思想及其实践》，《兰台世界》2014 年第 33 期。

下，那里当年曾经是一块水草丰美之地。河西走廊、黄土高原都曾经水丰草茂，由于毁林开荒、乱砍滥伐，致使生态环境遭到严重破坏，加剧了经济衰落。唐代中叶以来，我国经济中心逐步向东、向南转移，很大程度上同西部地区生态环境变迁有关。"① 中国今天的环境问题，也深刻反映了古代人在具体的生态保护上的失误和教训，理应让现代中国人引以为鉴、警醒后人。

二、近代以来生态文明发展的曲折与反思

马克思在其著作《巴黎手稿》中写道："人不仅仅是自然存在物，而且是人的自然存在物。"② 马克思恩格斯认为，"人靠自然界生活"，自然不仅给人类提供了生活资料来源，如肥沃的土地、鱼产丰富的江河湖海等，而且给人类提供了生产资料来源。自然物构成人类生存的自然条件，人类在同自然的互动中生产、生活、发展，人类善待自然，自然也会馈赠人类。恩格斯在《自然辩证法》中警告说："我们不要过分陶醉于我们对自然界的胜利。对于每一次这样的胜利，自然界都报复了我们。美索不达米亚、希腊、小亚细亚以及其他各地的居民，为了想得到耕地，把森林都砍完了，但是他们梦想不到，这些地方今天竟因此成为荒芜不毛之地。因为他们使这些地方失去了森林，也就失去了积聚和贮存水分的中心。阿尔卑斯山的意大利人，在山南坡砍光了在北坡被十分细心地保护的松林，他们没有预料到，这样一来，他们把他们区域里的高山牧畜业的基础给摧毁了；他们更没有预料到，他们这样做，竟使山泉在一年中的大部分时间内枯竭了，而在雨季又使更加凶猛的洪水倾泻到平原上。"③ 他还说："在今天的生产方式中，对自然界和社会，主要只注意到最初的最显著的结果，然后人们又感到惊奇的是：为达到上述结果而采取的行为所产生的比较远的影响，却完全是另外一回事。"马克思主义在对人与自然本质关系的历

---

① 习近平：《推动我国生态文明建设迈上新台阶》，《求是》2019 年第 3 期。
② 《马克思恩格斯全集》第 3 卷，人民出版社 2002 年版，第 326 页。
③ 《马克思恩格斯全集》第 20 卷，人民出版社 1971 年版，第 519、522 页。

史考量中，对资本主义社会生产方式进行了批判，认为资本主义生产方式以人对自然的支配为前提，这种人类异化的生存状态将导致人与自然的多重矛盾。自然是生命之母，人与自然是生命共同体，人类必须敬畏自然、尊重自然、顺应自然、保护自然。然而，近代以来，中国的生态文明观在西方工业文明的冲击下，也经历了曲折的发展历程。

从瓦特发明蒸汽机开始，人类的社会生产进入了一个历史性的飞跃。近代工业文明之所以能取代传统农业文明，是因为它打破了传统农业文明静态循环的经济模式，在"增长"上取得了革命性突破。但其致命缺陷则在于它只追求单纯的经济增长，抛弃了自然循环法则，在生产过程中造成了大量的能耗和污染。工业革命后资本主义经济的飞速发展促使资产阶级积极向外拓展市场，以殖民地的方式疯狂掠夺落后国家，从而带给近代的中华民族日益深重的灾难。半封建半殖民地的中国遭到帝国主义列强的瓜分豆剖，资源和环境遭到严重的破坏。比如河北省承德市的塞罕坝，历史上曾经是一处水草丰沛、森林茂密、禽兽繁集的天然名苑，是清朝皇帝狩猎之所。鸦片战争以后，内忧外患的清政府放松保护，森林植被开始被破坏。后来遭遇日本侵略者的掠夺采伐和连年山火，到新中国成立时，原始森林已荡然无存，塞罕坝从当年"山川秀美、林壑幽深"的太古圣境和"猎士五更行""千骑列云涯"的壮观景象，退化为"飞鸟无栖树，黄沙遮天日"的荒凉景象，时间不过 100 年。

"二战"后的发达国家，盲目追求高消费与产业升级，并且为了转嫁生态危机，向发展中国家大规模转移污染型产业。而发展中国家为了摆脱贫困，甘于成为发达国家高污染、高消耗、低附加值的末端产业加工基地，为自己的生态环境带来灾难性的后果。新中国成立后，在"一穷二白"的基础上建立社会主义工业化国家，不可避免带来资源的浪费、发展模式的粗放以及能源和环境的破坏。比如在"大跃进"时期，违反经济规律大炼钢铁等行为，无疑是对生态环境的伤害。改革开放 40 多年来，中国的工业化、城镇化进程突飞猛进，中国人民以自己的勤劳、坚韧和智慧创造了世界经济发展史上令人惊叹的奇迹。但是，在这个过程中，各个地区不同程度地存在毁山开矿、毁林建房、填塘建厂、追求"短平快"经济效益而纷纷上马"两高一低"项目的现象，导致经济增长过程中不平衡、不协调、不可持续的矛盾日益突出。中国"世界工厂"的另一面，是对资源和环境不可逆转的破坏。尤其是在经济高速发展的过程中，我国曾经广泛存在两种错误观念，一是认为发展必然导致环境的破坏，这构成了唯 GDP 论的思想基础；二是认为注重保护就要以牺牲甚至放弃发展为代价，成为懒政惰政的借口，甚至将制度优越性寄托于经济高速增长的"赶超战略"上，忽视了可持续发展与生态环境。

中国以世界 9% 的耕地、6% 的水资源、4% 的森林资源养活了 22% 的世界人口，而中国不断增加的人口和粗放型的经济增长方式，早已超过自然环境合理的承载能力。空气、水、土壤、生物等环境要素遭到破坏，维持生命系统的功能持续退化，造成自然灾害频发，资源支撑能力下降，经济发展受阻，劳动人民生活质量受损。世纪之交，我国一系列严重的生态灾难事件日益使环境问题成为社会公众关注的焦点：1997 年母亲河黄河一年断流长达 226 天，使公众触目惊心、痛心疾首；大江大河的洪涝灾害，展现了我国严重的森林破坏与水土流失；北方沙尘暴的肆虐，显示了我国大西北的草地退化和土地荒漠化；2003 年 SARS 的流行，引起公众对生态破坏的恐惧和对公共环境卫生的忧虑。数年前，愈演愈烈的中国空气雾霾问题成为国际社会普遍关注的焦点，成为普通大众更为焦虑和苦闷的热点……2013 年，习近平在十八届中央政治局常委会议上的讲话中指出："今年以来，我国雾霾天气、一些地区饮水安全和土壤重金属含量过高等严重污染问题集中暴露……这既是重大经济问题，也是重大社会和政治问题。"[1] 党中央将生态环境污染问题定性为经济问题、社会问题、政治问题，充分彰显了对环境污染和生态文明议题的高度重视。

---

[1]　中共中央文献研究室编：《习近平关于社会主义生态文明建设论述摘编》，中央文献出版社 2017 年版，第 4 页。

就我国而言，生态环境问题有自身的特殊性：西北地区干旱少雨，易产生沙尘、荒漠问题；中部、南部地区雨水丰沛，易发生洪涝、泥石流，但自然灾害的背后往往是人类生产活动破坏自然调节能力的事实，人为因素与自然因素相结合已经对当下人民生活产生了重大影响。历史的教训昭示我们，发展必须是遵循自然规律的可持续发展，这是我们从无数经验教训中得出的必然结论，是我国进一步深化改革中的必然选择。我国作为占世界五分之一人口的大国，人口、资源和环境的可持续发展和统筹协调发展的压力非常大。一方面，发展中产生新的环境问题，总是在不断显现，增大环境资源容量；另一方面，我们试图用更短的时间把西方发达国家200多年累积、逐步消化和转移的资源、环境和生态问题快速解决，压力更大。进入生态文明新时代，我们再也不能使环境问题一层一层堆积下去、掩盖起来。必须坚守底线和环境保护不动摇。一旦经济发展与生态保护发生冲突矛盾时，必须毫不犹豫地把保护生态放在首位，而绝不可再走用绿水青山去换金山银山的老路。习近平指出："如果仍是粗放发展，即使实现了国内生产总值翻一番的目标，那污染又会是一种什么情况？届时资源环境恐怕完全承载不了。"① "在生态环境保护问题上，就是要不能越雷池一步，否则就应该受到惩罚。"② 惨痛的经历促使人们去正视我国严峻的环境安全问题，促使人们更深刻地反省人与自然的关系，促使人们重新反思现有的生产和生活方式所带来的一系列价值观念。在这一宏观背景下，绿色发展、低碳发展、循环发展成为当前经济社会发展的主流声音和实践导向。

我国经济社会发展过程中，生态环境破坏和污染不仅使社会经济的可持续发展无以为继，而且已经成为危及人民群众健康的民生问题。因此，党的十九大报告郑重强调："我们要建设的现代化，既要创造更多物质财

① 中共中央文献研究室编：《习近平关于全面深化改革论述摘编》，中央文献出版社2014年版，第103页。
② 《习近平在中共中央政治局第六次集体学习时强调 坚持节约资源和保护环境基本国策 努力走向社会主义生态文明新时代》，《人民日报》2013年5月25日。

富和精神财富以满足人民日益增长的美好生活需要，也要提供更多优质生态产品以满足人民日益增长的优美生态环境需要"①。环境安全是国家安全的重要组成部分。经济危机是短暂的，往往影响于一时，而生态危机则是长期的，一旦形成大范围不可逆转的破坏，民族生存就会受到根本威胁。建设生态文明，既不是要回到原始的生产生活方式，也不是继续工业文明追求利润最大化的发展模式，是要达到包括生态价值在内的经济、生态、社会价值的最大化，要遵循自然规律，尊重自然、顺应自然、保护自然，以资源环境承载能力为基础，建设生产发展、生活富裕、生态良好的文明社会，谋求可持续发展。同时，共产主义的最终目标也要求中国特色社会主义现代化建设必须在学习资本主义发达国家的过程中走出一条符合自身国情的道路，如此一来才能反映社会主义制度在生态文明建设中的制度优势，也证明了共产主义作为人类社会大同目标的必然性。

三、推进中国特色社会主义生态文明制度创新

人与自然的辩证关系问题是马克思生态思想的基础，马克思认为人与自然是辩证统一的。一方面，自然对于人具有先在性，人的发展离不开自然提供的物质条件；另一方面，人对自然具有能动的反作用，人在生存发展过程中会改造自然以满足自身的需求，人在改造自然的过程中一定要遵循自然规律。在中国这样一个正在进行现代化建设的超大规模国家中，既要以人为本，解决十几亿人的生存、温饱问题，还要不断满足人民群众对生活质量的需求，同时兼顾生态环境的协调发展。综合解决以上问题，确实是个辩证的、复杂的系统工程。这不仅涉及国家发展战略的调整，涉及体制、机制、法制的一系列改革，涉及领导人观念的改变，涉及干部考核的综合指标与绿色 GDP 核算体系的建立，而且还涉及我们文化价值理念的不断提升。与此同时，在环境成为稀缺资源的情况下，生态文明所倡导

---

① 习近平：《决胜全面建成小康社会　夺取新时代中国特色社会主义伟大胜利——在中国共产党第十九次全国代表大会上的报告》，人民出版社 2017 年版，第 50 页。

的生态经济，也应成为调整地区差距、城乡差距、人群差距等利益关系的内生变量。如通过建立区域环境补偿机制、城市对农村环境的补偿制度、自然资本的市场机制，把良好的自然环境转化为经济优势。要使环保理念真正成为协调社会关系的新杠杆、新要素，成为我国生产力布局与资源配置的调节器，形成营造环境文化和保护生态的道德氛围与社会共识。

十八大以来，党中央把生态文明建设作为统筹推进"五位一体"总体布局和协调推进"四个全面"战略布局的重要内容，谋划开展了一系列根本性、长远性、开创性工作，推动生态文明建设和生态环境保护从实践到认识发生了历史性、转折性、全局性变化。中国共产党传承中华民族传统文化、顺应时代潮流和人民意愿，站在坚持和发展中国特色社会主义、实现中华民族伟大复兴中国梦的战略高度，深刻回答了为什么建设生态文明、建设什么样的生态文明、怎样建设生态文明等重大理论和实践问题，系统形成了习近平生态文明思想，有力指导生态文明建设和生态环境保护取得历史性成就、发生历史性变革。十九大报告首次将"树立和践行绿水青山就是金山银山的理念"写入了中国共产党的党代会报告，且在表述中与"坚持节约资源和保护环境的基本国策"一并，成为新时代中国特色社会主义生态文明建设的思想和基本方略。同时，党的十九大通过的《中国共产党章程（修正案）》，强化和凸显了"增强绿水青山就是金山银山的意识"的表述。这既有利于全党全社会牢固树立社会主义生态文明观、同心同德建设美丽中国、开创社会主义生态文明新时代，更表明党和国家在全面决胜小康社会的历史性时刻，对生态文明建设做出了根本性、全局性和历史性的战略部署，推动中国特色社会主义生态文明制度不断创新。

（一）推进中国特色社会主义生态文明建设顶层设计的完善

中国特色社会主义生态文明将"绿色"纳入新发展理念，将"美丽中国"作为建设社会主义现代化强国的奋斗目标，提出建立健全社会主义生态文明体系的发展方向。在战略举措上，将"污染防治"作为决胜全面建成小康社会的三大攻坚战之一，同时实施生态扶贫战略、健康中国战略、乡村振兴战略、国家生态文明试验区建设，形成了从目标到原则到行动的生态文明建设路线图。

将改革生态环境监管体制、完善生态文明制度作为全面深化改革的重要组成部分。党的十八大以来，党中央多次强调要深化生态文明体制改革，尽快把生态文明制度的"四梁八柱"建立起来，把生态文明建设纳入制度化、法治化轨道。由此，生态文明体制机制改革进入"快车道"，法规、文件制度出台之密、措施力度之大、推进成效之好前所未有。2015年7月，习近平主持召开中央全面深化改革领导小组第14次会议，审议通过一系列生态文明体制改革方案。2015年9月，中共中央、国务院印发的《生态文明体制改革总体方案》，提出生态文明体制改革总体目标，即到2020年要构建起有8项制度构成的产权清晰、多元参与、激励约束并重、系统完整的生态文明制度体系，这些都充分体现了中央在生态文明体制改革上注重顶层设计的智慧和谋略。2018年3月通过的国务院机构改革方案中，与生态文明建设密切相关的自然资源部和生态环境部的组建受到广泛关注，这一改革为构建生态文明的联动和长效工作机制奠定了良好基础。当前和今后一个时期，要以推进生态环境治理体系与治理能力现代化为目标，以落实党委和政府及其有关部门、企事业排污单位的生态环保责任为主线，突出最严格的法治和最有效的市场机制。通过法治建设，首次创设维护生态环境的"党政同责""一岗双责""终身追责"等制度，颁布史上最严格的《环保法》，以确保生态文明理念的贯彻落实。建立健全全民行动体系，加快推进生态环境管理制度改革，不断完善符合国情、管用见效的环境监管体制。

（二）着力解决突出环境问题

党的十九大报告紧盯环境保护重点领域、关键问题和薄弱环节，提出加强大气、水、土壤等污染治理的重点任务和举措。《中共中央国务院关于全面加强生态环境保护　坚决打好污染防治攻坚战的意见》对着力解决突出环境问题进行了全面部署与安排。要坚持全民共治、源头防治，加快构建科学适度有序的国土空间布局体系、绿色循环低碳发展的产业体系、激励和约束并举的生态文明制度体系、政府企业公众共治的绿色行动体系，着力解决人民群众反映强烈的突出环境问题。

打赢蓝天保卫战。大气污染防治行动计划实施以来，我国大气污染治理工作力度和措施强度前所未有，大气环境质量总体向好，但某些特征污染物和部分时段、部分地区恶化，对人民群众生产生活造成较大影响。大气污染表现在天上，根子在地上。究其主要原因，是产业结构、能源结构、交通结构和生活方式等方面出了问题。要持续实施大气污染防治行动，推进供给侧结构性改革，严格执行环保标准，推动"散乱污"企业整治、重点行业污染源治理，加快不达标产能依法关停退出；抓好北方地区清洁供暖，推动煤炭等化石能源清洁高效利用，减少重点区域煤炭消费；加强机动车尾气治理，提高铁路货运量，降低公路货运量。2018年7月，国务院出台了《打赢蓝天保卫战三年行动计划》，以京津冀、长三角、汾渭平原等重点区域为主战场，调整"四个结构"，做到"四减四增"，强化区域联防联控和重污染天气应对，进一步明显降低PM$_{2.5}$浓度、明显减少重污染期天数、明显改善大气环境质量、明显增加人民的蓝天幸福感。深化重点区域大气污染联防联控，有效应对重污染天气，让群众享有更多蓝天白云。

加快水污染防治。按照党的十九大关于坚决打好污染防治攻坚战以及《全国集中式饮用水水源地环境保护专项行动方案》部署要求，2019年年底前所有县级及以上城市完成水源地环境保护专项整治。当前，我国大江大河干流水质稳步改善，但部分重点流域的支流污染严重，重点湖库和部分海域富营养化问题突出。城市黑臭水体大量存在，饮用水安全保障有待加强。2018年住房和城乡建设部、生态环境部印发《城市黑臭水体治理攻坚战实施方案》，在坚持"系统治理、有序推进""多元共治，形成合力"等城市黑臭水体治理原则基础上，将总体任务和目标与已出台的相关文件充分衔接，加强控源截污和内源治理，确保治理到位。要系统推进水环境治理、水生态修复、水资源管理和水灾害防治，抓好重点流域、近岸海域污染防治，实施流域环境综合治理和管理。统筹上下游、左右岸、陆地水域，进行系统保护、宏观管控、综合治理。坚持河海兼顾、区域联动，开展入海河流综合整治，加强沿海城市污染源治理，清理非法或设置不合理入海排污口，逐步减少陆源污染排放。严控围填海和占用自然岸线的开发建设活动，推进海洋生态整治修复，增强污染防治和生态保护的系统性、协同性。

强化土壤污染管控和修复。土壤污染，不同于水和大气污染具有累积性、不均匀性和长期存在性等特点，这要求以风险管控为导向，对污染土壤实行分类、分用途管理，确保受污染土壤的安全利用。《土壤污染防治法》自 2019 年 1 月 1 日起实行，这一法律的实施为扎实推进净土保卫战，让老百姓吃得放心、住得安心提供了法制保障。目前，要以农用地和重点行业企业用地为重点，开展土壤污染状况详查。加强固体废弃物和垃圾处置，建立生活垃圾分类处理系统，提高危险废物处置水平，夯实化学品风险防控基础，防止污染土壤和地下水。实施农用地土壤环境分类管理和建设用地准入管理，开展土壤污染治理与修复，保障农产品质量和人居环境安全。

开展农村人居环境整治行动。建设美丽宜居乡村，是实施乡村振兴战略的一项重要任务。我国农村地区环境基础设施建设严重滞后，化肥、农药等不合理使用造成的农业面源污染量大面广。要加强农业面源污染治理，推进农业清洁生产，深入开展化肥、农药零增长行动，加大畜禽养殖废弃物和农作物秸秆综合利用力度。截至 2017 年年底，我国已完成 13.8 万个村庄农村环境综合整治，约 2 亿农村人口直接受益，农村人居环境建设取得明显成效。[①] 未来要持续加快农村环境综合整治，实施生活污水处理和厕所革命、生活垃圾处理、饮用水源地保护专项工程。推进美丽乡村建设，加强村域规划管理，保护乡村山水田园景观，开展农房及院落风貌整治和村庄绿化美化。推进农村地区分散布局的工业企业向工业园区集中。

---

① 陈吉宁：《着力解决突出环境问题》，《人民日报》2018 年 1 月 11 日。

（三）实行最严格的生态环境保护制度

沿着党的十八届三中全会提出的"源头严防、过程严管、后果严惩"的创新思路，按照党的十九届四中全会提出的制度建设要求，实行最严格的生态环境保护制度。

我国 1979 年颁布的《环境保护法（试行）》明确，地方各级人民政府要切实做好环境保护工作。1989 年颁布的《环境保护法》也要求地方各级人民政府应当对本辖区的环境质量负责。但长期以来，我国生态环境保护中存在的突出问题大多是制度不严格，法制不严密，执行不到位，惩处不得力。生态环境保护领域存在职责不清，界限不明，以及上下游左右岸难协调等问题，没有相关的责任清单，导致出了问题，无人担责，无法追究。2014 年新修订的《环境保护法》将地方环境质量负责制提前到总则中予以明确。2015 年出台的《党政领导干部生态环境损害责任追究办法（试行）》第 3 条规定，地方各级党委和政府对本地区生态环境和资源保护负总责，党委和政府主要领导成员承担主要责任，其他有关领导成员在职责范围内承担相应责任。《中共中央关于制定国民经济和社会发展第十三个五年规划的建议》中指出，现行以块为主的地方环保管理体制存在"四个突出问题"，即：难以落实对地方政府及其相关部门的监督责任、难以解决地方保护主义对环境监测监察执法的干预、难以适应、统筹解决跨区域跨流域环境问题的新要求、难以规范和加强地方环保机构队伍建设。中央确定的省一级生态环境机构监测监察执法垂直管理制度改革的着力点，就是从制度层面上切实解决好这四个突出问题，落实并强化地方党委和政府及其相关部门的生态环境保护责任，开展权威有效的生态环境监察，加强责任追究等措施。比如乡镇是生态环境监管的最前沿，以前乡镇对生态环境违法行为存在"看得见，管不了"的问题，只能通报县里，等县里执法人员到了现场，违法行为可能已经不存在了。当前要进一步深化生态环境管理体制改革，就要实现乡镇街道环保工作全覆盖，充实基层生态环境监管机构和队伍，提升乡镇环境治理水平，消除监管的盲区盲点。

生态环境问题归根到底是经济发展方式问题。经济发展方式转变的关键，在于将环境规制和管理融入促进经济发展方式转变的举措，贯穿从经济建设项目的论证、可行性报告分析，到项目立项、开工建设、竣工投产、生产运营和项目结束的全周期。要坚决制止和惩处破坏生态环境行为，通过严惩重罚，建立长效机制，加大生态环境违法犯罪的成本，使违法成本高于守法成本，形成不敢、不想破坏生态环境的制度氛围。比如对一些故意违法或者危害较大的违法行为，经济处罚难以惩戒制止，尚未构成犯罪的适用治安管理处罚，对其直接负责的主管人员和其他直接责任人员移送公安机关处以拘留；完善单位和责任人双罚制，使处罚精确针对责任主体；建立跨部门联合惩戒机制，完善企业环境信用评价制度，探索与商业银行共享企业环境信用信息，对在生态环境保护领域存在严重失信行为的生产经营单位及其法定代表人，主要负责人和负有直接责任的有关人员开展联合惩戒；对构成犯罪的生态环境违法行为加大刑事打击力度；建立生态环境保护综合执法机关、公安机关、审查机关、检察机关、审判机关的信息共享、案情通报、案件移送制度等。

新修订的《环境保护法》通过实施按日连续处罚，行政拘留单位和责任人双罚制等行政处罚，在打击违法行为方面力度空前。据统计，截至2017年，相比该法通过前的2013年，全国实施的行政处罚案件由6.6万件增至23.3万件，全国实施行政处罚案件罚没款数额由23.6亿元增至115.8亿元，翻了两番。2016年7月至2017年6月一年间，各级人民法院共受理环境资源刑事案件16373件，审结13895件，给予刑事处罚27384人。①

（四）健全生态保护和修复制度

生态是统一的，自然系统是各种自然要素相互依存而实现循环的自然链条，某一要素遭受不良影响，往往带来其他要素的连锁式不良反应。因

---

① 全国干部培训教材编审指导委员会组织编写：《推进生态文明，建设美丽中国》，人民出版社、党建读物出版社2019年版，第211页。

此，统筹治理、统一修复是十分必要的生态保护措施。健全生态保护和修复制度，其核心在于通过有效的保护、治理与修复措施促使我国生态系统尽快恢复自我运行、自我调节、自我完善能力。应进一步加强以山水林田湖草是生命共同体理念为统领，从全局角度寻求新的治理之道，坚持用系统思维统筹生态环境问题的治理与修复，实现"多规合一"，筑牢生态安全屏障。科学构建国土空间生态安全格局，强化用途管理，划定生态保护红线，建立完善自然保护地体系，加强生物多样性保护系统，开展生态修复治理，全面提升生态系统质量和稳定性。

我国实施的以自然恢复为主的重大生态保护与修复工程，主要包括天然林保护工程、退耕还草、退牧还草、草原封育、沙化土地封育等。1998年至2017年，我国天然林保护工程累计完成公益林建设任务2.75亿亩，中幼林抚育任务1亿亩，使19.32亿亩天然林得以休养生息。当然强调生态自然恢复为主并不是不作为，而是要顺应自然、科学作为，坚持自然修复与人工治理相结合，开展生态修复治理工程。目前我国已经实施了三北防护林工程、京津风沙源治理工程、沿海防护林工程、长江防护林工程、珠江防护林工程、平原农田防护林体系建设工程、太行山绿化工程、三江源生态保护和建设工程等16项世界级重点生态工程。"十二五"期间，累计治理"三化"（退化、沙化、盐碱化）草原4720.5万公顷。下一步我国将推进大规模国土绿化行动，增加生态资源总量，持续加大以林草植被为主体的生态系统修复，以大工程带动国土绿化，有效拓展生态空间。同时将强化森林、草原经营管理，通过切实提高造林种草质量加强退化林修复，精确提升生态资源质量。我国数十年如一日在塞罕坝人工植树造林，建成了世界上成方连片的面积最大的人工林场，茫茫荒漠成了郁郁葱葱的林海。2017年12月5日在肯尼亚内罗毕举行的第三届联合国环境大会上，联合国环境规划组宣布，中国塞罕坝林场建设者荣获2017年联合国环保最高荣誉——"地球卫士奖"。

健全生态保护和修复制度，要发挥重点流域示范工程对健全生态保护和修复制度的推动作用。全国有七大重点流域，分别为长江、黄河、珠江、松花江、淮河、海河、辽河。治理流域，重在保护，要在治理。党的十八大以来，习近平多次实地考察黄河流域生态保护和发展情况，多次就三江源、祁连山、秦岭等重点区域生态保护建设提出要求。流域治理需要推进实施一批重大生态保护修复和建设工程，要坚持综合治理、系统治理、源头治理，完善流域管理体系，完善跨区域管理协调机制，完善河长制湖长制组织体系，完善流域内水生态环境保护修复联合防治、联合执法制度体系。

第三节　民胞物与、己欲达而达人：构建人类命运共同体、共同应对环境危机

2017 年 12 月 1 日，习近平出席中国共产党与世界政党高层对话会开幕式并发表题为《携手建设更加美好的世界》的主旨讲话。在主旨讲话中，习近平指出："中华民族历来讲求'天下一家'，主张民胞物与、协和万邦、天下大同，憧憬'大道之行，天下为公'的美好世界。我们认为，世界各国尽管有这样那样的分歧矛盾，也免不了产生这样那样的磕磕碰碰，但世界各国人民都生活在同一片蓝天下、拥有同一个家园，应该是一家人。世界各国人民应该秉持'天下一家'理念，张开怀抱，彼此理解，求同存异，共同为构建人类命运共同体而努力。"[①] 中华文明数千年来秉承"和""合"理念，坚持"万物并育而不相害，道并行而不相悖""己欲立而立人，己欲达而达人"的价值观。在当今世界正处于大发展大变革大调整，冲突与和平、战乱与发展矛盾性地共存于我们这个星球的时代，中国倡导公平正义，成为世界和平的维护者、国际安全秩序的建设者，以胸怀天下、立己达人的切实行动，践行开放包容、合作共赢的时代精神。生态文明建设关乎人类未来，建设绿色家园是各国人民的共同梦

---

① 习近平：《携手建设更加美好的世界——在中国共产党与世界政党高层对话会上的主旨讲话》，《人民日报》2017 年 12 月 2 日。

想。宇宙只有一个地球，人类共有一个家园，珍爱和呵护地球是人类的唯一选择，保护生态环境是全球面临的共同挑战和共同责任，需要世界各国同舟共济、共同努力。"天下一家"的理念和智慧，源自中国，属于世界。同样，在党的十九大报告中，习近平强调的关于人类命运共同体的概念则进一步将中国与世界的命运相关联，要建设持久和平、普遍安全、共同繁荣、开放包容、清洁美丽的世界。"中国将继续发挥负责任大国的作用，积极参与全球治理体系改革和建设，不断贡献中国智慧和力量"。治理生态环境，中国绝不会"只扫门前雪"，而是积极参与、加强交流，为人类生态文明做贡献。

一、以生态文明推动构建人类命运共同体

2013 年，习近平首次提出构建人类命运共同体思想。"这个世界，各国相互联系、相互依存的程度空前加深，人类生活在同一个地球村里，生活在历史和现实交汇的同一个时空里，越来越成为你中有我、我中有你的命运共同体。"① 这一思想延伸到生态领域，表明在当前的全球化时代，任何一国都无法在环境问题上置身事外、独善其身。国际社会应该携手同行，共谋全球生态文明建设之路。

人类命运共同体思想继承和发展了中华千年文明的"天下一家""民胞物与"理念。千百年来，"世界大同，天下一家"始终是中华民族的卓越文化创造。我国古代思想家倡导："内和睦者家道昌，外和睦者人事济"，表现出与人为善的博大胸怀。中国古代经典《礼记》中提到"圣人耐以天下为一家"，意思是明智的人将天下看成一家。《论语》说"泛爱众，而亲仁""四海之内皆兄弟"，《孟子》说"亲亲而仁民，仁民而爱物"。宋代理学家张载在"万物一体""天人合一"的思想基础上，提出的"民吾同胞，物吾与也"这一思想，被后世学者概括为"民胞物与"。

---

① 习近平：《顺应时代前进潮流，促进世界和平发展——在莫斯科国际关系学院的演讲》，《人民日报》2013 年 3 月 24 日。

在张载看来，天地之所以是我们的父母，世间民众都是我们的兄弟，万物都是我们的同伴，就在于包括人在内的宇宙万物，都是因气化而有生，禀同气而成性。就"物与"来说，就是要以仁爱的德性对待宇宙间的万物，将其视为人类的同伴而平等地予以关照。这种把自然万物视为人类同伴的观点，在当前环境污染、生态失衡等因素制约社会全面、协调、可持续发展的情况下，对于遏制不尊重自然、不注意环境保护而一味向自然索取的做法，对共同营造和谐宜居的人类家园，无疑具有积极的导向意义。①

近代以来，由西方资本主义国家主导的工业文明固然取得了人类历史上的伟大成就，但是，相较于漫长历史时期人类对地质作用力的有限，工业文明带来人类与自然界关系空前紧张，全球性的环境污染、生态破坏、资源短缺等问题，使现代人类社会出现各种各样的"公害病"。马克思的《资本论》揭示了以资本为中心发展必然会出现对自然力的掠夺性开发。"大工业和按工业方式经营的大农业一起发生作用。如果说它们原来的区别在于，前者更多地滥用和破坏劳动力，即人类的自然力，而后者更直接地滥用和破坏土地的自然力，那末，在以后的发展进程中，二者会携手并进，因为农村的产业制度也使劳动者精力衰竭，而工业和商业则为农业提供各种手段，使土地日益贫瘠。"② 不仅仅是土地，还有大气、海洋、河流、森林、草原等生态系统都不可避免受到资本生产的损害、生物多样性减少、大量生活垃圾以及有毒、有害物质超过环境自我消纳能力。尤其是"二战"以后，工业文明整体上改变了地球的生物化学结构，导致地球生态环境濒临人类生存环境极限。尤其是西方发达国家普遍实行生产过剩和过度消费，浪费了地球上的大量资源。美国总人口不及中国的 1/4，但美国是全世界碳排放总量最多的国家，所排放的二氧化碳占全球排放量的25%以上。美国人几乎无限制地获取食物、水、能源和其他资源，其资源浪费率是印度的 35 倍，比中国人均资源消耗量高出约 53 倍。目前，随着

---

① 刘学智：《民胞物与》，《光明日报》2018 年 1 月 11 日。

② 马克思：《资本论》第 3 卷，人民出版社 1975 年版，第 917 页。

工业文明已经接近或达到它的最高成就和发展水平，以及它所带来的全球性资源短缺、环境污染和生态破坏严重化，都将促使世界根本性变革时代的到来。

在这种情况下，由西方发达国家率先发起，在全球范围兴起了各种各样的环境保护运动。发达国家纷纷制定环境保护相关政策、采取措施并付诸行动，甚至不惜通过损坏第三世界或不发达国家的"绿水青山"来保障自身的生态环境。发达资本主义国家凭借早期的经济和军事实力，制定了更有利于自身发展的贸易规则，极力攫取更多的低碳资源，捞取巨大经济收益，却将生态成本转嫁到发展中国家，同时又对遭受剥削和掠夺的第三世界或不发达国家进行环境责难。但无论如何，建设生态文明已经越来越成为全球共识。美国生态哲学家赫尔曼·格林认为，人类将进入"生态纪元"时代。他说，"生态纪元的未来可以解决（人与自然）这两者之间所产生的紧张状态"。① 生态文明是工业文明发展到一定阶段的产物，是人类社会发展的必然，是不以人类意志为转移的客观存在。

目前，全球生态环境治理的难点在于全球产业链布局调整和全球生产分工调整。新兴市场国家必须不断谋求产业结构调整，实现产业优化升级。这样，必然与发达资本主义国家的高科技产业形成竞争关系，出现发达资本主义国家与发展中国家的矛盾。体现在生态环境治理方面，就是生态治理的责任承担问题。因此，摆在世界各国政府面前迫切需要解决的问题，不只是经济自由主义问题，还包括如何平衡享有经济发展成果和分担生态治理成本的问题。共谋全球生态文明建设，是构建公平正义的国际新秩序之必需。西方发达资本主义国家的零和博弈思维，是全球化生态治理的重要障碍。有的资本主义国家还深陷殖民思维的逻辑怪圈不能自拔，总希望自身享有发展的成果，而由其他国家为全球经济发展的"负外部性"买单。这种思维已不能适应世界各国人民对美好生活向往的需要。越来越多的事实表明，全球气候变暖正日益改变地球生态环境。全球生态环境治

---

① ［美］赫尔曼·F. 格林：《生态社会的召唤》，《自然辩证法研究》2006 年第 6 期。

理需要各个国家实现生态治理合作，达成共同纲领，付诸实际行动。每个国家和民族都需要维护好生态资源这一人类生存和发展赖以存在的基础，将构建自然生态共同体作为人类命运共同体的重要基础，将维护生态安全作为人类可持续发展的主线逻辑。中华传统文化中的和合观、和谐生态伦理观、天道人道融通论为全球生态治理提供了来自东方的智慧，有利于推动人类社会超越制度、种族、信仰、政治意识形态的藩篱，进行人类命运共同体的对话。

随着科技的发达，地球村越来越成为一个命运相济、休戚与共的村落，如果没有协同化的全球治理理念、治理方案、治理行动，必将带来全球性的生态环境治理"公地悲剧"，最终受害的还是各国人民。因此，生态文明的共同体才是真正的人类命运共同体。[1] 在国际关系和生态环境的各种矛盾和挑战中，必须要求各国具有人类命运共同体意识，共同去承担责任、分担风险。"环境无国界"，正如习近平所说："建设美丽家园是人类的共同梦想。面对生态环境挑战，人类是一荣俱荣、一损俱损的命运共同体，没有哪个国家能独善其身。唯有携手合作，我们才能有效应对气候变化、海洋污染、生物保护等全球性环境问题，实现联合国 2030 年可持续发展目标。只有并肩同行，才能让绿色发展理念深入人心、全球生态文明之路行稳致远。"[2]

二、中国在全球生态治理中的大国担当和积极作为

近代中国灾难深重，资源遭受资本主义列强的巧取豪夺，工业严重落后。新中国的成立使中国独立走上工业现代化之路。改革开放以来，承载着快速发展和工业转嫁的压力，在经济高速发展同时也付出了一定的环境生态代价。几十年的发展实践，中国在日益融入世界中日益认识到，生态文明是最容易凝聚共识的发展理念，是世界上不同文明、不同宗教、不同

---

[1] 潘岳：《以生态文明推动构建人类命运共同体》，《人民政协报》2018 年 11 月 8 日。

[2] 《习近平出席二〇一九年中国北京世界园艺博览会开幕式并发表重要讲话》，《人民日报》2019 年 4 月 29 日。

意识形态的人们之间的最大公约数，为淬炼人类共同价值提供了重要参照。中国高度重视这一问题，并在数十年间循序渐进积极参与全球治理并取得了令人瞩目的成就。

新中国成立 70 多年来，我国先后实施了三北防护林体系建设、退耕还林还草等重点工程，广泛开展全民义务植树，扎实推进部门绿化和社会造林。全国人工林面积由改革开放初期的 3.3 亿亩扩大到现在的 11.8 亿亩，位居世界首位。退耕还林工程累计造林 4.47 亿亩。数据显示，我国森林覆盖率提高到 21.66%，森林蓄积量从 90.28 亿立方米增加到 151.37 亿立方米，成为近 20 年来森林资源增长最多的国家。为治理荒漠化，我国先后实施诸多生态环保工程来保护环境和扩大森林面积，走出了一条生态与经济并重、治沙与治穷共赢的道路。宁夏在流动沙丘治理和沙地生态修复中摸索出了草方格固沙技术、"五带一体"综合治理技术等技术模式，沙漠化面积实现大规模缩减，由 1949 年的 165 万公顷减少到 2014 年的 112 万公顷，在国内率先实现了荒漠化逆转。2004 年以来，全国荒漠化和沙化土地面积连续三个监测期"双缩减"，土地沙化面积由 20 世纪 90 年代末年均扩展 3436 平方公里，转变为目前年均缩减 1980 平方公里，实现由"沙进人退"到"绿进沙退"的历史性转变。中国防沙治沙的成果也为世界荒漠化防治提供了中国经验，为全球实现土地退化零增长目标做出杰出贡献。[①] 确实，一直以来，中国知难而进，克服种种压力，坚定兑现"国家自主贡献"庄严承诺，推动世界各国落实《巴黎协定》确定的各项目标，引领全球为消除"生态赤字"不懈努力。与世界能源消耗超级大国美国为了狭隘的本国利益而不惜危害天下、殃及子孙，退出《巴黎协定》使本来就十分艰难的全球生态环境治理变得雪上加霜相比，中国勇于担当，积极奉献，展示了大国的胸怀和敢为天下先的精神。

从发展正义的角度说，中国是工业化起步较晚的发展中国家，当我们

---

① 杨舒、张蕾采访整理：《可爱的中国（生态文明建设篇）——代表委员畅谈新中国七十年辉煌历程》，《光明日报》2019 年 3 月 4 日。

开始工业化时就承受着发达国家给世界带来的生态环境问题的沉重历史包袱。1978 年中国开始改革开放时，人口接近世界总人口的四分之一（9.42 亿），经济总量只占世界总量的 1.8%。今天，我国虽然已经成为世界第二大经济体，但 2017 年的人均 GDP 还处在世界第 71 位，这大体上也是我国人均温室气体排放的世界排位。绝大多数国家都充分理解中国的这一实际，所以 1997 年《京都议定书》第一、二期承诺都没有对我国提出减排的约束性指标。然而，中国却向《联合国气候变化框架公约》秘书处提出了具有大国担当的国家自主贡献承诺，自主将二氧化碳排放在 2030 年左右达到峰值并争取尽早达到峰值；单位国内生产总值二氧化碳排放比 2005 年下降 60%—65%，非化石能源占一次性能源消费比重达到 20% 左右；森林蓄积量比 2005 年增加 45 亿立方米左右；等等。[1] 我国建设性地参与、引导和推动了《巴黎协定》《斐济实施动力》等重要成果文件的达成。创新性打造多边部长级磋商平台，与印度、巴西、南非共同建立了"基础四国"部长级磋商协调机制，与发展中国家建立立场相近国家协调机制，与加拿大、欧盟共同发起气候行动部长级会议机制。同时，积极参与公约外谈判磋商，调动发挥多渠道协同效应，进一步树立我国负责任的大国形象，反映了一个发展中大国人类共命运的责任感和使命感。

同时，我国还积极开展南南合作，支持发展中国家应对气候变化。累计与 30 个发展中国家签署 34 份应对气候变化南南合作谅解备忘录，赠送节能和太阳能灯 120 万余盏、路灯 1 万余套、节能空调 2 万余台、太阳能光伏发电系统 1.3 万余套、清洁炉灶 1 万余台，通过赠送卫星监测设备，帮助发展中国家提高极端气候事件的预警预测能力。在华举办应对气候变化南南合作培训班，为发展中国家培训了 2000 余名应对气候变化领域的官员和技术人员，范围覆盖五大洲的 120 多个国家。[2] 在自身经济社会发展还困难重重的情况下，中国铁肩担道义，在引导建立公平合理、合作共

---

[1] 何畏：《破解全球生态难题的中国担当》，《红旗文稿》2019 年第 21 期。

[2] 刘毅：《大国担当！中国引领全球气候治理》，《人民日报》2018 年 6 月 13 日。

赢的全球气候治理体系中积极奉献，推进全球气候治理取得新成就，获得了国际上一致的赞誉。

近年来，中国已批准加入50多项与生态环境有关的多边公约和议定书，在推动全球气候谈判、促进新气候协议达成等方面发挥着积极的建设性作用。联合国环境规划署、世界银行、全球环境基金曾先后将"联合国环境规划署笹川环境奖""绿色环境特别奖""全球环境领导奖""地球卫士奖"等授予中国环保等部门。中国成立"一带一路"绿色发展国际联盟，推动与柬埔寨、老挝、肯尼亚等国低碳示范区合作，积极为其他发展中国家提供力所能及的支持和帮助。作为"基于自然的解决方案"（NBS）的牵头方之一，中国为完善创新全球气候治理体系走在了世界的前列。在2019年纽约联合国气候行动峰会期间，中国与大自然保护协会成功举办了"基于自然的解决方案"在中国的实践与展望研讨会。NBS于2019年被列为联合国应对气候变化的九大领域之一，中国作为全球NBS的牵头方，为完善全球气候治理体系贡献了诸多的实践案例。同时，中国坚定兑现减排承诺，以大国垂范为全球气候治理做出表率。中国主张世界各国认真履行《联合国气候变化框架公约》和《巴黎协定》的义务，如期提交自主贡献目标。为践行承诺，近年来，中国制定和大力推进了一系列有利于减缓气候变化的政策措施，获得了丰硕的成果。对照中国提出的气候行动目标，2018年中国碳强度比2005年下降了约45.8%，已提前完成了2020年碳强度下降40%—45%的目标；非化石能源占一次能源消费总量比重已达14.3%，预计经过两年的努力，可以实现2020年达到15%的目标。同时，中国目前可再生能源投资和累计减少的碳排放量均居世界第一位，为实现"十三五"碳强度约束性目标和落实2030年国家自主贡献目标奠定了坚实基础。除此之外，中国已于2017年底启动了全国的碳排放交易市场，以发电行业为突破口，率先施行碳排放权交易，目前已初见成效；中国还在不同发展水平的地区遴选了87个低碳省市、51个低碳工业园区、8个低碳城（镇）试点，许多试点地区已提出了碳排放达峰目标和路线图；中国的《环境保护税法》已于2018年1月1日起施行；

《城市适应气候变化行动方案》于 2016 年印发，已有 28 个城市开展气候适应型城市试点，中国城市适应气候变化能力不断提高；中国以人类命运共同体为理念推行的绿色"一带一路"，也必将为全球合作进行气候治理汇聚更多力量。中国以一系列成功的气候外交、绿色倡议和切实的绿色行动，为自身获得了越来越多的国际认同，提高了其全球气候治理话语权。自《巴黎协定》以来，中国在国际气候谈判中的突出贡献，使中国在全球气候治理的机制构建层面影响力增强，同时，中国在许多多边外交场合倡导绿色发展理念，提出"绿色金融"、绿色"一带一路"的倡议，并于 2019 年 4 月，在北京成立"一带一路"绿色发展国际联盟，以促进"一带一路"沿线国家开展生态环境保护和应对气候变化。中国以气候治理行动中的诚意、智慧和能力赢得了话语权，为其应对气候治理挑战提供了帮助。①

联合国环境规划署副执行主任、联合国助理秘书长易卜拉辛·塞奥接受记者采访时表示，在全球环境治理中，中国已做出突出贡献。他说，中国积极主动签署和批准当代最重要的环境保护条约，带动其他国家积极加入。除了《巴黎协定》，中国近年来还批准了其他同样重要的环保条约，比如中国 2017 年 8 月批准了《关于汞的水俣公约》，这是全球首个旨在结束重金属汞污染给人类带来健康风险并造成环境破坏的公约；同年，中国还批准了《获取与惠益分享名古屋议定书》，旨在保护生物多样性；2018 年 10 月，在中国发挥的积极作用下，《蒙特利尔议定书》修正案通过，该协议将逐步淘汰用于暖通、空调和制冷领域的氢氟碳化物使用。他还表示，在国际舞台上，中国提出的"一带一路"倡议致力于绿色发展；在 G20 机制下，中国还积极倡导发展绿色金融。中国的这些努力，联合国环境规划署均表示支持。② 生态文明作为可持续发展中国方案和理念，正逐渐"走出去"，为全球可持续发展贡献了中国理念、中国智慧、中国方案。

---

① 周绍雪：《全球气候治理的中国方案》，《学习时报》2019 年 12 月 13 日。
② 《美丽中国建设的世界共鸣——环保界积极评价中国生态文明建设成果》，《光明日报》2017 年 12 月 7 日。

三、生态文明建设赋予中国道路以"世界意义"

对理想社会的探寻和实践，塑造了我们今日的文明，中西社会莫不如此。中国人与西方人所追求的理想社会自古以来就有许多共同特点，尤其是其中所包含的平等、公正等理念成为社会主义思想的价值源泉。社会主义内在地产生和发展于西方资本主义社会，是改造和替代资本主义社会的一种理想社会方案。社会主义从一种思想，到一种运动，再到制度的实践距今已经有 500 年的历史。在中国近代学习西方资本主义受挫后，社会主义逐渐成为各派政治力量积极学习和传播的社会思潮，社会主义思想与中国悠远绵长的大同理想结合，在中国的土壤里生根、开花、结果。新中国成立后，继续坚持马克思主义与中国实际的相结合，独立自主探索中国特色社会主义道路。中国 40 多年历程的改革开放，是在"摸着石头过河"的基础上，不断总结治国理政的经验，最终依照自己的国情，放眼看世界，通过对外开放使社会主义与市场经济充分融合，更多地容纳和吸取了世界上其他文明体系中的现代化因素，在深入推进中国社会整体转型的过程中以主动性的姿态融入全球化体系之中。同时，中国以自己深厚的文明底蕴，深刻改变了中华文明与世界文明之间的关系。近几年来，中国相继提出"亚投行""一带一路"等国际战略新思路，标志着中国从被动的融入世界秩序，到开始主动的全球布局。这种布局，无不根基于中国传统文明睦邻友好、兼容并蓄、和谐万邦的古老智慧，是中国传统文明对现代国际社会的文明贡献。

要带领中国人民实现社会主义现代化和中华民族伟大复兴，必须将生态文明建设放在更加突出的地位。党的十八大报告明确概括了中国道路的内涵，即"中国特色社会主义道路，就是在中国共产党领导下，立足基本国情，以经济建设为中心，坚持四项基本原则，坚持改革开放，解放和发展社会生产力，建设社会主义市场经济、社会主义民主政治、社会主义先进文化、社会主义和谐社会、社会主义生态文明，促进人的全面发展，逐步实现全体人民共同富裕，建设富强民主文明和谐的社会主义现代化国家"。与以往相比，中国道路中鲜明地增加了"建设社会主义生态文明"的内容。生态文明建设的奋斗目标和要求，丰富了中国道路的内涵，体现了中国特色社会主义的本质和意义。党的十八大以来，为进一步加快推进生态文明顶层设计和制度体系建设，大力推动绿色发展，加强生态法治建设，我们党开展一系列根本性、长远性、开创性的工作。党的十八届三中全会通过的《关于全面深化改革若干重大问题的决定》，进一步将生态文明建设提高到制度层面，更加明确提出了用制度保护生态环境的任务。党的十八届四中全会通过的《中共中央关于全面推进依法治国若干重大问题的决定》，对生态文明建设从法治上提出了更高要求，从法律上给生态文明建设提供了根本保障。党的十九大提出建立市场化、多元化生态补偿机制，探索生态产品价值的实现方式，探索绿水青山变成金山银山的具体路径。中国道路是中国特色的社会主义现代化道路，这是一条不同于西方传统的现代化道路的全新的人类现代化道路。作为一个以世界繁荣和人类命运为己任的社会主义国家，中国倡导共谋全球生态文明建设，自觉担当起维护全球生态安全、遏制气候变暖的责任。在这个过程中，中国正发挥着越来越重要的作用。所以，中国道路也是一条利他利己的环境治理之路，是一条与世界和平共生的文明之路，也是一条发展中国家可以借鉴和学习的可持续的现代化新道路。中国在推进生态文明建设上的具体举措和惊人成就，进一步凸显了社会主义中国"集中力量办大事"的制度优势和社会动员能力，成了中国制度"我有你没有、我能你不能"的又一典型体现。

"生态文明只能是社会主义的。"[1] 中国特色社会主义生态文明道路秉承马克思主义的内在要求，结合中国传统的生态伦理，使社会主义制度再一次光耀世界。历史已经在不断证明而且仍将继续证明，以"人类中心主义"为价值基础的西方工业文明只会带来严重的全球经济危机，资本主义发达国家最终只能使本国实现生态环境目标，而不会承担全球的环境

---

[1] 潘岳：《中华传统文化蕴含着深厚的生态文明》，《人民论坛》2009 年第 1 期。

责任，甚至不惜以邻为壑，在生态问题上实现跨境剥削。西方工业文明发展模式、美国式消费主义生活方式只会将人类带入死路一条，这本质上是资本主义制度的危机。社会主义与资本主义的制度孰优孰劣，将在不断推进的生态文明建设上得到充分的展现。因为在生态文明上，比较的不仅仅是生产力，还要比哪一种制度最公平公正、更有道德文化、更能可持续发展、更有全球道义。针对全球化所带来的生态问题，生态社会主义等新型社会主义流派的探索，不仅在学术上对社会主义进行了理论创新，也在实践中把马克思主义与当代全球问题具体结合起来。可以看到，生态文明进一步充实和完善了科学社会主义的理论与实践，中国在这一制度和道路体系中越来越发挥着中流砥柱的作用。

新时代中国特色社会主义的绿色发展必然会以生态文明理念引领"一带一路"建设。习近平在中非合作论坛北京峰会上提出：要把"一带一路"建设成为"和平之路、繁荣之路、开放之路、绿色之路、创新之路、文明之路"。中国将与"一带一路"相关国家的人民一起防治荒漠化、生产清洁水、发展生态产业，打造优质产能绿色品牌，共谋绿色发展，创造绿色财富。

新时代中国特色社会主义的生态治理也必定会为全球生态环境治理提供中国方案。在世界大变革的潮流中，没有哪个国家可以独立支撑、独善其身，唯有携手合作，才能共同面对人类发展的共同课题。"一带一路"倡议发端于中国，但成果必然属于世界。习近平指出："2013 年秋天，我们提出共建'一带一路'倡议以来，引起越来越多国家热烈响应，共建'一带一路'正在成为我国参与全球开放合作、改善全球经济治理体系、促进全球共同发展繁荣、推动构建人类命运共同体的中国方案。"① 作为世界上最大的发展中国家，今天的中国已经成为全球生态文明建设的引领者、全球环境公平正义的倡导者和维护者。中国特色社会主义生态文明建

---

① 《习近平出席推进"一带一路"建设工作 5 周年座谈会并发表重要讲话》，《紫光阁》2018 年第 9 期。

设，为建构人类命运共同体提供了理想的实验模型，无论是为中国人民谋幸福，还是为世界人民谋大同，都充分体现了中华文明和中国特色社会主义的当代魅力。

中国特色社会主义的繁荣发展在中华民族发展史上具有重大意义，在世界社会主义发展史上、人类社会发展史上也具有重大意义。世界社会主义运动在 20 世纪末随着苏东剧变陷入低潮后，在 21 世纪的中国焕发出强大生机活力，在世界上高高举起了中国特色社会主义伟大旗帜，为解决人类发展方向和发展道路问题贡献了中国智慧和中国方案。

结　　语

　　正像一个有着独立性、主体性的人一样，民族、国家在世界丛林中也都有其自主的灵魂和肉体。这个灵魂就是特定秩序理念及其所带来的、又为其所统摄的精神文化。这个肉体，就是它鲜活的社会生活——包括政治、经济、社会、文化和生态等各方面的关系和过程，作为骨骼、筋脉贯穿于这些关系与过程并对其予以支撑和保障的，正是制度及其体系。为适应环境的变化和要求，为获取更强大的力量、更广泛的自由，人一直都在不断地成长，民族、国家也都在不断地发展。一个人从幼儿到孩童继而到成人，灵魂和肉体都有了很大的变化，但一贯下来毕竟也还都是其本人、而不是变成了别的什么人。民族、国家的发展也是一样，那艘在历史长河中经过了不断完善、更新，甚至是经过了重新设计和建造的"忒修斯之舟"，也还是薪火相传而来的由特定秩序和制度所引领、主导的统一体。在人类生活的这颗星球上，无论人、家国，还是世界，都是亦新亦旧的存在。这个世界上从来就没有无来由的事物，人类生活中也从来都没有无本根的秩序和制度。我们既生活在当下、现实中，同时又生活在历史文化的传统中。一方面，传统的确是先天地规范和制约了我们生活的边界，我们当中没有谁能够凭空跳脱传统的掌握，我们看世界的看法、想问题的想法、做事情的做法无一不是深受传统的影响。另一方面，传统又并非僵死的存在、陈旧的教条，现实生活中的我们也并非就是全然被动、只能接受外部指令的机器。作为生活主体，作为民族与国家主人的我们，同时又拥有最可宝贵的主体能动性，以及趋向全面发展、自由解放的人类本质。也是我们将传统融入了现实的生活，是我们在（依据现实生活的经验和要求）理解、解释传统，在反思和重构传统——传统其实又是掌握在我们手中的。因此，传统的命运、它为自身现代化而付出的代价，就是得要不断地接受我们的新解释。① 具体到制度上，它也有一个现实实践样态与历史文化传统的关系问题。人们在思考制度问题、在维护和发展特定的制度及其体系时，总不能凭空割裂传统与现实的关系——正是此种关系，使一个事物、一个人或民族成其为本身，因而也才使特定的社会生活有其主体及其价值和意义。为此，对待制度及其坚持、发展和完善的问题，最理性的态度就是尊重历史、尊重现实，紧密贯通文化自信与理论、道路和制度自信，努力实现制度文明现代性与民族性的有机统一。

一、现当代中国奇迹之根由在于好制度

中国共产党领导中国人民建立新政权 70 多年来，特别是完成社会主义改造 60 多年、开启改革开放 40 多年来，中国特色社会主义探索不断走向深入、中国的各项现代化建设取得了令世人瞩目的成绩。中国共产党、中国人民共同创造了世所罕见的经济快速发展奇迹以及社会长期稳定奇迹，中华民族迎来从站起来、富起来到强起来的伟大飞跃。② 面对这样的奇迹，我们当然是倍感欣慰、自豪，但自然也有他人与别国对此冷眼相向、很不待见。然而，即便是长期对中国人民、中国共产党抱有极深成见的西方政客们，也不得不承认：发生在现当代中国的这些奇迹，它们同中国的制度必然存在着某种内在的关联。不仅是政客，西方的一些普罗大众也明显感受到中国的制度能够使国家、人民做成（好）一些他们做不到（好）的事情。譬如此次新冠肺炎疫情，中国制度的高效能和成功应对给世人留下深刻印象，这是西方社会所难以企及的。而早在 10 年前的 2010

---

① 参见殷鼎：《理解的命运》，三联书店 1988 年版，第 2 页。
② 《中共中央关于坚持和完善中国特色社会主义制度　推进国家治理体系和治理能力现代化若干重大问题的决定》，人民出版社 2019 年版，第 2 页。

年，世界知名的美国记者、普利策奖获得者、《纽约时报》专栏作家托马斯·L. 弗里德曼，他在谈及美国汽油去铅进程步履维艰时就忍不住发了这样一通感慨：我希望美国能做一天中国——在这一天里，我们可以制定所有正确的法律规章，以及一切有利于建立清洁能源系统的标准。一旦上级颁布命令，我们就克服了民主制度最差的部分（难以迅速做出重大决策），要是我们可以做一天中国该有多好……①

当提到奇迹的时候，我们潜意识中所想到的东西大致有这么两个方面：一是此种现象当然是少见的、罕有的；二是实现它的难度是很高的，且多半是把公认的不可能变成了可能、变成了现实。奇迹是人们创造的，奇迹是为人们所关注的。人们关注奇迹的出现，当然也更加关注创造奇迹的人究竟是在怎样的情况下创造奇迹的、又是如何把不可能变成现实的。世上处处有因果，万事万物有条件。人们不是随随便便就想到去做某些事情，也不是无缘无故就能做成某些事情。在人世间所有的因果、条件当中，制度是极为关键的一环。如果说策略、政策是决定做什么或不做什么以及怎样去做的话，那么制度就关涉到能否及如何准备条件、做出决定、组织资源，以及推进过程、实现目的。相同的资源和条件下，同样的事情，为什么有的主体做不到，有的就能做得到呢？除了主观的能力和努力之外，那就是制度了。制度决定着社会生活的组织，决定着各种条件、资源的配置和使用，当然也决定着特定的奇迹是否能够实现。对于一个国家、一个社会共同体而言，革命、建设和发展的奇迹背后必然有制度的支撑和保障。

2012 年，在经济学家德隆·阿西莫格鲁和詹姆斯·A. 罗宾逊出版的著作《国家为什么会失败：权力、繁荣和贫穷的起源》中，他们比较分析了一系列地理邻近而经济差异巨大的国家与地区案例，譬如美国和墨西哥、南非和津巴布韦、韩国和朝鲜，以及东德和西德、17 世纪的东欧与

---

① Thomas L. Friedman, *Hot, Flat, and Crowded: Why We Need a Green Revolution*, MA: Picador, 2009, p. 374.

西欧等。他们在书中追问：为何相同地域或文化的国家之间的贫富差异会如此巨大？现代发展中何以有的国家失败了，而有的国家却成功了？比较研究得出了令人信服的结论：制度，制度，制度！是否有包容性的经济制度、政治制度，这是经济能否持续繁荣的普遍原因。所谓包容性的制度，主要是从分配意义上讲的，它与汲取/榨取性的制度相对立。后者意味着精英操控条件下垄断权力所获利益的最大化，而包容性制度则是要寻求保障大众福利的最大化。其实，不仅国家的贫富在于制度，国家的强盛、大国的崛起也在于其方方面面的好制度：它们作为规范体系，不仅能够促进实现并始终维护效率、自由和正义，而且能够自主、灵动地维持其自身运转——实现和确保高水准的国家能力以及社会活力。总括经社繁荣国家、政治成功国家的经验，它们及其制度在如下这一点上都高度相似：能在国家与社会、个体之间形成和维持一种合理且舒适的张力，能在历史发展中长期实现、守护和改进特定的基本秩序。用中国式的话语来说，就是要努力趋向于天下为公、不断做到与时俱进。

经过近代以来百多年的沧桑巨变，中国人深信：发展没有无来由的奇迹、国家也没有无制度基础和保障的强盛或崛起。在即将全面建成小康社会、全面进入社会主义现代化强国建设的今天，中国人坚定地认为：中国特色社会主义制度和国家治理体系是以马克思主义为指导、植根中国大地、具有深厚中华文化根基、深得人民拥护的制度和治理体系，是有强大生命力和巨大优越性的制度和治理体系，是能持续推动有 14 亿多人口的大国进步和发展、确保有五千多年文明史的中华民族实现"两个一百年"奋斗目标、进而实现伟大复兴的制度和治理体系。①

二、中国制度之优势源于中华优秀文化传统

现当代国家制度和国家治理体系具有多方面的显著优势，主要是：坚

---

① 《中共中央关于坚持和完善中国特色社会主义制度　推进国家治理体系和治理能力现代化若干重大问题的决定》，人民出版社 2019 年版，第 2—3 页。

持党的集中统一领导，坚持党的科学理论，保持政治稳定，确保国家始终
沿着社会主义方向前进的显著优势；坚持人民当家作主，发展人民民主，
密切联系群众，紧紧依靠人民推动国家发展的显著优势；坚持全面依法治
国，建设社会主义法治国家，切实保障社会公平正义和人民权利的显著优
势；坚持全国一盘棋，调动各方面积极性，集中力量办大事的显著优势；
坚持各民族一律平等，铸牢中华民族共同体意识，实现共同团结奋斗、共
同繁荣发展的显著优势；坚持公有制为主体、多种所有制经济共同发展和
按劳分配为主体、多种分配方式并存，把社会主义制度和市场经济有机结
合起来，不断解放和发展社会生产力的显著优势；坚持共同的理想信念、
价值理念、道德观念，弘扬中华优秀传统文化、革命文化、社会主义先进
文化，促进全体人民在思想上精神上紧紧团结在一起的显著优势；坚持
以人民为中心的发展思想，不断保障和改善民生、增进人民福祉，走共
同富裕道路的显著优势；坚持改革创新、与时俱进，善于自我完善、自
我发展，使社会始终充满生机活力的显著优势；坚持德才兼备、选贤任
能，聚天下英才而用之，培养造就更多更优秀人才的显著优势；坚持党
指挥枪，确保人民军队绝对忠诚于党和人民，有力保障国家主权、安
全、发展利益的显著优势；坚持"一国两制"，保持香港、澳门长期繁
荣稳定，促进祖国和平统一的显著优势；坚持独立自主和对外开放相统
一，积极参与全球治理，为构建人类命运共同体不断做出贡献的显著
优势。①

　　一语以蔽之，现当代中国制度最根本的优势，就是要确保人民至上、
始终以人民为中心。这是一种现代精神、也属于人类共同价值，但它同时
又是天下为公、民本共和的中华优秀历史文化传承的现当代体现。概言
之，从未断流的中华优秀传统文化自然流转到今天，那么它的现实流向必
然也就是人民主权、人民当家作主。在中西方文明奔涌前行的两条历史长

---

① 《中共中央关于坚持和完善中国特色社会主义制度　推进国家治理体系和治理能力现代
化若干重大问题的决定》，人民出版社 2019 年版，第 3 页。

河中，正如日耳曼人的自由精神、罗马法和基督教共同熔铸出了近现代西方的新教伦理与资本主义精神一样，传统中国的天人合一、民本主义与天下为公一起化育出了近现代中国的新民伦理和社会主义精神。中国人不像西方人那样，要藉由外在的超越（借助来自上帝或彼岸的救赎）、以个人奋斗及其成就来验证自己是否为上帝选民。中华优秀传统文化的熏习，使得中国人向来希圣希贤、也深信人皆可以为尧舜。传统中国一直都有这样的传承：通过内在超越、以个人或小共同体能否及如何为大共同体"立功立言立德"，来指引自身修养、修行的进取精神。这种精神持久、绵密地落实在"正心、诚意、格物、致知、修身、齐家、治国、平天下"① 的道德实践也是社会实践之中。现当代中国也早已确立了这一基于本民族传统的伦理和精神，并为其现实呈现和充分展开选定了两个最基本的锚定点、也是现当代中国社会秩序的基本要义——社会主义核心价值、社会主义核心利益格局。以现代的新民伦理为标志，在马克思主义来到中国并在中国广泛流布之时，天下为公的理论和实践原点就已经使相当多中国人成了"天然的社会主义者"。概言之，中国特色社会主义的理论、道路和制度，最自然、也最适合现当代中国人的活法，这是其先天即具有的比较优势、本土优势。

大浪淘沙，黄沙吹尽始见金。一个民族的活法、它的习性，是一些深入了其灵魂与血脉的东西，也往往是人民日用而不知的东西。这当中当然有精华、也有糟粕。人类的智慧、历史的理性总是要在不断丰富和深入的经验实践中去反复地审视和解析它们，不断地去伪存真、去粗取精，不断地传承精华、剔除糟粕。在现当代中国人接受了、掌握和创造性地运用了科学的世界观、方法论——马克思主义以后，基于现代性、现代化的要求，中国的社会生活实践以及其各方面的秩序要求、制度设计自然更趋于自觉和自主，我们更多地继承、弘扬了传统的优秀文化——那些千百年沧桑历史磨砺过、检验过了的富于恒久价值的东西。同时，我们也基于中华

---

① 《大学·第一章》。

文化本位，充分借鉴、吸取了人类社会一切优秀制度文明，特别是优秀现代制度文明的成果。在不断趋向现代化的建设、发展过程中，中国人基于本民族立场，努力结合自身现代化的体验，不断全面深入地理解、反思、批判和扬弃外国制度特别是西方制度，认真区分哪些是有益于现当代中国人的生活的、哪些是只适于别国而不适合中国的，以及哪些是已经失去了现实性、合理性的东西。这样来自主自觉和理性地从中国看世界、从世界看中国，中国的秩序建构和制度实践因此也就具有更强的包容性、适应性。概言之，弘扬中华民族的主体性，不忘本来、吸收外来、面向未来，不断实现民族情怀与世界眼光的相辅相成、民族性与现代性的化合融会，这正是现当代中国制度优势的不竭源泉。

三、最深沉的自信以及最深切的关怀

在现当代中国，最深沉的自信，是文化的自信；最深切的关怀，是人民至上、一切以人民为中心。文化的自信决定了现当代中国的道路、理论、制度和文化始终都是中国特色的，始终都着眼于和服务于中华民族自身发展以至伟大复兴。深切的关怀决定了我们的理论和实践始终都着眼于和服务于中国人民，都是社会主义性质的、最终都导向人的全面发展和自由解放的。纵览中国的历史与现实，我们可以看到：就其内在的逻辑关系而言，中国理论和中国道路本就应当是、也必然会是中国特色社会主义性质的；同时，它们自然会、也必然会落定为我们所珍重和坚守的现当代中国制度——它最合乎中国人的生活方式，也最适于中华民族当下与未来发展的要求。

现当代的中国制度显然是一种成功地支撑了非西方的现代化模式的全新制度，一种行得通、高效率而又全非西方社会文化背景的现代制度。现当代中国制度所展示出的显著的本土优势和比较优势，是当下和未来我们坚定中国特色社会主义道路自信、理论自信、制度自信、文化自信的最直接的现实依据。中国人最有理由自信：我们的道路、理论、制度和文化，始终都有从未断流的、悠久且优秀的文明根魂的滋养。文化是一个国家一

个民族的灵魂。① 文化熔铸于民族的生命活力中，不断强化凝聚力、不断激发创造力，同时深刻影响着人民的心理、性格和精神世界，又是人民共有的精神家园。习近平指出，要坚定中国特色社会主义道路自信、理论自信、制度自信，说到底是要坚定文化自信。文化自信是更基本、更深沉、更持久的力量。② 中华文化与中国人民的生活是同构、同步的，它向来都不是僵死的教条，而是鲜活的和与时俱进的存在。古代中华文化孕育出了古代中国制度文明的成果，它的相当一部分都具备了划时代的普遍价值，也因而成为我们今天仍在坚守的传统。老干新枝、其命维新，不断前行的中华文化不仅以优秀传统文化为根基，而且全面开创了、融入了人民革命的红色文化以及社会主义的先进文化。由此，现当代中国文化增添了新质料新内容，获得了新形式新特色，也因而变得更鲜活、更富于朝气和活力。传承传统、开拓创新，这是龙的传人、中华儿女恒久的责任。现当代中华文化的发展尤其需要更进一步实现现代性的转换、创新性的发展。中华先贤曾经自信地宣示，要"为天地立心，为生民立命，为往圣继绝学，为万世开太平"③。他们已经做出了榜样。没有一代又一代人创造性的努力，就没有今天中华文化的源头活水。我们更应当仁不让，勇于、善于开创新传统——新的理念、新的生活、新的制度，争取为子孙后代留下自己创新、创造的辉煌成就。

文化要前行，制度要发展。在不同的时代，制度锁定一国、一民族的基本秩序导向。作为稳定的、受珍重的和周期性发生的行为模式与规范体系，制度具有根本性、全局性、稳定性和长期性，在广泛的社会生活中、在长期的历史演进中都起到决定性的作用。文化积淀、外化和显现成为制度，制度构成要素及其权重、基本结构及其形态的种种变化也都会对一个民族的活法——文化产生深刻影响。文化的传承和创新离不开制度的保

① 习近平：《决胜全面建成小康社会　夺取新时代中国特色社会主义伟大胜利——在中国共产党第十九次全国代表大会上的报告》，人民出版社 2017 年版，第 40 页。
② 习近平：《在哲学社会科学工作座谈会上的讲话》，《人民日报》2016 年 5 月 19 日。
③ 《张子语录·语录中》。

障，也离不开创新制度的推动。一方面，制度本身往往会因社会生活新需要、相关秩序的解构和重构而不断地发展和完善；另一方面，制度自身也往往会具备一定的天然的惰性，又可能有常态化的不适应文化创新和现当代生活需要的方面。所以，制度自身也要努力适应时代的需要。具体到中国特色社会主义制度，它当然具有无与伦比的本土优势和相对优势，当然最适合中国社会和中国文化创新发展的需要，但它却还不是也不能就是所谓"最好的制度"。辩证法告诉我们，发展只有更好、没有最好；制度也只有更适合、没有最好。最好了，就可能要走下坡路了。现当代中国的制度仍是一个年轻的制度，它有活力、高效能，但也亟待进一步的完善和发展。习近平指出，中国制度并非就是完美无缺了、不需要完善和发展了。制度自信不是自视清高、自我满足，更不是裹足不前、故步自封，而是要把坚定制度自信和不断改革发展统一起来。① 我们必须在坚持根本制度、基本制度的基础上推进制度体系的完善和发展，使它们更加成熟、更加定型。我们应当坦承：我们的制度虽然是中国人民、中华民族最优的历史和现实选择，但它同扩大人民民主和经济社会发展的要求还有不完全适应的地方，在不少体制、机制、程序以及具体的运行上还存在不太完善的地方，在保障人民权利、发挥人民创造精神方面也还存在一些不足。这就需要我们继续在全面深化改革、不断扩大开放的历史进程中，进一步积极稳妥推进制度发展，始终坚持以人民为中心、以人民当家作主为根本，不断增强党和国家以及社会生活的活力，永续推进中国特色社会主义制度文明的历史进程。具体到新时代，就是要牢牢把握好世界百年未有之大变局、中华民族伟大复兴的战略全局，着眼固根基、扬优势、补短板、强弱项，努力把我国制度优势更好转化为国家治理效能，为实现"两个一百年"奋斗目标、全面建设社会主义现代化强国提供有力保证。

　　士不可以不弘毅，任重而道远。② 作为先贤的传人、子孙后代的先

---

① 参见《习近平谈治国理政》第二卷，外文出版社 2017 年版，第 331 页。
② 《论语·泰伯》。

驱，我们每一位中华儿女都肩负着厚重的历史责任、文化使命。有责任就要有担当，有传承也要有创新。在新的时代，面对新世界和新挑战，我们每一位中国共产党的党员，每一位民主党派成员、无党派人士，每一位爱国者、中华人民共和国的公民，立德、立功、承先启后都是正当其时，立心、立命、继往开来都应责无旁贷。让我们不断地坚定"四个自信"、传承优秀文化，不断地开拓创新、锐意进取，为最终实现天下为公的千年理想和中华民族伟大复兴中国梦而努力奋斗！

主要参考书目

一、著作

《马克思恩格斯全集》第 1 卷，人民出版社 1956 年版。

《马克思恩格斯全集》第 2 卷，人民出版社 1964 年版。

《马克思恩格斯全集》第 3 卷，人民出版社 1960 年版。

《马克思恩格斯全集》第 4 卷，人民出版社 1958 年版。

《马克思恩格斯全集》第 8 卷，人民出版社 1961 年版。

《马克思恩格斯全集》第 13 卷，人民出版社 1962 年版。

《马克思恩格斯全集》第 17 卷，人民出版社 1963 年版。

《马克思恩格斯全集》第 23 卷，人民出版社 1972 年版。

《马克思恩格斯全集》第 27 卷，人民出版社 1972 年版。

《马克思恩格斯全集》第 37 卷，人民出版社 1971 年版。

《马克思恩格斯全集》第 41 卷，人民出版社 1982 年版。

《马克思恩格斯全集》第 42 卷，人民出版社 1979 年版。

《马克思恩格斯全集》第 46 卷（上），人民出版社 1979 年版。

《马克思恩格斯文集》第 1 卷，人民出版社 2009 年版。

《马克思恩格斯文集》第 2 卷，人民出版社 2009 年版。

《马克思恩格斯文集》第 8 卷，人民出版社 2009 年版。

《马克思恩格斯选集》第 1 卷，人民出版社 2012 年版。

《马克思恩格斯选集》第 2 卷，人民出版社 2012 年版。

马克思：《资本论》第 1 卷，人民出版社 1975 年版。

马克思：《资本论》第 3 卷，人民出版社 1975 年版。

《列宁全集》第 38 卷，人民出版社 2017 年版。

《列宁选集》第 1 卷，人民出版社 2012 年版。

《孙中山选集》，人民出版社 1981 年版。

《毛泽东选集》第 4 卷，人民出版社 1991 年版。

《毛泽东文集》第 5 卷，人民出版社 1996 年版。

《毛泽东文集》第 7 卷，人民出版社 1999 年版。

《邓小平文选》第 2 卷，人民出版社 1994 年版。

《邓小平文选》第 3 卷，人民出版社 1993 年版。

《邓小平思想年谱（1975—1997)》，中央文献出版社 1998 年版。

习近平：《关于〈中共中央关于全面深化改革若干重大问题的决定〉的说明》，《人民日报》2013 年 11 月 16 日。

习近平：《论全面深化改革》，中央文献出版社 2018 年版。

习近平：《推动我国生态文明建设迈上新台阶》，《求是》2019 年第 3 期。

《习近平谈治国理政》第一卷，外文出版社 2018 年版。

《习近平谈治国理政》第二卷，外文出版社 2017 年版。

《彭真文选》，人民出版社 1991 年版。

《中华人民共和国宪法》（2018 年 3 月 11 日第十三届全国人民代表大会第一次会议通过的《中华人民共和国宪法修正案》修正）。

《中国共产党第十九次全国代表大会文件汇编》，人民出版社 2017 年版。

《中共中央关于坚持和完善中国特色社会主义制度　推进国家治理体系和治理能力现代化若干重大问题的决定》，人民出版社 2019 年版。

中共中央文献研究室编：《习近平关于社会主义生态文明建设论述摘编》，中央文献出版社 2017 年版。

中共中央宣传部编：《习近平总书记系列重要讲话读本》，学习出版社、人民出版社 2014 年版。

中共中央文献研究室编：《习近平关于协调推进"四个全面"战略布局论述摘编》，中央文献出版社 2015 年版。

《十八大以来重要文献选编》（上），中央文献出版社 2014 年版。

《十八大以来重要文献选编》（中），中央文献出版社 2016 年版。

全国干部培训教材编审指导委员会编：《推进生态文明，建设美丽中国》，人民出版社、党建读物出版社 2019 年版。

全国干部培训教材编审指导委员会编：《推动社会主义文化繁荣昌盛》，人民出版社、党建读物出版社 2019 年版。

中国史学会编：《中国近代史资料丛刊》（第 8 册），上海人民出版社 1957 年版。

《十三经注疏》，中华书局 1998 年版。

《诸子集成》，中华书局 2006 年版。

《国语集解》，中华书局 2002 年版。

《廿五史》，浙江古籍出版社 1998 年版。

董仲舒：《春秋繁露》，中华书局 1991 年版。

许慎：《说文解字》，中华书局 2012 年版。

李昉等撰：《太平御览》，中华书局 1960 年版。

郑樵撰：《通志》，中华书局 1987 年版。

《张载集》，中华书局 1978 年版。

《陆九渊集》，中华书局 1980 年版。

张居正：《张太岳集》，上海古籍出版社 1984 年版。

李贽：《藏书》，中华书局 1959 年版。

黄宗羲：《明夷待访录》，中华书局 1981 年版。

顾炎武著，黄汝成注：《日知录集释》，中华书局 2020 年版。

王夫之：《读通鉴论》，中华书局 1975 年版。

《张謇全集》第 1 册，上海世纪出版股份有限公司 2012 年版。

《梁启超文存》，江苏人民出版社 2012 年版。

《鲁迅全集》（第1卷），人民文学出版社1998年版。

《陈寅恪先生文集》（第2卷），上海古籍出版社1980年版。

钱穆：《中国经济史》，北京联合出版公司2019年版。

钱穆：《中国社会经济史讲稿》，北京联合出版公司2016年版。

章开沅：《中国经济史》，高等教育出版社2002年版。

白钢主编：《中国政治制度史》，天津人民出版社2016年版。

苏力：《大国宪制：历史中国的制度构成》，北京大学出版社2018年版。

赵汀阳：《惠此中国》，中信出版社2016年版。

许倬云：《中西文明的对照》，浙江人民出版社2016年版。

陈延武：《万水朝东：中国政党制度全景》，三联书店2011年版。

张允熠：《历史的抉择——中国人为什么要接受马克思主义》，人民出版社2016年版。

国家信息中心：《大数据看改革开放新时代》，商务印书馆2018年版。

［古希腊］亚里士多德：《政治学》，吴寿彭译，商务印书馆1965年版。

［古罗马］西塞罗：《国家篇　法律篇》，沈叔平、苏力译，商务印书馆1999年版。

《伯里克利在阵亡将士国葬典礼上的演说》，见［古希腊］修昔底德：《伯罗奔尼撒战争史》，谢德风译，商务印书馆1983年版。

［意］马基雅维利：《君主论》，潘文典译，商务印书馆1985年版。

《潘恩选集》，马清槐等译，商务印书馆1981年版。

［法］托克维尔：《旧制度与大革命》，冯棠译，商务印书馆1992年版。

［美］亨廷顿：《变化社会中的政治秩序》，王冠华等译，三联书店1989年版。

［法］卢梭：《社会契约论》，何兆武译，商务印书馆1980年版。

［德］黑格尔：《历史哲学》，王造时译，上海书店出版社 2001 年版。

［英］李约瑟：《四海之内——东方与西方的对话》，劳陇译，三联书店 1987 年版。

［英］格伦内斯特：《英国社会政策论文集》，苗正民译，商务印书馆 2003 年版。

［美］拉斯维尔：《政治学：谁得到什么？何时和如何得到?》，杨昌裕译，商务印书馆 1999 年版。

［英］吉登斯：《第三条道路及其批评》，孙相东译，中央党校出版社 2002 年版。

［美］杜赞奇：《文化、权力与国家》，王福明译，江苏人民出版社 1994 年版。

［美］巴泽尔：《国家理论——经济权利、法律权利与国家范围》，钱勇、曾咏梅译，上海财经大学出版社 2006 年版。

周辅成编：《西方伦理学名著选辑》（上卷），商务印书馆 1987 年版。

二、论文

［美］赫尔曼·F. 格林：《生态社会的召唤》，《自然辩证法研究》2006 年第 6 期。

蔡英杰：《从"氏"的本义看氏与姓，氏与族之间的关系》，《中州学刊》2013 年第 3 期。

陈吉宁：《着力解决突出环境问题》，《人民日报》2018 年 1 月 11 日。

冷鹏飞：《论中国史前时代的原始商品经济形态》，《湖南师范大学社会科学学报》1997 年第 2 期。

丁俊萍、林建雄：《马克思主义与中华传统文化关系的历史考察及启示》，《思想教育研究》2017 年第 4 期。

郇庆治：《习近平生态文明思想中的传统文化元素》，《福建师范大学学报（哲学社会科学版)》2019 年第 6 期。

潘岳：《战国与希腊：中西方文明根性之比较》，《文化纵横》2020

年 6 月号。

潘岳：《古老文明对话与人类命运共同体》，《人民政协报》2019 年 9 月 23 日。

潘立勇：《"人文化成"传统与中华审美人文精神》，《南京师范大学文学院学报》2004 年第 3 期。

卜晓军、任保平：《中国古代的朴素生态文明思想及其实践》，《光明日报》2009 年 6 月 16 日。

苏平富、苏晓云：《马克思恩格斯的生态理论及其对当代中国生态文明建设的价值》，《国外理论动态》2008 年第 12 期。

陶良虎：《中国古代生态文明思想及其当代价值》，《管理观察》2013 年第 36 期。

沈壮海：《文化自信之核是价值观自信》，《求是》2014 年第 18 期。

谢继忠：《明清以来河西走廊生态环境保护思想及其实践》，《兰台世界》2014 年第 33 期。

于建福：《己欲立而立人　己欲达而达人》，《光明日报》2017 年 1 月 25 日。

徐勇：《东方自由主义传统的发掘——兼评西方话语体系中的"东方专制主义"》，《学术月刊》2012 年第 4 期。

徐勇：《从中国事实看"东方专制论"的限度》，《政治学研究》2017 年第 4 期。

张晋藩：《中国古代监察法的历史价值——中华法系的一个视角》，《政法论坛（中国政法大学学报）》2005 年第 6 期。

后　记

在书稿交付之际，我们也还有几句话要向读者坦陈。"历史""文化"无疑都关涉到宏大的学科范畴。尤其是对于有悠久历史传统的中国来说，相关的著述更是卷帙浩繁、汗牛充栋。对于研究者而言，这既是丰厚无比的宝藏，亦是皓首难穷的重负。然而换个视角，弱水三千，但能瓢饮，恣肆汪洋，或可蠡测，这又未尝不是一个可以尝试的挑战。当然，面对怎样做好"历史文化传承与中国特色社会主义制度"这个中央社会主义学院规划、下达的研究课题，我们也还是倍感压力沉重。本书便是我们一个阶段以来应对挑战、负重前行所收获的结果。我们勉力尝试去阐释中国政治秩序与制度演进的历史与逻辑，得出了一些现在看来还比较粗陋的见解。我们深知，历史、文化传统不只是纸面上的陈迹，历史的书写也并非可以随性挥洒。马克思曾说过，人们自己创造自己的历史，但是他们并不是随心所欲地创造，并不是在他们自己选定的条件下创造，而是在直接碰到的、既定的、从过去承继下来的条件下创造。一切已死的先辈们的传统，像梦魇一样纠缠着活人的头脑。对于每个时代、每个民族而言，文化传统总是不可或缺的基因、根源，新的思想理论、经验实践总是只有依托它们才能得以发展与创新。但传统究竟是什么？往往会有见仁见智的解读。人们还是应当努力在中华文化的主流中，构建起一座可能融通古老文明与现代制度的桥梁。我们对于当代中国的制度自信，直接源自这些制度自身的现实性、合理性，而它们又都是始终深植于传统中国文明的土壤之中的。

正是这一信念，支撑着我们合作完成了本书的编撰工作。本书写作中，我们将本书定位为一部可供社会主义学院共识教育使用的教学参考书。由于兼具"教材"与"著作"的双重性质，书稿相关内容中也就既有对于他人理论的借鉴，又有出于我们自己教研实践的一些感想。由于时间紧张、成书仓促以及自身研究的局限性，本书显然尚有许多不足之处、存在不少曲解或舛误，所以我们非常期待出版后能够得到读者们的批评、指正。凡是过去，皆为序章。生也有涯，学也无涯。我们将继续把相关研究推向深入。在此，我们衷心地感谢支持和帮助本书写作、出版的领导和同志们，也要由衷地接受和感谢来自同行专家们的指导和帮助。

作　者

2021 年 2 月 25 日

责任编辑:毕于慧

封面设计:王欢欢

版式设计:周方亚

图书在版编目(CIP)数据

制度自信:历史文化传承与中国特色社会主义/徐锋,王江燕 著. — 北京:人民出版社,2021.11

(马克思主义中国化与统一战线丛书)

ISBN 978 - 7 - 01 - 023554 - 7

Ⅰ.①制… Ⅱ.①徐… ②王… Ⅲ.①中国特色社会主义-研究 Ⅳ.①D610

中国版本图书馆 CIP 数据核字(2021)第 131824 号

制度自信:历史文化传承与中国特色社会主义

ZHIDU ZIXIN LISHI WENHUA CHUANCHENG YU ZHONGGUO TESE SHEHUI ZHUYI

徐 锋 王江燕 著

人民出版社 出版发行

(100706 北京市东城区隆福寺街 99 号)

北京汇林印务有限公司印刷 新华书店经销

2021 年 11 月第 1 版 2021 年 11 月北京第 1 次印刷

开本:710 毫米×1000 毫米 1/16 印张:18

字数:255 千字

ISBN 978 - 7 - 01 - 023554 - 7 定价:62.00 元

邮购地址 100706 北京市东城区隆福寺街 99 号

人民东方图书销售中心 电话 (010)65250042 65289539